高等院校新文科“数字经济应用型人才培养工程”系列教材

国际物流实务

（第4版）

张良卫 主编

胡林凤 边 展 副主编

電子工業出版社

Publishing House of Electronics Industry

北京 · BEIJING

图书在版编目（CIP）数据

国际物流实务 / 张良卫主编. —4 版. —北京：电子工业出版社，2022.1

ISBN 978-7-121-42444-1

Ⅰ. ①国… Ⅱ. ①张… Ⅲ. ①国际物流－高等学校－教材 Ⅳ. ①F259.1

中国版本图书馆 CIP 数据核字（2021）第 244542 号

责任编辑：袁桂春　　特约编辑：王　璐
印　　刷：河北虎彩印刷有限公司
装　　订：河北虎彩印刷有限公司
出版发行：电子工业出版社
　　　　　北京市海淀区万寿路 173 信箱　　邮编：100036
开　　本：787×1 092　1/16　　印张：16.75　　字数：418 千字
版　　次：2008 年 1 月第 1 版
　　　　　2022 年 1 月第 4 版
印　　次：2025 年 7 月第 5 次印刷
定　　价：59.00 元

凡所购买电子工业出版社图书有缺损问题，请向购买书店调换。若书店售缺，请与本社发行部联系，联系及邮购电话：(010) 88254888，88258888。

质量投诉请发邮件至 zlts@phei.com.cn，盗版侵权举报请发邮件至 dbqq@phei.com.cn。

本书咨询联系方式：(010) 88254199，sjb@phei.com.cn。

前言

党的二十大报告指出："加快发展物联网，建设高效顺畅的流通体系，降低物流成本。"这为推动当下与未来一段时间内我国物流业发展指明了方向，也明确了高校高质量物流人才培养模式的指南。

随着数字经济的快速发展，国际物流人才成为数字化全球经济贸易竞争的急需人才。我国"一带一路"倡议得到沿线国家的积极响应和支持；我国自由贸易试验区的发展不断深化，已经迈入 4.0 阶段，从南到北、从东到西形成了 18 个试验区；跨境电子商务（以下简称跨境电商）发展得如火如荼。据海关统计，2020 年前三季度，跨境电商管理平台的零售进出口商品总额达 1 873.9 亿元，已超过 2019 年全年的 1 862.1 亿元，新增 46 个跨境电商综合试验区。截至 2020 年年底，我国跨境电商综合试验区总数达到 105 个，成熟的经验做法也被加快复制，推向全国，跨境电商政策体系不断完善。所有这些都揭示着我国国际贸易发展新阶段的到来。我国的发展与经济全球化的联系日益紧密，国际、国内双环境的经济大格局正在形成。在这样的大背景下，对我国国际物流及数字供应链和跨境电商的发展提出了全新的要求，也从整体上对我国国际物流人才的培养提出了新的要求。目前，国际物流实务方面的教材已有不少，但能够适应新环境，把国际贸易实践环节与国际物流实际场景无缝衔接，把跨境电商平台运营与物流线上线下过程有机结合，同时能够很好地适应物流管理专业高质量应用型本科人才的培养或符合高职学生学习目标的教材其实并不多见。

本书历经几次修订，目前已经是第 4 版，经过一线教师 12 年的使用和实践，已成为经典教材。数字化时代的来临对国际物流人才的培养提出了新的要求，这促使我们对本书进行修订，以适应时代要求。为此，根据在数字化转型过程中跨境电商发展及跨境物流的适应性要求，结合我国"一带一路"倡议的落实和自由贸易试验区的建设，在广泛了解学生学习问题和教师教学需要的基础上，为适应国际物流实务的教学目的和要求，以及对跨境电商、跨境物流、国际多式联运等教学内容的安排，我们对本书的体系、内容、案例、实训题进行了全面更新。

本书由多所本科院校的教师共同编写完成，包括广东外语外贸大学、广州软件学院、金陵科技学院、首都经济贸易大学、上海外国语大学、广东轻工职业技术学院、广东工业大学华立学院等。本书结合我国数字经济时代对外贸易和跨境电商实践，全面、系统地介绍了国际物流实务的基本原理、基本知识和基本方法，按照应用型人才培养过程中的实践和不同场景的形式进行了体系设计和任务安排。每章都配有学习目标、知识要点、场景导入、本章小结、案例讨论、课后练习和任务实训，并根据当前国际物流行业的发展进行了更新，可帮助读者迅速把握学习重点，检测学习效果，并进行相关实践。

本书可供应用型本科院校或高职院校物流管理专业学生选用，也可供各类企业培训中层和基层管理人员学习国际物流业务知识使用。在教学安排上，无论是课时分配，还是对教学内容和重点的安排，都可以因时因地加以适当取舍，做到突出重点，实现教学目的。

本书由广州软件学院张良卫教授策划并提出写作大纲，再与金陵科技学院胡林凤教授、首都经济贸易大学边展副教授共同商讨确定。本书由张良卫担任主编，胡林凤、边展担任副主编。具体分工为：张良卫编写第一章、第六章、第十章，胡林凤编写第二章，张良卫、边展共同编写第三章、第四章，张良卫、许冬敏共同编写第五章，边展、许冬敏共同编写第七章，张良卫、利桂梅共同编写第八章，胡林凤、任稚苑共同编写第九章。全书最后由张良卫教授统稿。

本书在编写过程中参考了不少同行出版的著作、教材和论文，以及网上的最新资料，限于篇幅，恕不一一列出，在此表示感谢。书中如有错漏之处，敬请读者批评指正，以便再版时加以修订。

张良卫

目录

第一章

国际物流概述

学习目标

1. 了解国际物流的含义、特点及作用。
2. 了解国际物流业务与分类。
3. 了解国际物流的发展历程与发展趋势。

知识要点

国际物流　国际贸易　贸易性国际物流　非贸易性国际物流　跨境电商　商品储存　装卸搬运　国际配送　国际会展物流　跨境物流

场景导入

马士基集团成立于 1904 年，总部位于丹麦哥本哈根，在全球 135 个国家设有办事机构，拥有约 89 000 名员工，在集装箱运输、物流、码头运营、石油和天然气开采与生产，以及与航运和零售行业相关的其他活动中，为客户提供一流的服务。2014 年，马士基集团位列世界 500 强企业第 172 名。该集团旗下的马士基航运公司是全球最大的集装箱承运公司之一，由 Mearsk Sealand 合并英国 P&O Nedllord 后改组而成，目前占世界集装箱航运市场的 17%，拥有 500 多艘集装箱船和 150 万个集装箱，服务网络遍及全球。

思考问题

了解了马士基集团国际物流活动所取得的成功后，你对发展国际物流有何感想？

“物流”的概念源于军事领域。1905 年，“物流”这个概念由琼西·B. 贝克首次提出：“与战术部门相关的军备流通和供应称之为物流。”第二次世界大战期间，美军充分利用物流学模型和系统分析方法，确保了所需物资的及时供应。但战争期间学到的许多物流技巧，在战后的经济重建中暂时被人们忽视了。营销管理者将注意力转向了满足战后对物资需求的生产，关注的是企业是否有能力降低商品的单位生产成本。直到 20 世纪 50 年代美国经济危机爆发后，管理者才开始关注实物配送——物流。1958 年，市场出现利润收缩的现象，这为管理者开始寻找更加有效的成本控制系统创造了环境。几乎同一时间，许多企业开始意识到物流也是产业活动的一种，加之许多其他因素的影响，如运输成本急剧上升、生产效率达到峰值、库存理念的根本性转变、消费者需求的多样化等，促使企业将产业活动的重心转向物流。

进入 21 世纪，全球产品市场进入了买方市场。人们发现，只有解决好物流问题，才能顺利地扩大再生产，推动经济持续健康发展。根据中国物流与采购联合会的数据，我国 2020 年社会物流总费用为 14.9 万亿元，占我国 GDP（101.6 万亿元）的比率为 14.7%，与 2019 年基本持平。相比于世界发达国家的 8% ~ 9%，我国的物流成本依然较高。

国际物流的运行环境相当复杂，涉及的节点众多，并且与外经贸业务密切相关，如国际金融、运输保险、多式联运、货物清关、出入境检验检疫等。随着我国外贸依存度的逐年提高，作为国际货物贸易的最终交付手段，国际物流服务贸易变得日益重要。因此，在“大经贸”观念下完成国际物流与国际贸易的“无缝对接”，成为我国国际物流行业发展的当务之急。

由此可见，国际物流正在成为全球经济发展的一个重要热点，对提高企业的生产效率、降低商品的流通成本、改善对顾客的服务质量、调整国家的产业结构、实现我国经济增长模式的根本性转变、提高企业乃至国家经济的核心竞争力，都具有深远的意义。

第一节　国际物流的概念

一、国际物流的含义

国际物流是相对国内物流而言的，是不同国家（地区）之间的物流，是跨国界（地区）的、流通范围扩大了的物品的实体流动，是国内物流的延伸和进一步扩展。国际物流也是国际贸易的一个重要组成部分，因为各国之间的相互贸易实际上最终都将通过国际物流来实现。

由于国际分工的日益细化和专业化，任何国家都不能包揽一切专业分工，因而必须加强国际间的合作与交流，随之而来的国际间的商品、物资的流动便形成了国际物流。只有将国际物流工作做好了，才能将国外客户需要的商品适时、适地、按质、按量、低成本地送达，从而提高本国商品在国际市场上的竞争力，扩大对外贸易；同时也可将本国需要的设备、物资等商品及时、高效、经济地从国外进口到国内，满足国内人民的生活、生产建设、科学技术与国民经济发展的需要。

国际物流有广义和狭义之分。广义的国际物流包括贸易性国际物流和非贸易性国际物流。其中，贸易性国际物流是指组织国际贸易货物（进出口货物）在国际间的合理流动；非贸易性国际物流是指各种会展物品、行李物品、办公用品、捐助物资、援外物资等非贸易货物在国际间的流动。

狭义的国际物流是指贸易性国际物流，即当商品的生产和销售分别在两个或两个以上国家（地区）独立进行时，为了克服生产与销售之间的空间距离和时间间隔，对商品进行时间和空间转移的活动，也是卖方交付货物和单证、收取货款，买方支付货款、接收单证和收取货物的过程。

为实现物流合理化，必须按照国际商务交易活动的要求和程序来开展国际物流活动。

它不仅要求降低物流费用，而且要考虑提高顾客服务水平，提高销售竞争能力和扩大销售效益，提高国际物流系统的整体效益。

国际物流活动离不开中间人，即专门从事商品使用价值转移活动的业务机构或代理人。例如，国际货物的运输代理是国际货物运输服务公司（代理货物的出口运输）；报关行、报检报验代理人、出口打包公司和进口经纪人等主要接受企业的委托，代理与物流有关的各项业务。这些中间人的出现是因为在国际物流系统中，很少有企业能单独依靠自身的力量办理和完成复杂的进出口货物的各项业务。这正是国际物流与国内物流最重要的区别之一。

随着跨境电商的迅速发展，国际物流又出现了新的跨境物流形式。跨境物流正在成为国际物流发展新的重要内容和新的形态，并将伴随着跨境电商的迅速发展，与跨境电商一起，使人们的生活在全球生产、全球消费过程中发生颠覆性的变化，形成新的全球贸易规范和物流规范。

二、国际物流的特点

1. 物流环境具有较大的差异性

国际物流的一个非常重要的特点是，各国物流环境存在差异，尤其是物流软环境的差异，具体表现为：不同国家物流适用法律的不同使国际物流的差异性远高于一国的国内物流；不同国家的经济和科技发展水平的不同会造成不同国家国际物流科技水平的差异，甚至某些国家由于无法应用先进的物流技术而使其国际物流的整体水平下降；不同国家的不同标准造成了国际间物流系统“接轨”困难，从而使国际间的物流系统难以建立；不同国家的人文环境和风俗习惯对国际物流的发展也会产生不同程度的影响。

物流环境的差异使一个国际物流系统需要在两个或两个以上不同的法律、人文、习俗、语言、科技、设施环境下运行，这无疑会大大增加国际物流运作的难度。

2. 物流系统涉及面广且复杂

物流本身的功能要素、系统与外界的沟通就已经很复杂了，国际物流还涉及不同国家的要素、广阔的地域空间，以及其他各种内外复杂因素，所需时间更长，不确定因素和风险也随之增大。正因如此，国际物流一旦运用先进的物流系统或技术，其效果就会非常显著。例如，新亚欧大陆桥的开通，使国际物流铁路联运速度成倍提高，效益显著增加。

3.“游戏规则”的国际性

由于国际物流活动的复杂性、差异性，要求国际物流活动的参与者不能强迫其他参与者都遵守本国的相关规定。因此，在国际物流的发展过程中逐渐形成了一些各国普遍遵守的国际通则。例如，我国国内水路运输对承运人实行严格的责任制，而在国际海运中则对承运人实行不完全的过失责任制。由此可见，国际物流中的“游戏规则”具有国际性。

4. 较大的风险性

国际物流涉及面广、环节多，因此风险也大。国际物流中可能遇到的风险包括政治风险、经济风险、自然风险和意外事故等。例如，在国际物流运输中，由于运输距离长、时间长、中途转运、装卸频繁等原因，物品遭受灭失、损坏的风险明显增大；由于汇率的变化、外商资信问题等原因，国际物流运作过程中还必然面临更多的信用和金融风险。

5. 更高的技术要求

在国际物流活动中，生产企业或货主会在很大程度上依靠第三方物流经营者提供物流服务和情报、信息，而这些信息交流的工作必须得到国际化信息系统的支持。国际化信息系统是国际物流非常重要的支持手段。国际信息系统的建立主要有两大难题：一是管理困难，二是投资巨大。加上世界各国（地区）物流信息化发展水平参差不齐，使国际信息系统的建立更加困难。

国际海上运输、国际航空运输及国际多式联运等是国际物流采用的主要运输方式。国际物流运输线路长，运输途中物品保管、存放条件要求高，运输环境较为复杂，这就要求国际物流必须使用专业化和大型化的运输工具和运输设备，以提高国际物流运输的效率，节约成本。

6. 更高的标准化要求

要使国际物流畅通起来，统一的国际物流标准是非常重要的。目前，美国和欧洲各国基本实现了物流工具、设施标准的统一，如托盘采用 1 000 毫米×1200 毫米，集装箱采用有限的几种统一规格及条码技术等，从而大大降低了物流费用和转运的难度。向这一标准靠拢的国家，必然能在转运、换车底等许多方面节省大量的时间和费用，从而提高其商品的国际竞争力。

在物流信息传递技术方面，欧洲各国不仅实现了企业内部的标准化，而且实现了企业之间及欧洲统一市场的标准化，这就使欧洲各国之间的物流业务交流比其与亚洲、非洲等各国之间的物流业务交流更简单、更有效。

三、国际物流的作用

国际物流的作用在于，它的存在与发展可以促进世界范围内物资的合理流动，可以使国际间物资或商品的流动路线最佳、流通成本最低、服务最优、效益最高；同时由于国际化信息系统的支持和世界各国广泛存在的物流需求，国际物流通过合理的组织，可以促进各国经济和世界经济的发展。

第二节　国际物流业务及分类

一、国际物流业务的含义

国际物流是通过商品的储存和运输等业务来实现其自身价值和时空效应的。国际物流业务包括跨国境的商品运输、装卸搬运、储存、流通加工、包装及配送等各项活动。

1. 国际货物运输

国际货物运输是国际物流的主要业务，可实现商品由发货方到收货方的转移，以创造物流的空间效应。国际货物运输是国内运输的延伸和扩展，同时也是衔接出口国运输和进口国运输的桥梁与纽带。相对于国内货物运输来说，国际货物运输具有路线长、环节多、涉及面广、手续繁杂、风险大、时间性强和联合运输等特点。现代物流业的迅速发展与运输业的技术革命紧密相关，特别是集装箱技术的推广应用给国际物流业的发展带来了一场深刻的革命，极大地提高了国际物流的效率。

知识链接

国际货物运输观念发生的重要变化

（1）20 世纪 40 年代前，人们将伴随国际贸易发展的运输业视为辅助性行业。20 世纪 40 年代中期以后，随着国际经济贸易交往越来越多，贸易量越来越大，人们意识到如果运输业跟不上形势发展，便会形成限制国际贸易发展的瓶颈，于是逐渐更新了对运输业原有的观点，视发展运输业为发展国际贸易的重要条件之一。

（2）由于更新了运输观念，到 20 世纪六七十年代，运输业的发展趋势逐渐演变为杂货运输集装化，大宗货物的运输工具大型化，海陆空多式联运化，站到站、场到场、门到门运输服务多样化。

（3）20 世纪 80 年代后，国际航空运输的迅猛发展使小批量、多批次、多品种的货物运输日益增加，从而使国际物流走向了精细化、快速化。

（4）20 世纪 90 年代至今，由于运输业引进了 IT、GPS、GIS、EDI、BC、RFID 等高科技手段，从而使国际物流进入了信息化的高速发展时代。

2. 进出口商品装卸搬运

在物流系统中，装卸搬运主要指垂直运输和短距离运输，其主要作用是衔接物流其他各项环节的作业。货物的装船、卸船、进库、出库，以及在库内的搬、倒、清点、查库、转运、转装等，都是装卸搬运的重要内容。提高装卸搬运的作业质量和效率，可以有效地减少物流各环节之间的摩擦，从而提高物流系统的效率，降低物流成本。

3. 进出口商品储存

进出口商品流通是一个由分散到集中，再由集中到分散的流通过程，主要通过储存保管解决外贸商品使用价值在时间上的差异，以创造商品的时间价值。进出口商品的储存地点可以是生产厂成品库，也可以是流通仓库或国际转运站点，而在港口储存的时间则取决于港口装运系统与国际运输作业进行衔接的效率。由于商品在储存过程中有可能降低其使用价值，而且需要消耗管理资源，因此必须尽量缩短商品储存时间，加快周转速度。

4. 进出口商品流通加工

商品在流通过程中的加工，不仅可以促进商品销售，提高物流效率和资源利用率，还可以通过加工过程保证并提高进出口商品的质量，扩大出口。流通加工既包括分装、配装、拣选、刷唛等出口贸易商品服务，也包括套裁、拉拔、组装、服装烫熨等生产性外延加工。这些加工不仅能最大限度地满足客户的多元化需求，还能增加外汇收益。

5. 进出口商品包装

在国际物流活动中，进出口商品包装的主要作用是保护商品、便利流通、促进销售。商品的包装不仅反映了企业的经营水平与风格，也是一个国家科技文化综合水平的直接反映。在对出口商品包装进行设计和具体包装作业过程中，应将包装、储存、装卸搬运、运输等物流各环节进行系统分析、全面规划，实现现代国际物流系统所要求的“包、储、运一体化”，从而提高整个物流系统的效率。

6. 国际配送

国际配送是指一国企业利用对外贸易政策或保税区的特殊政策，对进出口货物、保税货物及各种国际快件进行分拣、分配、分销、分送等配送分拨业务，或者进行增值加工后向国内外配送。国际配送是国际贸易进一步发展、国际分工进一步深化的结果，已经成为国际物流活动的重要形式和内容。

二、国际物流业务的分类

国际物流业务主要分为贸易性国际物流与非贸易性国际物流两种。

1. 贸易性国际物流

贸易性国际物流是随着国际贸易的发展而产生和发展起来的，而且已成为影响和制约国际贸易进一步发展的重要因素。国际贸易是指世界各国（地区）之间的商品、服务和技术的交换活动。对一国而言，国际贸易是该国的对外贸易；从国际范围来看，世界各国对外贸易的总和，构成了国际贸易。

国际物流是国际贸易的物质基础和条件。各国之间商品的流动主要由商流、物流、信息流等构成。商流由国际交易机构按照国际惯例进行，物流则由物流企业通过一定的技术和管理方法实现。跨国经营与国际贸易的发展，促进了商品和信息在世界范围内的大量流动和广泛交换。与此同时，物流国际化也得到了迅速发展，而国际贸易的发展也对国际物流提出了更新、更高的要求。

跨境电商是一种新型国际贸易方式和新兴业态，具有广阔的市场空间和良好的发展前景。发展跨境电商不仅可以带动我国对外贸易和国民经济的增长，还可以促进我国经济转型升级，提高“中国制造”和“中国服务”的国际竞争力，培育我国开放型经济新优势，也对国际物流提出了新的、更高的要求，具体表现在以下几个方面。

（1）质量要求。国际贸易中传统的初级产品、原材料等进出口贸易品种如今已经越来越多地让位于高附加值的精加工商品的进出口。这些高附加值、高精密度商品流量的增加，对物流设备、流通技术、物流方式等都提出了更高的要求。同时，国际贸易需求的多样化，使商品交易出现了多品种、小批量的趋势，要求国际物流向更优质的服务和更高精度的方向发展。

（2）效率要求。国际贸易合约的履行必须通过国际物流活动来完成，因此，要想提高国际物流速度，加快跨境物流发展，就必须提高国际物流效率。提高国际物流效率则意味着高效率地组织物流过程。此外，选择与物流活动相适应的物流设备和物流技术，也可以从根本上加快国际物流速度。

（3）安全要求。国际物流涉及不同的国家和地区，商品在途时间长，受气候、地理等自然因素和其他社会政治因素的影响较大。因此，在组织国际物流时，必须注意运输方式和路径的选择，尽量避免各种不稳定因素给流通商品造成损失。

（4）经济要求。国际贸易的特点决定了国际物流具有多环节和长距离的特点，也决定了其相应的物流费用较之国内物流费用更高。因此，选择最佳物流方案，提高物流的经济性，降低物流成本，满足服务要求，是提高物流企业竞争力的有效途径。

2. 非贸易性国际物流

非贸易性国际物流主要包括国际会展物流、国际邮政物流等。

1）国际会展物流

国际会展物流是伴随着国际会展业（包括会议与展览业）的发展而产生和发展起来的，我们通常将其归入非贸易性国际物流。会展分为贸易性会展和消费性会展。其中，贸易性会展是为产业（制造业、商业等行业）举办的会展，其主要目的是交流信息、洽谈贸易；消费性会展则是为公众举办的会展，通过会展来促进商品销售、引导消费。具有贸易和消费两种性质的会展称为综合性会展或国际博览会。

知识链接

中国国际中小企业博览会

2004 年 10 月 18 日，第一届中国国际中小企业博览会（简称“中博会”）正式开幕。为期 5 天的展会集展览展示、高峰论坛、融资洽谈、物流推介、科技成果发布、专题培训与政策咨询为一体，共吸引了国内外采购商 5.2 万人，其中国外采购商 5 600 多人；共 11.8 万人次到场参观、洽谈采购；总成交额 320 亿元，其中合同签约 46 亿元，意向协议 274 亿元；场内交易 210 亿元，场外交易 110 亿元。中博会举办至今，已先后邀请了 19 个国家和国际组织联合主办，参展的中外中小企业累计接近 5 万家，已经成为我国规模最大、规格最高、影响最广、专门服务中小企业发展的国际性展会。

2021 年 9 月 16 日，由工业和信息化部、国家市场监督管理总局和广东省人民政府联合主办的第十七届中博会在广州开幕。本次中博会的总体规划和新举措包括：加大对“专精特新”企业的招展力度，提升整体组展专业化水平，继续打造“中国制造”新品秀；新设工业产品展、工业设计展、工业互联网展 3 个专业展，以展示中小企业高质量发展的最新成果和发展理念。此外，本届中博会举办的主论坛、政策交流会、分论坛及主题活动等将与中博会深度融合，使之相互赋能、相互促进，推动论坛在更高水平上交流各国发展政策、实践经验和先进技术等，引领世界中小企业发展潮流。

会展物流的内容主要包括：制定会展物流的运作方案，确定会展类别、展品数量，安排展品的征集和运输，协调组织展品等货物的包装、装箱、开箱、清点、保管，协助安排展品的布置等工作。

2）国际邮政物流

国际邮政物流是指通过各国邮政运输办理包裹、函件的邮寄等活动。由于国际邮政完成的货运数量巨大，使国际邮政物流成为国际物流的重要组成部分。国际邮政运输是国际邮政物流的核心，其主要特点是具有广泛的国际性，通常采用国际多式联运方式，手续简便，费用不高。各国都在平等互利、相互协作的基础上，遵照国际邮政公约和有关协定经转对方的国际邮件。

第三节　国际物流的兴起与发展

一、国际物流的发展历程

国际物流从20世纪以来的发展经历了以下几个阶段。

（1）第二次世界大战之前，国际间已经有了不少的经济交往，但是无论在数量上还是质量上，都没有将伴随国际交往的运输放在主要地位。

（2）第二次世界大战之后，国际间的经济交往越来越活跃。从20世纪60年代开始形成了国际间的大规模物流，在物流技术上出现了大型物流工具，如20万吨的油轮、10万吨的矿石船等。

（3）20世纪70年代，受石油危机的影响，国际物流不仅在数量上进一步发展，在船舶大型化趋势上进一步加强，而且有了提高国际物流服务水平的需求，大批量、高质量、服务型物流从石油、矿石等物流领域向物流难度更大的中小件杂货领域深入。其标志是国际集装箱和国际集装箱运输的发展，国际间各主要航线的定期班轮都投入了集装箱船，一下子把散杂货的物流水平提了上去，使物流服务水平得到了很大提高。

20世纪70年代中后期，对国际物流质量和速度的要求进一步提高，这个时期在国际物流领域出现了航空物流大幅度增加的趋势，同时出现了更高水平的国际联运物流形式。

（4）20世纪80年代初期和中期，在物流量不断扩大的情况下，出现了“精细物流”的概念，国际物流的机械化、自动化水平显著提高。同时，伴随着新时代人们需求观念的变化，国际物流的重心开始转向“小批量、多批次、多品种”的物流，并随之产生了不少新技术、新方法，从而使现代物流不仅覆盖了大量的货物、集装杂货，而且覆盖了多品种的货物，解决了大部分物流对象的现代物流问题。“精细物流”是这一时期国际物流的一大发展。

20世纪80年代国际物流领域的另一大发展是，伴随着国际物流尤其是国际多式联运物流的发展，出现了物流信息系统和电子数据交换（Electronic Data Interchange，EDI）系统。

（5）20世纪90年代，因特网、条码技术和卫星定位系统在物流领域得到普遍应用，而且越来越受到人们的重视。这些高科技在国际物流中的应用，极大地提高了物流的信息化水平和物流服务水平，甚至有人称“物流就是综合运输加高科技”。高科技的服务手段和高科技的信息技术已经成为物流企业保持自身竞争力的必备法宝，因此，到20世纪末，各大物流企业纷纷开始花费巨资进行物流信息系统的建设，物流信息化成为国际物流发展的一个新标志。

（6）进入21世纪，随着物流信息化的迅速发展，物流的标准化、网络化、大数据、云计算、智能化、低碳化，日益成为国际物流快速发展的显著标志和变革要求。跨境物流成为实现跨境电商的基本渠道和发展国际物流新的增长点。

二、国际物流在各国的发展

1. 美国

由于美国的经济结构在不断地调整，高科技产业发展势头良好，同时美国市场的开放性也使世界各地商品不断涌入，致使其国际物流业务繁忙，发展迅速。根据美国供应链管理专业协会发布的美国国家物流年度报告，当前美国物流总费用约 2 万亿美元，占 GDP 的比重为 8.6%左右。国际物流量的不断增加，使物流业在美国占有越来越重要的地位。20 世纪 90 年代以来，第三方物流在美国得到迅速发展，同时由于美国的科学技术高度发达，也促进了美国现代物流技术的进步和发展。美国的物流设备机械化、自动化的程度比较高，智能化的运输工具、自动化无人仓库、包装容器自动生产线等先进设备已经出现；物流信息管理的新手段——物流信息系统与 GPS 也得到广泛应用；物流研究和服务机构发达，美国供应链管理专业协会是典型代表；物流管理方法先进，出现了类似多级仓库管理的分销需求计划等管理方法。

可见，美国当前建立的是适应发展趋势的现代物流体制，其物流管理水平处于世界领先地位，特别是在第三方物流、配送管理方面卓有成效，出现了一批如美国总统轮船公司等优秀的国际物流企业。

2. 日本

日本是处于亚太地区的发达国家，以进口能源和原材料、出口工业品为主。

日本物流业的发展与日本经济发展的阶段相对应，大致经历了以下 4 个发展阶段：第一阶段是物流硬件升级时代（1955—1965 年），也称保证运输与保管的时代；第二阶段是物流成本管理时代（1966—1974 年），类似日本经济起飞、产业升级的第二阶段；第三阶段是物流系统管理时代（1975—1984 年）；第四阶段是综合物流时代（1985 年至今），全球采购、全球生产和全球销售成为日本企业这一阶段的经营特征，先进的物流管理是其实现全球生产销售一体化的根本保证。

在现代物流发展过程中，日本政府十分重视物流基础设施建设，并实施了一系列有效的政策，为日本物流的发展创造了有利条件。日本物流的发展表现为配送系统发展迅速。由于日本信息技术先进，所以物流信息系统在日本应用较多，如电子订货系统、货物跟踪系统等。第三方物流发展得较快，越来越多的日本企业在实施全球化战略时，将物流业务交给独立的第三方，从而使第三方物流企业成为日本物流服务市场的主流，出现了一批优秀的国际物流企业，如日本日通公司等。同时，日本也出现了日本后勤系统协会等专门的物流研究机构。

3. 中国

我国在 20 世纪 70 年代末才正式大力引入物流概念，在此之前也出现了一些国际物流企业，如中国对外贸易运输公司、中国远洋运输公司等。随着国际贸易的发展，我国的物流企业不断增加，设立的物流部门日益增多，交通运输业的发展也十分迅速，同时还出现了集装箱运输、大型散装运输和联合运输等形式，并建立了自动仓库。

随着改革开放的不断深入和我国加入世界贸易组织，我国的国际贸易规模不断壮大，国际物流也随之得到了快速发展。根据国家发展改革委、国家统计局、中国物流与采购联合会发布的统计数据，2020 年全年，GDP 为 1 015 986 亿元，按可比价格计算，比 2019 年增长 2.99%。从季度和产业看，截至 2021 年二季度，相关数据如图 1-1 所示。2020 年全年货物进出口总额为了 21 556.93 亿元。其中，出口 179 326.36 亿元；进口 142 230.57 亿元。

进出口相抵，顺差为 37 096 亿元。一般贸易进出口占进出口总额的比重为 59.0%，比 2019 年提高 1.2 个百分点。机电产品出口增长 4.4%，占出口总额的 58.4%。我国对欧盟、东盟进出口分别增长 8.0%和 14.1%，与“一带一路”沿线国家进出口增势良好，合计进出口增长 10.8%，高出货物进出口总额增速 7.4 个百分点。全年规模以上工业企业实现出口交货值 124 216 亿元，比 2019 年增长 1.3%。

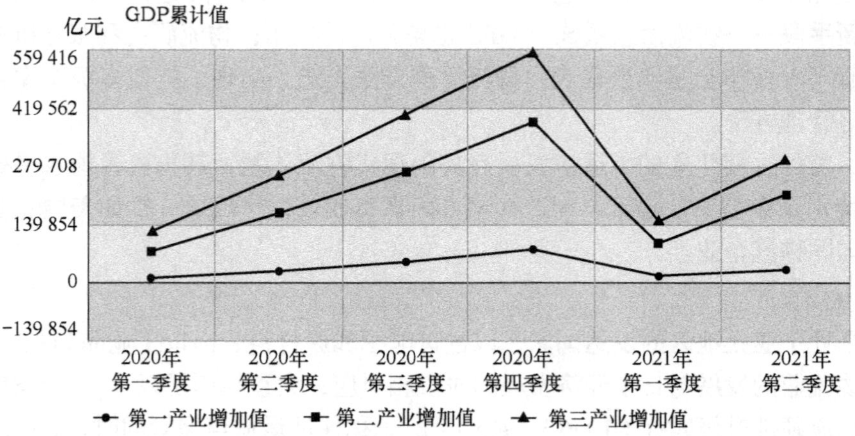

图 1-1　截至 2021 年二季度我国 GDP 相关数据

三、国际物流的发展趋势

随着经济全球化步伐的加快，以及科学技术尤其是信息技术、通信技术的不断发展，跨国公司的出现所导致的本土化生产、全球采购及全球消费、跨境电商快速发展的趋势日趋加强，当前国际物流的发展呈现出一些新趋势。

1. 第三方物流快速发展并在物流产业中逐渐占据主导地位

第三方物流是指在物流渠道中由中间商提供的服务。因此，第三方物流提供商是为外部客户管理、控制和提供物流服务作业的企业，它们并不属于供应链的一部分，仅作为第三方，通过提供一整套物流活动来服务于供应链。

国际上大多数第三方物流企业都是以传统的“物流类”企业为起点而发展起来的，如仓储业、运输业、空运、海运、货运代理或企业内的物流部门等。它们可以根据客户的不同需要，通过提供各具特色的物流服务而取得成功。全世界的第三方物流市场具有潜力大、渐进性和增长率高的特征，这些特征使第三方物流企业拥有大量的客户群。

2. 绿色物流是国际物流发展的一大趋势

物流的发展虽然促进了经济的发展，但是也会给城市环境带来许多不利的影响，如运输工具的噪声、污染排放、交通阻塞，以及生产和生活中的废弃物的不当处理所造成的环境污染等。为此，21 世纪对物流的发展提出了新的要求，即实现绿色物流。绿色物流的实现要求做好两方面的工作：一是在物流系统和物流活动的规划与决策中尽量采用对环境污染小的方案，如采用排污量小的货车车型、近距离配送、夜间运货以减少交通阻塞、节省燃料和减少排放等；二是建立工业和生活废料处理的物流系统。

3. 物流产业由单一的业态向多元化业态发展

在发达国家，随着电子商务、网络技术和物流全球化的迅速发展，广义的区域物流与企业物流通过上、下游的延伸与拓展，呈现了相互融合的趋势。这种趋势促使物流企业模式，即物流产业经营类型与业态向着多元化和细分化的方向发展。根据对全球前 20 名专业物流企业经营模式的分析，我们可将国外物流产业经营类型与业态粗略地归结为以下 3 类。

- 由交通运输业、邮电业组织发展起来的物流企业。
- 由零售商、批发商发展起来的物流企业。
- 由大型制造企业物流部门发展起来的物流企业。

4. 为客户提供增值服务

现在的物流服务已经远远超出了传统意义上的货物运送、仓储或寄存等基本的物流服务的内容。对现代物流企业来说，传统的业务形式已无法满足客户的需求和适应企业竞争的需要。因此，一方面企业要增加新的业务内容，扩大业务范围；另一方面企业必须不断推陈出新，为客户提供增值服务，以提高自己的竞争能力。

物流增值服务起源于竞争激烈的信件和包裹快递业务，现在则在整个物流行业全面展开。不论是海运、空运，还是陆运，事实上几乎所有和物流有关的企业都在想方设法地提供增值服务。全球性的大运输公司和快递公司选择为顾客提供一站式服务，它们的服务涵盖了每件产品从采购到制造、仓储入库、外包装、配给、发送和管理返修，以及再循环的全过程。例如，传统的物流企业——船运公司，现在不仅负责运输货物，还提供诸如定制商业发票、为货物购买保险和管理全程的服务，努力提供完整的供应链管理服务，使客户可以在第一时间追踪到自己货物的方位、准确进程和实际费用。

在这种给客户提供更多、更灵活、更高效的增值服务的理念下，物流企业不仅扩大了业务范围，而且比原来仅提供货物运输和储存等基本服务找到了更多的利润源。事实上，在国际物流业竞争日趋激烈的情况下，为客户提供新颖独特的增值服务无疑是提高物流企业竞争力的一个重要手段。

5. 跨境物流成为国际物流最重要的增长点

跨境物流随着跨境电商的快速发展而迅速成长，使跨境物流迅速成为国际物流发展最重要的增长点。跨境电商正推动着贸易方式和人们生活方式发生颠覆性变化。作为一个新生事物，跨境电商还在发展之中，远没有到达成熟稳定的发展阶段，但是跨境电商未来的发展方向，必然是有利于降低交易成本，促进全球贸易便利化，有利于提升国内居民福祉，有利于营造良好的营商环境，促进经济长期健康发展。跨境电商使跨境物流成为国际物流最重要的成长点，使跨境物流在物流管理的内容和形式上、在物流的关检税法实施过程中发生显著的变化。有学者提出了跨境电商的十大发展趋势。

1）以出口为主导

对我国外贸出口而言，跨境电商能够有效化解当前外贸企业面临的突出问题，有效拓市场、降成本、促转型，把跨境电商打造成为外贸出口新的增长点。一是拓市场，通过跨境电商来开辟新的出口市场是很好的抓手，特别是“一带一路”沿线国家和地区市场潜力看好。通过跨境电商，打造一个“网上丝绸之路”，形成另一个通往世界市场的大通道，成为“一带一路”建设的有效形式。二是降成本，跨境电商通过为中小微企业提供电商平台，促进电商化发展，有效降低国际贸易门槛。由于跨境电商具有直接面对客户、品牌推广费用较低等优势，因此有效地缩短了从生产者到消费者之间的产业链条，减少了中间环节，降低了交易成本，使生产者获得更多的利益分成，也使消费者得到实惠，提高了我国产品的国际竞争力。三是促转型，发展跨境电商，生产者可以直面世界各地的终端消费者，自己的品牌推广不再依赖中间商，有利于中小微企业孕育自主品牌、提升效益。

从消费上看，我们正进入一个个性化消费的时代，出口订单规模小型化越来越明显，跨境电商的发展把原来的单一市场扩大到全球，与传统贸易方式的接单生产仅面向某个国家、某一地区市场相比，无疑是大大拓展了市场规模，可以有效扩大订单量，既满足个性化需求，又能保持工业化生产的规模效益。

从国际上看，鼓励出口是各国的通行做法，跨境电商也不例外。据统计，当前在我国跨境电商全部进出口业务中，出口占比将近 80%。在目前及可预见的将来，特别是考虑到我国作为世界工厂的地位在未来一段时间内不会动摇，我国必须坚持以出口为主的方针，预计出口电商占比将保持在 80%以上。跨境电商出口卖家正在从广东、江苏、浙江等沿海地区向中西部拓展，正在由 3C 等低毛利率标准品向服装、户外用品、健康美容、家居园艺和汽配等新品类扩展，这将为我国出口电商的发展提供新的空间。

2）适度发展进口

近年来，跨境电商进口业务发展出了许多模式，如代购模式、海淘模式、直邮模式、保税备货模式等。在发展初期，国家本着先发展后规范的初衷，对于进口模式持开放态度，鼓励积极探索，甚至给予极为优惠的政策，如“6+1”个跨境电商试点城市开放，给予了跨境电商税收上的优惠政策，即通过跨境电商渠道购买的海外商品只需要缴纳行邮税，免去了一般进口贸易的“关税+增值税+消费税”。海关总署公告 2014 年 56 号和 57 号，从政策层面承认了跨境电商，同时认可了业内通行的保税模式。但此后许多地方跨境电商开始“野蛮生长”，如通过保税模式进入仓库的货物能以个人物品清关，无须缴纳传统进口贸易 17%的增值税，必然会对传统进口贸易带来冲击，严重威胁国家关税制度，威胁国家税收。为营造公平竞争的市场环境，促进跨境电商零售进口业务的健康发展，2016 年 4 月 8 日，财政部、海关总署、国家税务总局联合发布了《关于跨境电子商务零售进口税收政策的通知》（财关税〔2016〕18 号），主要内容有：①实行新的税率，相比此前行邮税 10%的税率大大提高，缩小了与一般贸易征税之间的税率差；②严格管理通关单；③实行正面清单管理制度，限制跨境电商商品种类；④设定个人单次和年度内跨境电商交易限值。跨境电商的税收红利窗口逐渐关闭，跨境电商进口逐步迈入规范化管理的轨道。

3）阳光化将是大势所趋

由于历史原因和体制机制的不完善，海关驻邮局办事处对通过邮包寄送的商品包裹的综合抽查率较低，难以对每个邮包进行拆包查验货值和商品种类，大量的海淘快件邮包并不履行报关手续，实际上不计算进出口货值。不仅出口邮包不征税，进口邮包也基本不征税，直接导致利用我国跨境电商商品政策漏洞的“灰色”通关现象频频出现。

随着跨境电商规模的扩大，“开正门、堵偏门”，将“灰色”清关物品纳入法定行邮监管的必要性不断增强。同时，跨境电商阳光化有助于保障正品销售、降低物流成本、完善售后制度，是未来跨境电商发展的必然方向。未来随着跨境电商试点继续阳光化推进，监管经验不断丰富，阳光模式将日益流程化、制度化。

4）建设海外仓，完善跨境物流体系

物流是电商发展的重要基础和支撑，也是目前我国跨境电商发展的主要瓶颈之一。跨境电商海外物流体系目前依赖“三路大军”。一是顺丰速运、韵达快递、中通快递等国内快递企业，它们的国际业务起步较晚，还只能做“配角”。二是中国邮政。中国邮政积极拓展跨境物流快递业务，取得了一定的突破，但是邮政快递依靠万国邮政联盟的互助协议，跨境电商利用这种通道来寄送商品包裹，与初衷不符，未来会受到各国政策的限制。此外，中国邮政在国际覆盖范围、物流配送效率、物流信息采集等方面与国际物流快递公司相比还存在较大差距。三是联邦快递（FedEx）、联合包裹（UPS）、敦豪速递（DHL）、天地快运（TNT）等国际物流快递公司，它们是跨境包裹的主要承运商，实力雄厚，投送能力强，服务质量高，但寄送价格高，一般跨境电商无法承受。从发展趋势来看，今后要促进国内物流快递企业的国际化发展，拓展国内物流快递企业的国际服务网络，提高物流配送效率，力求为客户量身打造仓配一体的一站式物流供应链服务；制定跨境物流配送企业服务质量标准，促进跨境物流配送企业提质增效；建设海外仓，帮助跨境电商跨越时空阻隔，提升用户体验。

海外仓是改进国际物流的重要举措。海外仓是国内企业深入海外买家所在国家（地区），在当地建立仓库并储存商品，当该国（地区）买家在线上下单之后，由当地的仓库直接向其派送包裹。建设海外仓可以有效解决国际物流时间过长，容易丢失，不能满足当地购物习惯、支付习惯和及时退换货，以及不能提供本土化购物体验的问题，帮助跨境电商降低物流成本，缩短交付时间，贴近用户服务。

5）完善金融服务，发展第三方支付

目前，在跨境电商领域，银行转账、信用卡、第三方支付等多种支付方式并存。跨境电商 B2B 目前主要以传统线下模式完成交易，支付方式主要是信用证、银行转账（如西联汇款）。跨境电商 B2C 主要使用线上第三方支付方式完成交易。在我国，一批优秀的第三方支付本土企业，如支付宝、财付通和银联电子支付，已获得跨境电商外汇支付业务试点资格、跨境人民币支付业务试点资格、跨境汇款业务试点资格等跨境支付业务试点资格，陆续进军跨境支付领域，致力于提供高效、便捷、安全的跨境网络支付服务。它们可以通过银行为小额电商交易双方提供跨境互联网支付（包括单笔交易不超过 5 万美元的货物贸易和留学教育、航空机票、酒店住宿等服务贸易）所涉及的外汇资金集中收付及相关结售汇服务。总体而言，我国第三方支付本土企业尽管发展很快，但目前尚不具备国际竞争力。今后要继续推进金融创新，在风险可控的前提下进一步提高支付限额，引导和支持国内金融机构，特别是支付企业“走出去”，逐步完善跨境电子支付体系，有效满足境内外企业和个人跨境电子支付的合理需求，助推跨境电商发展。

在除中国外的全球市场，美国的第三方支付系统 PayPal 是规模最大的在线支付工具。PayPal 于 1998 年在美国加利福尼亚州成立，2002 年被国际贸易电子商务平台 eBay

收购，成为其全资子公司；2015 年 7 月 PayPal 从 eBay 拆分，并在美国纳斯达克独立上市，股票代码为 PYPL，目前市值约 1 180 亿美元。2018 年，PayPal 全年共处理超过 99 亿笔总价值 5 780 亿美元的支付交易，其中包括约 37 亿笔总价值 2 270 亿美元的移动支付交易。2019 年，PayPal 在“全球最具价值品牌 100 强”中位列第 26 位。PayPal 是全球领先的开放式数字支付平台，秉持“普惠金融、服务大众”的企业理念，致力于提供普惠金融服务，通过技术创新与战略合作相结合，为资金管理和移动创造更好的方式，为转账、付款或收款提供更多灵活的选择，帮助企业和个人参与全球经济并获得成功。

6）建设“单一窗口”平台

建设“单一窗口”平台是国家推动与国际贸易规则接轨、扩大对外开放、推进口岸通关便利化的重大举措，在目前国际贸易形势严峻、全国全力稳定外贸增长的背景下具有现实意义。“单一窗口”平台的创举在于，打破海关、国检、海事、边检等口岸监管部门之间的壁垒，将各部门都需要提供的“同类项”合并，企业所有申报行为只面对一个平台，且只需向平台一次递交全部申报信息和相关材料，实现一次性递交满足监管部门要求的标准化单证和电子信息，监管部门处理状态通过平台反馈给申报人。推行“单一窗口”建设，核心是信息共享，不但可以提高政府监管效能，减少申报单证的重复录入和数据信息的差错，促进贸易程序更加便利，还能降低贸易和物流企业的物流成本。

建设“单一窗口”平台是杭州市跨境电商综合改革试验区最主要的一个成功经验，被国务院充分肯定，也正在被各地复制推广。“单一窗口”平台具有政务服务和商务服务双重功能，通过“一点接入”，建立和完善数据标准和认证体系，落实“负面清单”制度，实现政府管理部门之间的“信息互换、监管互认、执法互助”，做到“一次申报、一次查验、一次放行”，实现通关全程无纸化，提高通关效率，降低通关成本；同时通过链接各类综合服务企业和金融机构，为跨境贸易电商企业和个人提供物流、金融、质量管控、风险防范等贸易供应链综合服务，为跨境电商发展提供高效、便捷、透明、公正的政务、商务服务环境。

7）由 B2C 向 B2B 转型

电商发展从 B2C 模式开始，迅速发展。全球跨境电商 B2C 市场的规模不断壮大是重要的背景因素。据世界贸易组织预测，全球跨境电商 B2C 贸易总额到 2026 年将达到 4.8 万亿美元，复合增长率高达 27%。2020 年，中国跨境电商零售进出口额达到 1.69 万亿元，跨境电商规模 5 年增长 10 倍。2020 年 4 月 7 日，国务院宣布新设 46 个跨境电商综合试验区，同意在雄安新区、大同市、满洲里市、营口市、盘锦市、吉林市、黑河市、常州市、连云港市、淮安市、盐城市、宿迁市、湖州市、嘉兴市、衢州市、台州市、丽水市、安庆市、漳州市、莆田市、龙岩市、九江市、东营市、潍坊市、临沂市、南阳市、宜昌市、湘潭市、郴州市、梅州市、惠州市、中山市、江门市、湛江市、茂名市、肇庆市、崇左市、三亚市、德阳市、绵阳市、遵义市、德宏傣族景颇族自治州、延安市、天水市、西宁市、乌鲁木齐市 46 个城市和地区设立跨境电商综合试验区，名称分别为相应城市或地区名跨境电商综合试验区。加上之前已经批准的 59 个，目前全国有 105 个综合试验区，覆盖了 30 个省、自治区、市，形成了陆海内外联动、东西双向互济的发展格局。随着跨境电商综合试验区的增加，未来我国跨境电商市场规模将进一步扩大。

但是，跨境电商 B2C 也有其局限性。首先，这种模式的业务看起来很繁忙，每天有各种各样的包裹流转，短期内，特别是在跨境电商发展初期能够迅速聚拢人气、见到成效、烘托气氛，但是进出口的业务量很难做大，对进出口的增长作用有限。可以说是投入很大、成本很高、效能很低。只有从 B2C 转向 B2B，业务量才可能实现爆发式增长，才能真正成为外贸出口的增长点。因此，跨境电商综合试验区的一项重要任务就是发展 B2B，引导传统外贸企业做跨境电商，以电商改造提升传统外贸。

其次，B2C 业务模式不利于政府监管，一方面电商企业普遍反映存在通关难、结汇难、退税难等各种难；另一方面监管部门有为国把关的职责，但往往受人力限制，超负荷工作。以海关监管为例，一个监管点只有几个工作人员，每天经手的包裹少则几千个，多则几万个，检查量非常大。因此，政府监管思路必须转到 B2B，政府监管对象必须调整到 B 端，C 端由 B 端负起责任，引入一般贸易监管办法，这样政府可从监管风险中解脱出来，监管效率也能相应提升。

8）跨境电商发展生态圈

跨境电商是一个生态圈，由跨境电商平台、电商企业、电商服务企业、政府、园区等组成。一个好的生态圈，不仅要注重买卖，更要注重产业发展，打通上下游，疏通左中右，营造良好环境。

以杭州为例，杭州的跨境电商发展得比较好，一个很重要的原因是杭州有很好的电商生态圈。杭州不仅有全球最大的企业间电子商务交易平台阿里巴巴、全球最大的网络零售平台淘宝网、全球最大的网络支付平台支付宝等第三方支付平台，还有中国化工网、中国服装网、中国包装网、中国塑料网等一批行业领先企业，更有各类网店几十万家，IT 服务、仓储物流、营销推广、视频美工等电子商务服务类企业 2 000 多家，还有一达通、融易通、跨境通、跨境购，以及浙江物产、杭州、宁波、义乌等跨境电商综合服务平台。

9）平台模式成为服务共识

随着电商服务平台规模的进一步扩大，将进一步强化服务平台的规模效应和网络效应，提高服务平台的生存能力和服务能力。

（1）政府类公共服务平台。例如，从中央到省、市、县级的电子商务促进机构、电子商务园区，其服务模式将继续创新，在服务环节、服务范围和服务功能上实现更大的突破，将扮演“公共服务”的角色，为跨境电商提供无处不在、随需随取、极其丰富、极低成本的商务服务，逐步实现从现有的“工具性平台”向“生态性平台”过渡。

（2）交易平台。例如，阿里巴巴、敦煌网、环球资源、中国制造网、环球市场集团、兰亭集势、苏宁、亚马逊中国、聚美优品、大龙网等电商平台企业占据了我国跨境电商较大的市场份额。这些交易平台本身不参与交易，只为平台上的买卖双方提供交易机会。目前，跨境电商交易平台仍然是投资和发展的热点，国内众多电商企业纷纷推出国际板块和全球购的服务项目。2019 年，苏宁将全场景零售模式、立体物流配送网络及供应链的经验能力有机结合，实现线上线下融合的消费场景。2019 年，阿里巴巴的“全国 24 小时，全球 72 小时必达”的快递目标，吸引了全球 3 000 多家物流企业参与其中。2017 年成为我国新零售发展的元年，以阿里巴巴和腾讯为首的互联网巨头对线下实体商业领域大量投资布局，打造诸多新零售模式，如阿里巴巴的盒马鲜生、京东的 7FRESH、美团的掌鱼生鲜和永辉的超级物种等。新零售升级改造的方法论正在被越来越多的行业巨头所采纳，并形成行业大趋势。除了盒马鲜生，阿里巴巴还通过大量资本运作全面布局新零售，相继入股家电数码连锁零售商苏宁易购，以及百货商超银泰商业、三江购物、高鑫零售，与全业态综合体百联集团、大型连锁企业星巴克等达成合作。目前我国有 1 000 家左右的新零售企业活动于市场。而从我国新零售企业的领域分布来看，有近 300 家企业在新电商领域布局，占比达 30% 左右，新电商依托自身积累的流量，将娱乐社交的元素融入企业的运营中，开创“社交+电商”的新模式，蜜芽、三只松鼠、拼多多等企业通过这种商业模式迅速获得发展。

（3）进出口流程外包服务平台。这类平台是指外贸综合服务企业。例如，一达通，面向中小企业，通过互联网为中小企业和个人提供通关、物流、外汇，退税、金融等所有进出口环节一站式服务。

10）技术创新推动服务创新

管理创新、服务创新与技术创新相辅相成，互相促进。目前，第四次工业革命的浪潮正席卷而来，以互联网技术为代表的信息技术发展是其中最主要的方向之一，云计算、大数据、物联网、移动互联、机器学习、虚拟现实等技术创新将为跨境电商服务模式创新提供新的发展动力和新的拓展空间。以云计算和大数据为例，云计算将为商业服务提供强大的技术支持，解决计算能力、存储空间、带宽资源等瓶颈问题，未来的商业软件与服务将被广泛部署在云计算平台上；大数据不仅能够为营销提供帮助，还能为企业日常经营、生产、创新提供支撑，目前大数据相关服务已延伸到零售、金融、教育、医疗、体育、制造、影视、政府等各行各业。

本章小结

本章主要介绍了国际物流的含义、特点及作用，国际物流业务与分类，以及国际物流的发展历程与发展趋势。

国际物流是不同国家（地区）之间的物流，是跨国界（地区）的、流通范围扩大了的物品的实体流动，是国内物流的延伸和进一步扩展。国际物流也是国际贸易的一个重要组成部分。

国际物流的特点包括：物流环境较大的差异性；物流系统涉及面广且复杂；“游戏规则”的国际性；较大的风险性；更高的技术要求；更高的标准化要求。

国际物流可以促进世界范围内物资的合理流动，可以使国际间物资或商品的流动路线最佳、流通成本最低、服务最优、效益最高，同时促进各国经济和世界经济的发展。

国际物流业务包括跨国境的商品运输、装卸、搬运、储存、流通加工、包装及配送等各项活动。国际物流业务可以分为贸易性国际物流和非贸易性国际物流两种。非贸易性国际物流主要包括国际会展物流和国际邮政物流。

国际物流从 20 世纪以来经历了 6 个发展阶段，当前的发展趋势包括：第三方物流快速发展并在物流产业中逐渐占据主导地位；绿色物流是国际物流发展的一大趋势；物流产业由单一业态向多元化业态发展；为客户提供增值服务；跨境物流成为国际物流最重要的增长点。

案例讨论

快递物流——美国联合包裹运送服务公司

美国联合包裹运送服务公司（UPS 公司）是一家大型的国际快递公司，该公司拥有几百架货物运输飞机，还租用了几百架，每天运输量达 1 000 多万件。UPS 公司在全世界建立了 10 多个航空运输的中转中心，在 200 多个国家和地区建立了数万个快递中心，公司员工达到几十万人，年营业额达到几百亿美元，在世界快递行业享有较高的声誉。

UPS 公司是专门从事信函、文件及包裹快速传递业务的公司。它在世界各国和地区均取得了进出的航空权。在中国，它已建立了许多快递中心。自 2001 年 4 月起，UPS 公司可以直航中国，使其在中国的业务量于 2001 年二季度同比猛增 25%，UPS 公司初步尝到了直航的甜头。此外，为了适应中草药业务量快速增长的要求，UPS 公司又采取了多种措施，包括增加直航中国的航班。在上海浦东机场快件中心大仓库里，UPS 公司还安装了包裹处理流水线，并于 2001 年 9 月初投入使用。从 2001 年 8 月下旬开始，UPS 公司在上海安装了上百台速递资料收集器，以取代传统的纸上传递记录。

UPS 公司在世界各地发展迅速，效益显著提升。UPS 公司之所以能够取得如此显著的成绩，与它的特点有关。那就是，它能够真正做到将遍布世界各地的快递物品迅速、安全地送达目的地。

在“迅速”方面，UPS 公司能够实现国际快件 3 日内达到、国内快件 1 小时取件和 24 小时下个航班到达的承诺，满足了较高的服务质量要求。

在“安全”方面，UPS 公司能够实现每天 1 万多人在网上对快递进行跟踪查询，以及每天 2 万人通过打电话对快递进行跟踪查询。

UPS 公司之所以能够达到以上服务标准，究其原因，一是公司对内具有严格的管理制度和规范的业务处理流程；二是公司充分地运用了高科技手段，在因特网上建立了快递文件跟踪系统，同时建立了快递文件数据汇总的数据中心，实现了快递档案的高效管理；三是建立了 EDI 等物流系统。

UPS 公司除了开展信函、文件及包裹的物流快递业务，还为客户提供代理报关服务，减轻了客户的报关负担并缩短了报关时间；也为客户代理特殊物品的包装服务，解决了客户在物品包装上的困难，并节省了包装材料费用。

国际物流不仅包括商务活动中出现的物流，还包括一些面向社会的实现物品流通的社会物流，全球快递业务就属于这种物流，而 UPS 公司就是一家国际物流企业。除了 UPS 公司，还有联邦快递等许多快递公司，每年通过全球快递业务所实现的特快专递的物流业务金额高达几千亿美元，使这些快递公司迅速崛起。

思考问题

1. 为什么说UPS公司是一家国际物流企业？
2. 如何提高国际快递物流企业的物流服务水平？

课后练习

一、多项选择题

1. 下列关于国际物流的含义描述正确的是（　　）。
   A. 国际物流是指货物经停的地点不在同一个独立关税区内的物流
   B. 国际物流是指发生在3个或3个以上国家网络间的货物流通活动
   C. 国际物流是指组织货物在国际间的合理流动
   D. 国际物流是发生在不同国家和地区之间的物流
2. 下列关于国际物流的表述正确的是（　　）。
   A. 国际物流的总目标是国际贸易和跨国经营服务
   B. 国际物流发生在不同的国家之间
   C. 国际物流必须遵从国际间贸易的惯例
   D. 国际物流可以促进区域经济的发展和世界范围内资源的优化配置
3. 下列属于国际物流作用的是（　　）。
   A. 使国际间物资或商品的流动路线最佳
   B. 使国际间物资或商品的流通成本最低
   C. 使国际间物资或商品的服务最优
   D. 使国际间物资或商品的效益最高
4. 国际物流的特点包括（　　）。
   A. 物流环境的差异性　　B. 物流系统范围的广泛性
   C. 要求物流标准化具有统一性　　D. 要求物流信息化具有先进性
5. 下列属于国际物流内容的是（　　）。
   A. 各国之间的邮政物流　　B. 各国之间的展品物流
   C. 各国之间的军火物流　　D. 国际间的咨询和结算业务
6. 国际物流与国际贸易的关系可以概括为（　　）。
   A. 国际物流是国际贸易的产物
   B. 国际物流的发展可以促进国际贸易的发展
   C. 国际物流受国际物流发展的制约
   D. 国际物流与国际贸易二者是完全一体化的
7. 跨境电商的发展趋势包括（　　）。
   A. 以出口为主导　　B. 适度发展进口
   C. 建立“单一窗口”平台　　D. 从B2C向B2B转型

二、判断题

1. 国际物流是国内物流的跨国延伸和扩展。　　　　（　　）

2. 我国加入世界贸易组织与我国的物流业发展没有必然的联系和关系，二者是独立的事件。　　　　（　　）

3. 国际物流需要合理选择运输路线和运输方式，尽量缩短运输距离和货物在途时间，加速货物的周转并降低物流成本。　　　　（　　）

4. 从广义上讲，国际物流包括捐赠物资、援助物资等的物流。　　　　（　　）

三、简答题

1. 什么是国际物流？
2. 国际物流有哪些特征？
3. 简述国际物流的作用。
4. 国际物流业务主要有哪些？
5. 简述国际物流的发展趋势。
6. 简述跨境电商的发展趋势。

任务实训

实训内容：

1. 参观国际贸易企业，了解对外贸易相关业务流程。
2. 参观国际物流企业，了解国际物流相关业务，了解外贸过程中的国际物流基本活动，增加感性认识。

实训目的：

1. 了解国际贸易相关操作。
2. 掌握国际物流的内容，了解我国国际物流发展现状。

实训要求：

1. 了解国际贸易的基本业务，理解国际贸易与国际物流的关系。
2. 熟悉国际物流的基本业务流程。
3. 完成一份了解国际物流基本活动的实训报告。

实训操作与规范：

1. 有组织地到国际物流企业、国际货代企业或外贸公司进行参观。
2. 听从有关人员安排。
3. 注意安全。
4. 分小组讨论国际物流的产生和发展，熟悉目前我国国际物流的发展状况。

第二章

国际物流系统与节点

学 习 目 标

1. 了解物流系统，在此基础上掌握国际物流系统的概念，并掌握国家或地区之间的商品运输、储存、装卸搬运、流通加工、包装及国际配送等子系统的组成。

2. 了解国际物流节点，重点掌握口岸、港口、自由港或自由贸易区、保税区这几个国际物流节点的相关知识。

3. 了解国际物流连线，掌握主要国际物流连线的相关知识。

知识要点

物流系统　物流节点　口岸　港口　物流园区　自由贸易区　保税区　物流连线　海上航线　航空线

场景导入

中国远洋海运集团有限公司（以下简称中远集团）数百家国内外成员企业形成了以北京为中心，以远洋航运和全球物流为依托，以中国香港、欧洲、美洲、大洋洲、非洲、西亚、新加坡、日本和韩国 9 个区域为支点的全球运营网络和服务体系，目前已经发展成为拥有和控制船舶 1 376 只、11 367 万载重吨（截至 2021 年 6 月）的跨国航运、物流和修造船企业集团，在全球 160 多个国家和地区、1 500 多个港口不间断地为全球客户提供及时、优质的服务。在国内，以货运、外代、航空货代等业务为核心的中远集团陆上成员企业构筑了中国最大、最完善的陆地货运网络，能够为全国的客户提供“上天入地”的全方位服务。

中远集团把信息技术作为强化物流竞争能力的一个重要手段。早在数年前，中远集团就已经通过国际互联网向全球客户推出了包含网上订舱、中转查询和信息公告等多项业务在内的网上服务系统。中远集团还联合英国皇家海军航道局和中国国家气象中心研制开发了具有世界领先水平的“全球航海智能系统”，被誉为远洋船舶的“天眼”。通过远洋船舶、集装箱卡车及其他陆运车辆上安装的全球卫星定位系统，可在总部终端进行全程监测，实时跟踪物流运输状态。

应用上述完善的物流网络，中远集团为上汽通用汽车有限公司提供了从加拿大内陆起运地起始的铁路运到日本港口中转、横跨太平洋的海上运输，再到上海交货地的“门到门”全程物流运输服务。在全程服务中，中远集团选择最佳的运输路线，使用中日间最迅捷的“绿色快航”通道，配备现代化海陆运输工具，使用先进的信息技术，为上汽通用汽车有限公司提供近乎完美的具有个性化特征的全程物流服务。

思考问题

什么是物流系统？国际物流系统需要具备哪些功能？通过对中远集团的了解，你对企业的物流系统及其功能要素怎么理解？

第一节　国际物流系统概述

一、物流系统的概念

1. 物流系统的定义

物流系统是指在一定的时间和空间内，由所需输送的物料和有关设备、输送工具、仓储设备、人员及通信联系等若干相互制约的动态要素构成的具有特定功能的有机整体。物流系统的目的是实现物流活动的时间效益和空间效益，在保证社会再生产顺利进行的前提下，实现各种物流环节的合理衔接，取得物流活动的最佳经济效益。

物流系统由运输、装卸搬运、储存、流通加工、包装、配送等子系统中的一个或几个有机结合而成。每个子系统又可以分成更小的子系统。物流系统本身又处在更大的系统之中。

2. 物流系统的要素

物流系统的要素分为一般要素、功能要素和支撑要素。

1）物流系统的一般要素

物流系统的一般要素包括：①劳动者要素，是所有系统的核心要素、第一要素；②物资要素，包括物流系统的劳动对象、劳动工具、劳动手段及各种消耗材料；③信息要素，是物流系统的各种传输信号和情报资料。

2）物流系统的功能要素

物流系统的功能要素指的是物流系统所具有的各种基本效能组合元素，这些基本效能组合元素有效地组合、集成在一起，就构成了物流系统的总功能，从而有效、合理地实现物流系统的总目标。如果从物流活动的实际工作环节来考察，一般认为物流系统的功能要素有运输、装卸搬运、仓储保管、流通加工、包装、配送等。

（1）运输功能要素。它包括供应及销售物流中的车、船、飞机等方式的运输，生产物流中的管道、传送带等方式的运输。对运输活动的管理，要求选择技术、经济、效果最好的运输方式和联运方式，合理确定运输路线，以实现安全、迅速、准时、价廉等要求。

（2）装卸搬运功能要素。它包括对输送、保管、包装、流通加工等物流活动进行衔接的活动，以及在保管等活动中为进行检验、维护、保养所进行的装卸活动。伴随装卸活动的小搬运，一般也包括在这一活动中。在整个物流活动中，装卸活动是频繁发生的，因而是产品损坏的重要原因。对装卸活动的管理，主要是确定最恰当的装卸方式，力求减少装卸次数，合理配置和使用装卸器具，以确保节能、省力、减少损失、加快速度，获得较好的经济效益，提供好的物流装卸搬运服务。

（3）仓储保管功能要素。它包括储存、保管、保养、维护等活动。对仓库储存、保管活动的管理，要求正确确定库存数量，明确仓库以流通为主还是以储备为主，合理确定保管制度和流程，对库存物品采取有区别的管理方式，力求提高保管效率，降低损耗，加快物资和资金的周转。

（4）流通加工功能要素。它又称为流通过程的辅助加工活动。这种加工活动不仅存在于社会流通过程中，也存在于企业内部的流通过程中，所以实际上是在物流过程中进行的辅助加工活动。企业、物资部门、商业部门为了弥补生产过程中加工程度的不足，更有效地满足用户或本企业的需求，往往需要进行这种加工活动。

（5）包装功能要素。它包括产品的出厂包装，生产过程中对在制品、半成品的包装，以及物流过程中的换装、分装、再包装等活动。包装活动的管理应根据物流方式和销售要求来确定。包装是以商业包装为主还是以工业包装为主，要全面考虑包装对产品的保护作用、促进销售作用、提高装运率作用，以及包装拆装的便利性及废包装的回收和处理等因素。包装管理还要根据全物流过程的经济效果，具体决定包装材料、强度、尺寸及包装方式等。

（6）配送功能要素。它是物流进入最终阶段，以配货、送货形式最终完成社会物流并实现资源配置的活动。以前的配送活动一直被看成运输活动的一个组成部分，只是一种运输形式，所以没有独立作为物流系统实现的功能，也未被看成独立的功能要素，而是被视为运输中的末端运输。但是，配送作为一种现代流通方式，集经营、服务、集中库存、分拣、装卸搬运于一身，其内涵已不再是单一的送货运输，所以现代物流活动都将其视为独立的功能要素。

在上述功能要素中，运输和仓储保管分别解决了供给者和需要者之间场所和时间的分离，分别是物流创造空间效用和时间效用的主要功能要素，因而在物流系统功能要素中处于核心地位。

3）物流系统的支撑要素

物流系统的运行需要有许多支撑手段，尤其是在复杂的社会经济系统中，要确定国际物流系统的地位，协调它与其他系统的关系，这些支撑要素必不可少。

（1）体制、制度。物流系统的体制、制度决定了物流系统的结构、组织、管理方式。国家的控制、指挥、管理是物流系统的重要保障。有了这个支撑条件，物流系统才能确立其在国民经济中的地位。

（2）法律、规章。物流系统的运行，都不可避免地涉及企业或个人的权益问题。合同的执行、权益的划分、责任的确定都要依靠法律、规章维系。法律、规章一方面限制和规范物流系统的活动，使之与更大的系统相互协调；另一方面又要保障物流系统的活动。

（3）行政命令。物流系统和一般系统的不同之处在于，物流系统关系到国家军事、经济命脉，所以行政命令等手段是保证物流系统正常运转的重要支撑要素。

知识链接

跨国公司与国际物流连线

目前，跨国公司控制着40%左右的全球生产总值、50%以上的国际贸易和90%的国际投资。跨国公司正在由各国子公司独立经营的阶段，向围绕公司总部战略、协同经营一体化的方向发展，从而对国际物流提出了更高的要求。要想让我国大型企业进入世界企业100强或500强的行列，就必须极大地提高我国国际物流的支持能力。

二、国际物流系统的概念

国际物流系统由国家或地区之间的商品运输、储存、装卸搬运、流通加工、包装及国际配送等子系统组成。其中，运输和储存子系统是国际物流系统的主要组成部分。国际物流通过商品的运输和储存，实现自身的时间和空间效益，满足国际贸易活动和跨国公司经营的要求。

1. 国际货物运输子系统

国际货物运输是国际物流系统的核心。在贸易性国际物流过程中，商品由出口商通过国际运输转移给进口商；在非贸易性国际物流过程中，通过国际运输将物品由发货人转移给收货人。所以，国际货物运输子系统具有系统路径长、环节多、涉及面广、手续繁杂、风险大、时间性强、内运外运两段性等特点。

2. 进出口商品储存子系统

进出口商品的储存、保管使商品在流通过程中处于一种或长或短的相对停滞状态，这种停滞是完全必要的，因为进出口商品流通是一个由分散到集中，再由集中到分散的流通过程。例如，进出口商品从生产厂或供应部门被集中运送到装运出口港（站、机场），以备出口，有时需临时存放一段时间，再从装运港装运出口，这是一个集和散的过程。为了保持不间断的商品往来，满足销售出口的需要，必然要有一定量的周转储存。有些出口商品需要在流通领域内进行出口商品贸易前的整理、组装、再加工、再包装或换装等，以形成一定的贸易前的准备储存。有时，由于某些出口商品在产销时间上的背离，如季节性生产但常年消费的商品和常年生产但季节性消费的商品，必须留有一定数量的季节储备。当然，有时也会出现一些临时到货，货主一时又运不走的情况，有时甚至会出现进口商品到了港口或边境车站，但通知不到货主或无人认领的情况，这种特殊的临时存放保管情况，称为压港、压站现象。在这些情况下，国际物流就会堵塞不通畅，给贸易双方或港方、船方等带来损失。因此，国际货物的库存量往往要高于内贸企业的货物库存量。

3. 进出口商品装卸搬运子系统

相对于商品运输来讲，进出口商品的装卸搬运作业是短距离的商品搬移，是仓库作业和运输作业的纽带和桥梁，实现的是物流的空间效益。它是保证商品运输和保管连续性的一种物流活动，有效地搞好装卸搬运作业，可以减少运输和保管之间的摩擦，充分发挥商品的储运效率，对加速国际物流、节省装卸搬运费用起到重要作用。

4. 进出口商品流通加工子系统

流通加工与检验是随着科技进步，特别是物流业的发展而不断发展的。它是物流中具有一定特殊意义的物流形式。流通加工与检验过程，是为了促进销售、提高物流效率和物资利用率，以及为维护产品的质量而采取的能使物资或商品发生一定的物理、化学和形状变化的加工过程。出口商品的加工作业，其重要作用是使商品更好地满足消费者的需要，不断地扩大出口；同时也是充分利用本国劳动力和部分加工能力，扩大就业机会的重要途径。

流通加工的具体内容包括：袋装、定量小包装（多用于超级市场）、贴标签、配装、挑选、混装、刷标记（刷唛）等为出口贸易商品服务的项目；生产性外延加工，如剪断、平整、套裁、打孔、折弯、拉拔、组装、改装，以及服装的检验、烫熨等。这些出口加工或流通加工，不仅能最大限度地满足消费者的多元化需求，同时由于是比较集中的加工，还能比没有加工的原材料出口赚取更多的外汇。

5. 进出口商品包装子系统

杜邦定律认为，63%的消费者是根据商品的包装和装潢购买商品的。国际市场和消费者是通过商品来认识企业的，而商品的商标和包装就是企业的“面孔”，反映了一个国家的科技文化综合水平。现在我国出口商品存在的主要问题有：出口商品包装材料主要靠进口；包装产品加工技术水平低，质量上不去；外贸企业经营者对出口商品包装缺乏现代意识，如缺乏现代包装观念、市场观念、竞争观念和包装的信息观念，仍存在重商品、轻包装，重商品出口、轻包装改进等思想观念。为了提高商品包装系统的功能和效率，应提高广大外贸职工对出口商品包装工作重要性的认识，树立现代包装意识和包装观念；尽快建立起一批出口商品包装工业基地，以适应外贸发展的需要，满足国际市场、国际物流系统对出口商品包装的各种特殊要求；认真组织好各种包装物料和包装容器的供应工作，这些包装物料、容器应具有品种多、规格齐全、批量小、变化快、质量高等特点，以便扩大外贸出口，提高创汇能力。

6. 国际配送子系统

国际物流的配送系统是国际物流系统的末端子系统，是将国际货物从各个中端节点或配送中心分配派送至各个客户终端的子系统，也是一国国际物流活动的终端连线所在，具有十分重要的地位和作用。如果国际配送子系统不能够有效地运作，前面所做的所有国际物流活动都可能无效。

7. 其他子系统

除上述子系统外，国际物流系统还包括以下两个子系统。

1）进出口商品检验子系统

进出口商品检验子系统也称进出口商品报检报验子系统。由于国际贸易和跨国经营具有投资大、风险高、周期长等特点，使进出口商品检验系统也成为国际物流系统中重要的子系统。该系统通过商品检验，确定交货品质、数量和包装条件是否符合合同规定。如果发现问题，就可以分清责任，向有关方面索赔。在买卖合同中，一般都订有商品检验条款，其主要内容有检验时间与地点、检验机构与检验证明、检验标准与检验方法等。根据国际贸易惯例，对商品检验时间与地点的规定可概括为 3 种做法：在出口国检验；在进口国检验；在出口国检验、进口国复验。

2）国际物流信息子系统

国际物流信息子系统的主要功能是采集、处理和传递国际物流和商流的信息情报。如果没有功能完善的国际物流信息子系统，国际贸易和跨国经营将寸步难行。国际物流信息的主要内容包括进出口单证的作业过程、支付方式信息、客户资料信息、市场行情信息和供求信息等。国际物流信息子系统的特点是：信息量大，交换频繁；传递量大，时间性强；环节多、点多、线长。因此，要建立技术先进的国际物流信息子系统。在国际贸易中，EDI 的发展是一个重要趋势。我国应该在国际物流中加强推广 EDI 的应用，建设国际贸易和跨国经营的"高速公路"。

第二节　国际物流节点概述

整个国际物流过程由多次的"运动—停顿"组成。与这种活动相对应的国际物流网络由执行运动使命的线路和执行停顿使命的节点这两种基本元素组成。线路与节点的相互关联构成不同的国际物流网络。国际物流网络水平的高低、功能的强弱则取决于网络中这两种基本元素合理配置的程度。在国际物流节点上，可以通过对节点的优化提高物流的增值服务水平和综合服务功能。由此可见，国际物流节点对优化整个国际物流网络起着至关重要的作用。它不仅执行一般的物流职能，还越来越多地执行指挥调度、采集信息等神经中枢的职能，因而日益受到人们的重视。因此，人们又把国际物流节点称为整个物流网络的灵魂。

一、物流节点与国际物流节点

物流节点是指物流网络中连接物流线路的结合部。全部物流活动都是在物流线路和物流节点上进行的。其中，在物流线路上进行的活动主要是运输，包括集货运输、干线运输、配送运输等；而物流功能要素中的其他所有功能要素，如包装、装卸、保管、分货、配货、流通加工等，都是在物流节点上完成的。

国际物流节点是指那些从事与国际物流相关的活动的物流节点，如制造厂仓库、中间商仓库、口岸仓库、国内外中转点仓库，以及流通加工配送中心和保税区仓库、物流中心等。国际贸易商品或货物通过这些仓库和中心的收入和发出，并在中间存放保管，实现国际物流系统的时间效益，克服生产时间和消费时间的分离，促进国际贸易系统的顺利运行。

二、国际物流节点的功能

国际物流节点主要具有如下 3 项功能。

1. 衔接功能

物流节点将各个物流线路联结成一个系统，使各个线路通过节点变得更为贯通而不是互不相干，因此具有衔接功能。

在物流实现系统化之前，不同线路的衔接有很大困难。例如，轮船的大量输送线和短途汽车的小量输送线，两者的输送形态、输送装备都不相同，再加上运量的巨大差异，所以两者之间的衔接往往有长时间的中断，需要逐渐实现转换，这就使两者不能贯通。物流节点则利用各种技术的、管理的方法，可以有效地起到衔接作用，将中断转化为通畅。

国际物流节点一般采用以下手段来衔接物流活动。

- 通过转换运输方式，衔接不同的运输手段。
- 通过加工，衔接干线物流和配送物流。
- 通过储存，衔接不同时间的供应物流与需求物流。
- 通过集装箱、托盘等集装处理，衔接整个“门到门”运输，使之成为一体。

2. 信息功能

物流节点是整个物流系统或与节点相接的物流的信息传递、收集、处理、发送的集中地，因此具有信息功能，在现代物流系统中起着非常重要的作用，也是复杂物流存储单元能联结成有机整体的重要保证。

在现代物流系统中，每个物流节点都是物流信息系统的一个点，若干个这种类型的信息点和物流系统的信息中心结合起来，便构成了指挥、管理、调度整个物流系统的信息网络，这是建立一个物流系统的前提。

3. 管理功能

物流系统的管理设施和指挥机构往往集中设置于物流节点之中，实际上，物流节点大多是集管理、指挥、调度、信息、衔接及货物处理为一体的物流综合设施，因此具有管理功能。整个物流系统运转的有序化和正常化，以及运作的效率和水平都取决于物流节点管理职能的实现情况。

三、国际物流节点的类型

在国际物流中，由于各个物流系统的目标不同，以及国际物流节点在国际物流网络中的地位不同，国际物流节点的主要作用往往也不同，故迄今对国际物流节点尚无明确的分类。这里仅根据其主要功能分为以下几类。

（1）转运型国际物流节点。转运型国际物流节点以连接运输方式为主要职能，货物停留时间短，如铁路货运站、海运码头港口、公路货场、航运机场，以及不同运输方式之间的转运站、终点站和口岸等。货物在这类国际物流节点上停滞的时间较短。

（2）储存型国际物流节点。储存型国际物流节点以货物储存为主要职责，货物停留时间长，如储备仓库、营业仓库、中转仓库、港口和口岸仓库等。货物在这类国际物流节点上停滞的时间较长。

（3）流通型国际物流节点。流通型国际物流节点以组织货物在物流系统中的运动为主要职能，如流通仓库、配送中心、流通中心等。

（4）综合型国际物流节点。综合型国际物流节点是指将若干功能有机结合成一体的集约型节点。例如，国际物流中心、自由贸易区、保税区、出口加工区就有综合型物流节点的功能；港口码头、保税仓库、外贸仓库也可以成为物流中心。

知识链接

节点与仓库的区别

从物流的仓库网点分布或从物流供应链连接点来说，如果某仓库处于某物流网络之中，或者某仓库是某供应链的连接点，那么这个仓库就是一个节点，或者说这个节点就是一个仓库，两者具有相同的功能和作用。反之，如果某仓库未纳入某物流网络，或者不是某供应链的连接点，或者不具有节点的功能，则该仓库只是一个仓库，而不是节点。口岸仓库、中转仓库、流通加工仓库、配送中心仓库均可视为节点，而不是普通仓库。

第三节　国际物流节点——口岸

口岸是国家指定的对外往来门户，是国际货物运输的枢纽。从某种程度上来说，它是一种特殊的国际物流节点。许多企业都在口岸设有口岸仓库或物流中心。口岸物流是国际物流的组成部分。

一、口岸的含义

口岸，原指由国家指定的对外通商的沿海港口。但现在，口岸已不仅是经济贸易往来（通商）的商埠，还是包括政治、外交、科技、文化、旅游和移民等方面往来的港口。同时，口岸不仅指设在沿海的港口，随着陆、空交通运输的发展，对外贸易的货物、进出境人员及其行李物品、邮件包裹等，都可以通过铁路和航空运输直达一国腹地，因此在开展国际联运、国际航空邮包邮件交换业务及其他有外贸、边贸业务的地方，各国一般也设置了口岸。

由此可见，口岸是国家指定对外经贸、政治、外交、科技、文化、旅游和移民往来，并供往来人员、货物和交通工具出入国（边）境的港口、机场、车站的通道。简单地说，口岸是国家指定对外往来的门户。

二、口岸的分类

口岸可以从不同的角度进行分类，常用的分类方法有以下两种。

1. 按批准开放的权限分类

按批准开放的权限，可将口岸分为一类口岸和二类口岸。

（1）一类口岸是指国务院批准开放的口岸（包括中央管理的口岸和由省、市、自治区管理的部分口岸）。

（2）二类口岸是指省级人民政府批准开放并管理的口岸。

2. 按出入境的交通运输方式分类

按出入境的交通运输方式，可将口岸分为港口口岸、陆地口岸和航空口岸 3 种。

（1）港口口岸是指国家在江河湖海沿岸开设的供人员和货物出入国（边）境及船舶往来停靠的通道。它包括港内水域及紧接水域的陆地。港口水域包括进港航道、港池和锚地。港口口岸分为海港港口口岸和内河港口口岸。内河港口是建造在河流（包括运河）、湖泊和水库内的港口，为内河船舶及其客货运输提供服务。

（2）陆地口岸是指国家在陆地上开设的供人员和货物出入国（边）境及陆上交通运输工具停站的通道。陆地口岸包括国（边）境及国家批准内地可以直接办理对外进出口经济贸易业务往来和人员出入境的铁路口岸和公路口岸。

（3）航空口岸又称空港口岸，是指国家在开辟有国际航线的机场上开设的供人员和货物出入国（边）境及航空器起降的通道。

三、中国电子口岸

中国电子口岸运用现代信息技术，借助国家电信公网资源，将国家各行政管理机关分别管理的进出口业务信息流、资金流、货物流的电子底账数据集中存放到公共数据中心，实现数据共享和数据交换，使各个国家行政管理部门可进行跨部门、跨行业的联网数据核实，企业也可以在网上办理各种进出口业务。

中国电子口岸建立的重要意义在于：

（1）有利于增强管理部门的管理综合效能。企业只要与电信公网“一点接入”，就可以通过公共数据中心在网上直接向海关、国检、外贸、外汇、工商、税务、银行等政府管理部门申办各种进出口手续，从而真正实现政府对企业的“一站式”服务。

（2）使管理部门对进出口环节的管理更加完整和严密。管理部门实行“电子＋联网核查”的新型管理模式，可以从根本上解决业务单证弄虚作假的问题，严厉打击走私、骗汇、骗税等违法犯罪活动，从而创造公平竞争的市场环境。

（3）可以降低贸易成本，提高贸易效率。通过中国电子口岸网上办理业务，企业既可以节省时间，又能减少奔波劳累之苦，提高贸易效率，降低贸易成本，方便企业进出口。

总之，中国电子口岸是中国电子化政府的雏形，是贸易现代化的重要标志，是提高行政执法透明度，实现政府部门行政执法公平、公正、公开的重要途径。

第四节　国际物流节点——港口

港口是水、陆、空交通的集节点和枢纽，是工、农业产品和外贸进出口物资的集散地，也是船舶停泊、装卸货物、上下旅客、补充给养的场所。由于港口是联系内陆腹地和海洋运输（国际航空运输）的一个天然界面，因此人们把港口当作国际物流的一个特殊节点。

港口按其基本功能可分为商港、渔港、军港和避风港四大类型。本节所阐述的港口，仅指与国际物流有关的商港。现代商港不仅是水、陆、空运输的枢纽和货物集散地，而且是一个巨大的生产单位，其规模的大小一般是以吞吐量来表示的。现代商港已经成为国际物流的一个重要载体。

按照综合物流的观点，港口在现代国际生产、贸易和物流系统中处于十分重要的战略地位，并且发挥着日益重要的作用。港口不仅是货物水、陆、空运输的中转地，而且提供了发展转口贸易、自由港和自由贸易区的机会。

一、港口的特点

港口之所以在现代国际生产、贸易和物流系统中发挥着重要的战略作用，主要是由港口的以下特点决定的。

（1）货物集结点。港口是整个供应链上最大的货物集结点，连接了各种陆路运输方式，会聚了内陆运输、水路运输等大量的货物，世界贸易的 90%以上都是通过港口实现的。

（2）信息中心。在港口地区落户的有货主、货运商、批发商、物流企业、海关、商品检验机构及其他各种有关机构，汇集了大量的货源信息、技术信息和服务信息，使港口成为重要的信息中心。

（3）现代产业中心。港口是各种生产要素的最佳结合点，可以缩小国家之间生产要素的禀赋差异，优化配置国际生产要素建设工业，节省大量物流成本，增强国际竞争力。

（4）国际贸易服务基地。港口是国际贸易中重要的服务基地。在物流方面，港口可以为船舶、汽车、火车、飞机、货物、集装箱提供中转运输、装卸仓储等综合物流服务；在商流方面，港口可为用户提供代理、保险、融资、货代、船代、通关等商贸和金融服务。

二、港口的功能

港口是内地的货物、旅客运往海外，或者船舶靠岸后起卸客货运送至本地或内陆各地的交会地，因此港口的功能可以归纳为以下几个。

（1）货物装卸和转运功能。这是港口最基本的功能，即货物通过各种运输工具转运到船舶或从船舶转运到其他各种运输工具，实现货物空间位置的有效转移，开始或完成水路运输的全过程。

（2）商业功能。在商品流通过程中，货物的集散、转运和一部分储存都发生在港口。港口介于远洋航运业与本港腹地客货的运输机构之间，便利客货的运送和交接。港口的存在既是商品交流和内外贸易存在的前提，又促进了它们的发展。

（3）工业功能。随着港口的发展，临江、临海工业迅猛发展。通过港口，由船舶运入原料，再由船舶输出加工制造的产品，前者使工业生产得以进行，后者使工业产品的价值得以实现。港口的存在是工业存在和发展的重要前提，在许多地方，港口和工业已经融为一体。

三、世界著名港口

1. 上海港

上海港位于长江入海的咽喉处，黄浦江横贯其中，成为天然商港。该港航道包括长江口南航道和黄浦江航道及大小洋山深水港航道。

统计显示，上海港 2009 年货物吞吐量达到 5.9 亿吨，集装箱吞吐量为 2 500 万 TEU（国际标准箱单位），分别位居全球第一、第二位。到 2010 年，上海港集装箱吞吐量达到 2 906.9 万 TEU，同比增长 16%，首次超越新加坡，跃居世界第一。2010 年上海港货物吞吐量和集装箱吞吐量全球排名双第一，实现了历史性的跨越。自此，上海港集装箱吞吐量开始连续问鼎世界第一。2011 年，上海港集装箱吞吐量首次突破 3 000 万 TEU。2016 年上海港集装箱吞吐量为 3 713.3 万 TEU，继续位居世界第一位。2017 年下半年以来，上海港日均昼夜集装箱吞吐量达到 11.3 万 TEU，作业效率同比提高了 8.1%，并创下昼夜集装箱吞吐量 13041TEU 的作业纪录。2017 年 12 月，经过 3 年建设的全球最大集装箱自动化码头——洋山四期正式开港试运营。该自动化码头共建设 7 个集装箱泊位，集装箱码头岸线总长 2 350

米，设计年通过能力初期为 400 万 TEU，远期为 630 万 TEU。2017 年，上海港集装箱吞吐量踏上 4 000 万 TEU 的新台阶，使上海港成为全球首个集装箱年吞吐量突破 4 000 万 TEU 的港口。2018 年上海港集装箱吞吐量超过 4 200 万 TEU。2020 年上海港集装箱吞吐量超过 4 350 万 TEU，连续 12 年位居世界第一位。

2. 汉堡港

汉堡是德国最大的城市和港口，也是世界上最大的自由港。港区面积 100 平方千米，码头全长 65 千米，共有 500 多个泊位，大小码头 63 个。该港口设备现代化，泊港作业时间短，素有“快港”的美称。2019 年，汉堡港的海运货物吞吐量增至 13 660 万吨，同比增长 1.1%；集装箱吞吐量为 930 万 TEU，同比增长 6.1%。其中，汉堡与中国的海运集装箱运输总量达到 260 万 TEU，涨幅 1.7%，位居世界集装箱港口第 19 位。2020 年，受全球新冠肺炎疫情的影响，汉堡港的海运货物吞吐量为 1.263 亿吨，同比下降 7.6%；集装箱吞吐量为 850 万 TEU，同比下降 7.9%。但陆地腹地交通发展非常稳定，仅下降了 5.8%。在汉堡港的十大贸易伙伴中，集装箱吞吐量实现增长的有美国（增长 1.8%）、新加坡（增长 5.3%）、英国（增长 28.2%）和马来西亚（增长 6.0%）。美国与汉堡的集装箱运输量排名第二，并在 2020 年达到 59.1 万 TEU 的新纪录。

3. 鹿特丹港

鹿特丹是荷兰第二大城市，素有“欧洲门户”之称。该港口年吞吐量超过 5 亿吨的纪录，使它在 2005 年以前当之无愧地长期占据着世界第一大港的地位，因此它也被誉为“欧洲桥头堡”。鹿特丹港港区面积 80 多平方千米，江轮码头岸线长 33.6 千米，总泊位 656 个，航道最大水深 22 米。鹿特丹港有 3 个大港区，分别是博特莱克港、欧罗港区和马斯弗拉克特港区。鹿特丹港的装卸过程完全用计算机控制，它在 2005 年和 2006 年的集装箱吞吐量分别达 930 万 TEU 和 960 万 TEU，位居世界十大集装箱港口第 7 位，2020 年则退居到第 10 位。2019 年和 2020 年鹿特丹港的海运货物吞吐量分别为 46 940 万吨和 43 680 万吨。

4. 安特卫普港

安特卫普港地处斯海尔德河下游，是比利时最大的海港。该港港区总面积 106.3 平方千米，岸线总长 99 千米。安特卫普港自 16 世纪起就成为欧洲十分繁荣的商业港口城市，比利时全国海上贸易的 70%都通过该港完成。安特卫普港以港区工业高度集中而著称，现有港区主要分布在斯海尔德河右岸。安特卫普港在 2018 年业务同比增加 5.1%，实现了连续 6 年的增长，成为比利时经济的驱动力之一。安特卫普港 2019 年的集装箱吞吐量为 1 200 万 TEU。2020 年的集装箱吞吐量首次超过 1 200 万 TEU，总计 13 900 万吨，与 2019 年相比增长 1.3%。2021 年上半年，安特卫普港的集装箱吞吐量为 620 万 TEU，比 2020 年同期增长了 5.1%。2021 年上半年，通过安特卫普港中转的集装箱、常规散货、滚装船、液体散货总量达 12 000 万吨，同比增长 5%。

此外，值得注意的是，尽管英国脱欧导致欧盟和英国之间的贸易条件困难，但安特卫普港对英国和爱尔兰的集装箱总吞吐量 2021 年上半年相比 2020 年同期分别增长了 11.1%和 12.1%。

5. 釜山港

釜山港地处朝鲜半岛东南部，隔朝鲜海峡与日本福冈、北九州等地相望，是韩国重要的枢纽港口。1876 年开港的釜山港不仅承担着韩国 80%的集装箱装运任务，而且是亚洲大陆至北美大陆货物的转运基地。釜山港一度是世界第三大集装箱港，但近两年被中国的上海港和深圳港超越而降为世界第五大集装箱港。

韩国政府自 1995 年起规划在釜山西北的港湾建设新港，以提高釜山港的货物吞吐量和转运能力。新港到 2011 年已经具有 30 个集装箱泊位，每年可处理集装箱 804 万 TEU。届时，釜山港每年处理集装箱的能力将增加到 1 400 多万 TEU。韩国釜山港新港一期工程的 3 个 5 万吨级集装箱码头已于 2006 年 1 月 19 日竣工，并投入使用，这标志着这个百年老港正在迅速提升其吞吐能力，以参与东北亚航运和物流的激烈竞争。

釜山港自 2005 年被中国的上海港和深圳港超越而降为世界第五大集装箱港后，直到 2011 年都一直保持在第五名的位置。2019 年，釜山港海运货物总吞吐量为 46 899 万吨，同比增长 1.3%。2020 年海运货物总吞吐量为 41 052 万吨，同比下降 12.5%。

6. 神户港

神户港是日本关西地区最重要的港口，每年进出的船舶总数约 9 万艘，居日本第 1 位。自 1968 年开港以来，神户港就成为日本对外的一个重要门户。神户港港区呈扇形，年吞吐量仅次于横滨。神户港的钢铁、造船、食品、合成革制鞋、海运、仓储等与港口有关的产业是神户经济的重要支柱。20 世纪 50 年代，神户开始致力于码头的现代化建设。虽然 1995 年的阪神大地震使神户港遭到严重破坏，但是神户人同心协力，迅速进行港口重建，仅用两年时间就完成了所有港口设施的重建，定期航线和进港船舶的数量也迅速恢复到了震前水平。目前神户港正致力于重新调整港口设施使用费，简化进出港手续，加强信息化管理工作，为发展成面向 21 世纪的新型核心港口而全力以赴。

7. 新加坡港

新加坡港位于马来半岛南端的新加坡岛南部沿海，港口接近赤道，很少受台风袭击，潮差小，是世界海空交通枢纽和著名的自由港，货物可以免税进出，还是世界著名炼油中心。新加坡港港区水域宽阔，面积达 538 平方千米，水深在 10.4 米以上，吃水在 13 米左右的船舶可顺利进港靠泊。港口设备先进完善，并采用计算机化信息系统。

2019 年新加坡港的集装箱吞吐量创下历史新高，同比增长 1.6%，为 3 720 万 TEU；货物吞吐量约为 6.26 亿吨，略低于 2018 年的 6.3 亿吨。2020 年受新冠肺炎疫情的影响，新加坡港的集装箱吞吐量为 3 687 万 TEU，比 2019 年略有下降，但仍居世界第二位。

知识链接

国际物流量与对外贸易量同步增长

我国的国际物流量是与对外贸易量同步增长的。改革开放促进了我国国际经济交往的不断发展，对外贸易快速增长，我国逐步成长为世界贸易大国。2018 年是改革开放 40 周年。在 40 年的征程中，我国的对外货物贸易额出现了巨大的增长——从 1978 年至 2017 年，我国进出口总额从 355 亿元提升至 27.8 万亿元，贸易规模扩大 782 倍，且年均增速达 18.6%（高于同期 GDP 的增速）。我国的对外进出口贸易也从 1978 年的排不进全球前 20 名，到现在稳居全球第一名，实现了跨越式发展。2019 年和 2020 年我国对外贸易总额分别为 4.62 万亿美元和 4.70 万亿美元。国际物流随着国际贸易的发展而迅速发展起来，港口的吞吐能力经过几十年的建设和发展有了显著的提高，截至 2001 年年底，集装箱吞吐量超过 2 亿吨的港口已增加到 7 个，包括上海、宁波、广州、天津、秦皇岛、青岛、大连。2020 年世界十大集装箱港口中我国占 7 个，包括上海港、宁波舟山港、深圳港、广州港、青岛港、天津港、维多利亚港。2019 年，上海港完成集装箱吞吐量 4 330 万 TEU，2020 年达到 4 350 万 TEU。这也是上海连续 11 年蝉联全球最大集装箱港口。

第五节　国际物流节点——自由港或自由贸易区

自由港又称自由口岸。自由贸易区也称对外贸易区、自由区、工商业自由贸易区等。无论自由港还是自由贸易区，都划在关境以外，对进出口商品全部或大部分免征关税，并且准许在港内或区内开展商品自由储存、展览、拆散、改装、重新包装、整理、加工和制造等业务活动，以促进本地区的经济和对外贸易的发展，增加财政收入和外汇收入。

广义的自由贸易区，是指两个或两个以上的国家、地区或单独关税区组成的区内取消关税和其他非关税限制，区外实行保护贸易的特殊经济区域或经济集团，如北美自由贸易区（包括美国、加拿大、墨西哥）、美洲自由贸易区（包括美洲 34 个国家）、中欧自由贸易区（包括波兰、匈牙利、捷克、斯洛伐克等 13 个国家和保加利亚）、东盟自由贸易区（包括东盟 10 国）、欧盟与墨西哥自由贸易区、中国-东盟自由贸易区等。

狭义的自由贸易区，是指一个国家或单独关税区内部设立的，用防栅隔离的、置于海关管辖之外的特殊经济区域，区内允许外国船舶自由进出，外国货物免税进口，取消对进口货物的配额管制，是自由港的延伸，如巴拿马科隆自由贸易区、德国汉堡自由贸易区、美国纽约 1 号对外贸易区等。

一、自由港或自由贸易区的分类

一般来说，自由港或自由贸易区可以分为两种类型。一种是把港口或设区的所在城市都划为自由港或自由贸易区，如中国香港整个地区都是自由港。在整个香港，除个别商品外，绝大多数商品都可以自由进出，免征关税，甚至允许任何外国商人在那里兴办工厂或企业。另一种是把港口或设区的所在城市的一部分划为自由港或自由贸易区。例如，汉堡自由贸易区是由汉堡市的两个部分组成的，只有划在科尔普兰德航道以东的自由港和划在卡尔勃兰特航道以西的几个码头和邻近地区才是汉堡自由贸易区。这个自由贸易区位于港区的中心，占地 14.5 平方千米。外国商品只有运入这个区内才享有免税等优惠待遇，不受海关监督。

二、自由港或自由贸易区的分布

据统计，全世界目前有各种形式、各种名称的自由贸易区 700 多个，遍及五大洲 100 多个国家和地区。其中约 1/3 是由发达国家设立的，其余 2/3 是由发展中国家设立的。

1. 国际自由贸易区

1）欧洲自由贸易区

欧洲已有 20 多个国家和地区建立了 100 多个自由贸易区，其中以南欧、中欧、西欧最为集中，东北欧的密度较低。南欧的西班牙、意大利、希腊、直布罗陀 4 个国家和地区共设立了 32 个自由贸易区，其中西班牙最多，为 18 个。中欧的瑞士有 28 个自由贸易区。西欧的英国、法国、德国、爱尔兰和荷兰共设有 24 个自由贸易区。

2）美洲自由贸易区

美洲自由贸易区（Free Trade Area of Americas，FTAA）的设想是在 1994 年美国迈阿密西半球首脑会议上提出的，目的是于 2005 年年初在西半球建立一个世界面积最大、年 GDP 总值达 14 万亿美元、拥有 8 亿人口的自由贸易区。FTAA 成立后，与欧盟形成对峙之势。目前，由于如巴西等拉美国家与美国在建立自由贸易区的问题上存在较大分歧，谈判遇到了前所未有的困难。作为替代模式，一些国家纷纷与美国展开了多边、双边自由贸易谈判。FTAA 谈判方包括 34 个国家，分别是加拿大、美国、墨西哥、阿根廷、巴西、安提瓜和巴布达、巴哈马、伯利兹、玻利维亚、巴巴多斯、哥伦比亚、智利、哥斯达黎加、萨尔瓦多、厄瓜多尔、格林纳达、危地马拉、洪都拉斯、圭亚那内、海地、圣卢西亚、牙买加、尼加拉瓜、委内瑞拉、巴拿马、秘鲁、巴拉圭、苏里南、多米尼加、多米尼克、圣文森特和格林纳丁斯、特立尼达和多巴哥、圣基茨和尼维斯、乌拉圭。

3）亚洲自由贸易区

1989 年 11 月，首届亚太地区部长级会议在澳大利亚首都堪培拉举行，亚太地区 12 个国家的外交、经贸部长参加了会议，亚太经济合作组织（Asia-Pacific Economic Cooperation，APEC）由此诞生。到目前为止，APEC 成员已发展至 21 个，包括澳大利亚、文莱、加拿大、智利、中国、中国香港、印度尼西亚、日本、韩国、马来西亚、墨西哥、新西兰、巴布亚新几内亚、秘鲁、菲律宾、俄罗斯、新加坡、中国台北、泰国、美国、越南。

4）非洲自由贸易区

2011 年，非洲各国领导人决定建立非洲自由贸易区，实现整个区域内的货物自由流通。2021 年 2 月 5 日，赞比亚向非洲联盟委员会提交了非洲大陆自由贸易区协定（Africa Continental Free Trade Agreement ，AFCFTA）的批准书。至此，非洲联盟 36 个国家完全加入该协议，包括肯尼亚、加纳、卢旺达、尼日尔、乍得、斯威士兰、几内亚、乌干达、科特迪瓦、南非、塞拉利昂、马里、塞内加尔、纳米比亚、刚果（布）、多哥、毛里塔尼亚、吉布提、埃及、埃塞俄比亚、冈比亚、撒哈拉共和国、津巴布韦、布基纳法索、圣多美和普林西比、加蓬、赤道几内亚、阿尔及利亚、喀麦隆、莱索托、尼日利亚、索马里、突尼斯、赞比亚、中非共和国、摩洛哥。目前还有 18 个国家尚未批准该协议。

2. 中国自由贸易区

中国自由贸易区是指在国境内关外设立的，以优惠税收和海关特殊监管政策为主要手段，以贸易自由化、便利化为主要目的的多功能经济性特区，原则上是指在没有海关“干预”的情况下允许货物进口、制造、再出口。中国自由贸易区的建设力度和意义堪与 20 世纪 80 年代建立深圳特区和 90 年代开发浦东两大事件相媲美，其核心是营造一个符合国际惯例的，对内外资的投资都要具有国际竞争力的国际商业环境。2013年9月27日，国务院批复成立中国（上海）自由贸易试验区。2015年4月20日，国务院决定扩展中国（上海）自由贸易试验区实施范围。2015年4月20日，国务院批复成立中国（广东）自由贸易试验区、中国（天津）自由贸易试验区、中国（福建）自由贸易试验区3个自贸区。2017年3月31日，国务院批复成立中国（辽宁）自由贸易试验区、中国（浙江）自由贸易试验区、中国（河南）自由贸易试验区、中国（湖北）自由贸易试验区、中国（重庆）自由贸易试验区、中国（四川）自由贸易试验区、中国（陕西）自由贸易试验区7个自由贸易区。2018年10月16日，国务院批复同意设立中国（海南）自由贸易试验区。2019年8月2日，国务院批复同意设立中国（山东）自由贸易试验区、中国（江苏）自由贸易试验区、中国（广西）自由贸易试验区、中国（河北）自由贸易试验区、中国（云南）自由贸易试验区、中国（黑龙江）自由贸易试验区。2020年6月1日，中共中央、国务院印发了《海南自由贸易港建设总体方案》，并发出通知。2020年9月21日，中国新设3个自由贸易区，分别为中国（北京）自由贸易试验区、中国（湖南）自由贸易试验区、中国（安徽）自由贸易试验区。

三、自由港或自由贸易区的一般规定

大多数国家对自由港或自由贸易区的规定都大同小异，归纳起来，主要有以下三个方面的规定。

1. 关税方面的规定

对于允许自由进出自由港或自由贸易区的外国商品，不必办理报关手续，免征关税。少数已征收进口税的商品（如烟、酒等）的再出口，可退还进口税。但是，如果港内或区内的外国商品转运入所在国的国内市场销售，则必须办理报关手续，缴纳进口税。这些报关的商品，既可以是原来货物的全部，也可以是其中一部分；既可以是原样，也可以是改样；既可以是未加工的，也可以是加工后的。有些国家对在港内或区内进行加工的外国商品还有特定的征税规定。

2. 业务活动方面的规定

对于允许进入自由港或自由贸易区的外国商品，可以储存、展览、拆散、分类、分级、修理、改装、重新包装、重新贴标签、清洗、整理、加工和制造、销毁、与外国的原材料或所在国的原材料混合、再出口或向所在国国内出售。由于各国情况不同，有些规定也有所不同。例如，在加工制造方面，瑞士规定储存在区内的外国商品不得进行加工和制造，如要从事这项业务，必须在取得设立在伯尔尼的瑞士联邦海关厅的特别许可后方可进行。

3. 禁止和特别限制的规定

许多国家通常对武器、弹药、爆炸品、毒品和其他危险品，以及国家专卖品（如烟草、酒、盐等）禁止输入或有特种进口许可证才能输入。有些国家对少数消费品的进口征收高关税。有些国家对某些生产资料在港内或区内的进口使用征收关税。例如，意大利规定在的里雅斯特自由贸易区内使用的外国建筑器材、生产资料等包括在应征关税的商品名单之内。此外，有些国家（如西班牙等）还禁止在区内零售。

第六节 国际物流节点——保税区

有些国家（如日本、荷兰等）没有设立自由港或自由贸易区，但实行保税区制度。保税区又称保税仓库区，是指由海关所设置的或经海关批准注册的，受海关监督的特定地区和仓库。外国商品存入保税区内，可以暂时不缴纳进口税，如再出口，不缴纳出口税；如要运进所在国的国内市场，则需办理报关手续，缴纳进口税。运入区内的外国商品可进行储存、改装、分类、混合、展览、加工和制造等活动。此外，有的保税区还允许在区内经营金融、保险、房地产、展销和旅游业务。

许多国家对保税区的规定与自由港或自由贸易区的规定基本相同，起到了类似自由港或自由贸易区的作用。

西方国家在保税区的仓库，有的是公营的，有的是私营的；有的货物储存的期限为 1 个月到半年，有的期限可达 3 年；有的允许进行加工和制造，有的不允许加工和制造。以下仅就日本保税区的情况加以说明。

一般来说，日本规定外国货物运入或运出各种保税区，可暂时免征关税，但应预先向日本海关呈交申报单，接受海关人员的监督，以后运入日本国内市场时再行纳税。保税区的外国货物如作为样品暂时运出，须经海关批准；保税区的外国货物废弃时，应预先向海关申报；保税区的外国货物丢失时，除经海关特别批准者外，均应缴纳关税。按照保税区职能的不同，日本保税区可分为以下 5 种。

1. 指定保税区

指定保税区是为了在港口或国际机场简便、迅速地办理报关手续，为外国货物提供装卸、搬运或暂时储存的场所。

指定保税区是由政府批准而设置的。在这个区内的土地、仓库和其他设施都属于国家所有，并由国家所设立的机构进行管理。因此，指定保税区是公营的。

指定保税区的主要目的在于使外国货物简便和迅速地办理报关手续。因此，在该区内储存的商品期限较短、限制较严，运入货物的储存时间不得超过 1 个月。

2. 保税仓库

保税仓库是经海关批准，外国货物可以不办理进口手续和连续长时间储存的场所。

指定保税区和保税货棚都是为了方便货物报关和短期储存而设置的。而保税仓库是为了使货物能在较长时间内储存和暂时不缴纳关税而建立的。如进口货物再出口则不必纳税，这就便于货主把握交易时机出售货物，有利于业务的顺利进行和转口贸易的发展。

在保税仓库内储存货物的期限一般为 2 年，如有特殊需要还可以延长。

3. 保税工厂

保税工厂是经海关批准，可以对外国货物进行加工、制造、分类及检修等保税业务活动的场所。

保税工厂和保税仓库都可储存货物，但储存在保税工厂中的货物可作为原材料进行加工和制造。因此，许多厂商广泛地利用保税工厂，对外国材料进行加工和制造，以适应市场的需要，符合进出口的规章或减少关税负担。

外国货物储存在保税工厂的期限一般为 2 年，如有特殊需要可以延长。如果有一部分外国货物需要在保税工厂以外的地方进行加工制造，必须事先取得海关的批准和在不妨碍海关监督的情况下进行。提交保税工厂以外进行加工和制造的货物，由保税工厂负责。

4. 保税陈列场

保税陈列场是指经海关批准，在一定期限内用于陈列外国货物进行展览的保税场所。这种保税场所通常设在本国政府或外国政府、本国企业组织或外国企业组织等直接举办或资助举办的博览会、展览会和样品陈列场所中。

保税陈列场除具有保税货棚的职能外，还可以展览商品，加强广告宣传，促进交易的开展。

5. 保税货棚

保税货棚是指经海关批准，由私营企业设置的用于装卸、搬运或暂时储存进口货物的场所。保税货棚的职能与指定保税区相同，它是为了补充指定保税区的不足，作为外国货物办理报关的场所。两者的区别在于，指定保税区是公营的，而保税货棚是私营的。由于保税货棚是经海关批准的，因此必须缴纳规定的批准手续费，储存的外国货物如有丢失，也须缴纳关税。

我国提出保税区的设想是在 1984 年，进入 20 世纪 90 年代，我国沿海地区逐步建立了保税区。1990 年国务院批准建立了第一个保税区，目前我国已建有上海外高桥、天津港、深圳福田、沙头角和盐田港、大连、广州、张家港、海口、厦门象屿、福州、宁波、青岛、汕头、珠海、合肥 15 个保税区，主管部门是海关总署。多年来，这 15 个保税区的保税仓储、转口贸易、商品展示功能有了不同程度的发展，具备了一定规模的国际物流基础。保税区在我国对外经济贸易中的地位越来越高，作用越来越大。

知识链接

国际物流园区

物流园区是指在物流作业集中的地区，在几种运输方式衔接地，将多种物流设施和不同类型的物流企业在空间上集中布局的场所，是一个有一定规模并具有多种服务功能的物流企业的集结点。

国际物流园区是从事国际物流活动的重要场所和依托，是国际物流服务网络的重要节点，是国际商流、国际物流和国际信息流的有机统一，在国际物流系统中具有不可替代的作用。

我国近年来先后批准在上海、大连、天津等城市建设国际物流园区。如上海吴淞国际物流园区、天津保税国际物流园区等。

第七节　国际物流连线

国际物流连线是指连接国内外众多收发货物节点的运输线，如各种海运航线、铁路线、飞机航线，以及海、陆、空联合运航线。这些网络连线是库存货物的移动（运输）轨迹的物化形式；每对节点之间都有许多连线用以表示不同的运输路线、不同产品的各种运输服务；各节点表示存货流动暂时停滞，其目的是使货物更有效地移动（收或发）。

国际物流连线实质上也是国际物流流动的路径。它主要包括国际远洋航线及海上通道、国际航空线、国际铁路运输线（大陆桥、小陆桥）、国际主要输油管道等。

一、国际远洋航线及海上通道

世界各地水域，在港湾、潮流、风向、水深及地球球面距离等自然条件的限制下，可供船舶航行的一定路径称为航路。海上运输运营为达到最大的经济效益而在许多不同航路中所选定的运营通路称为航线。

1. 海上航线的分类

海上航线从不同的角度可分为不同的类型。

（1）按船舶营运方式，海上航线可分为定期航线和不定期航线。定期航线又称班轮航线。

（2）按航程的远近，海上航线可分为远洋航线、近洋航线和沿海航线。远洋航线指跨越大洋的运输航线；近洋航线指与邻国港口间的运输航线；沿海航线指本国沿海各港口间的海上运输航线。

（3）按航行的范围，海上航线可分为以下几种。

- 太平洋航线。主要包括远东—北美西海岸航线，远东—加勒比海、北美东海岸航线，远东—南美西海岸航线，远东—东南亚航线，远东—澳大利亚、新西兰航线，澳大利亚、新西兰—北美东西海岸航线。
- 大西洋航线。主要包括西北欧—北美东海岸航线，西北欧、北美东海岸—加勒比海航线，西北欧、北美东海岸—地中海—远东航线，南美东海岸—好望角—远东航线，西北欧、地中海—南美东海岸—远东航线。
- 印度洋航线。主要包括波斯湾—好望角—西欧、北美航线，波斯湾—东南亚—日本航线，波斯湾—苏伊士运河—地中海—西欧、北美航线。

以上3条航线也是主要的石油航线。

2. 世界主要远洋航线

目前世界远洋航线主要有以下几条。

- 远东—北美航线（北太平洋航线）。
- 北美—欧洲、地中海航线（北大西洋航线）。
- 欧洲、地中海—远东航线（印度洋航线）。
- 远东—澳大利亚航线。
- 大洋洲、新西兰—北美航线。
- 欧洲、地中海—西非、南非航线。

二、国际航空线

1. 世界重要航空线

（1）北大西洋航空线。本航线连接西欧、北美两大经济重心区，是目前世界上最繁忙的航空线之一，主要往返于西欧的巴黎、伦敦、法兰克福和北美的纽约、芝加哥、蒙特利尔等机场。

（2）北太平洋航空线。本航线连接远东和北美两大经济重心区，是世界又一重要航空线。它由香港、东京和北京等重要国际机场经过北太平洋上空到达北美西海岸的温哥华、西雅图、旧金山、洛杉矶等重要国际机场，再接北美大陆其他航空中心。太平洋上的火努鲁鲁（檀香山）、阿拉斯加的安克雷奇国际机场是该航线的重要中间加油站。

（3）西欧—中东—远东航空线。本航线连接西欧各主要航空港和远东的香港、北京、东京、首尔等重要机场，是西欧与远东两大经济重心区之间的往来航线。

除以上 3 条国际航空线外，其他重要的航空线还有北美—澳新航空线、西欧—东南亚—澳新航空线、远东—澳新航空线、北美—南美航空线和西欧—南美航空线等。

2. 国际航空站

世界各大洲主要国家的首都和重要城市均设有航空站，主要有美国芝加哥奥黑尔机场（世界上业务最繁忙的机场之一）、英国西斯罗机场、法国戴高乐机场、德国法兰克福机场、荷兰阿姆斯特丹西普霍尔机场、日本成田机场、中国香港启德机场、新加坡樟宜机场等。它们都是现代化、专业化程度较高的大型国际货运空中枢纽，每年货运量都有数十万吨。如今国际机场协会的会员包括 140 个国家的近 1 000 个机场。

三、国际铁路运输线（大陆桥、小陆桥）

（1）美国大陆桥，包括两条路径：一条路径是从美国西部太平洋沿岸的洛杉矶、西雅图、旧金山等港口上桥，通过铁路横贯美国至东部大西洋沿岸的纽约、巴尔的摩等港口转海运，铁路全长 3200 千米；另一条路径是从美国西部太平洋港口上桥，通过铁路至南部墨西哥湾沿岸的休斯敦、新奥尔良等港口转海运，铁路全长 500 ~ 1 000 千米。

（2）加拿大大陆桥，运输路线是从日本海运至温哥华或西雅图港口后，换装并利用加拿大铁路横跨北美大陆至蒙特利尔，再换装海运至欧洲各港。

（3）西伯利亚大陆桥，该大陆桥的两端连接太平洋与波罗的海和北海，其具体路径是从俄罗斯远东地区、日本海口岸纳霍德卡港或东方港上桥，通过横穿俄罗斯的西伯利亚铁路至波罗的海沿岸港口转海运至西北欧，或者直接通过白俄罗斯、波兰、德国、比利时和法国的铁路至波罗的海沿岸港口转海运至西北欧等地或其相反方向的运输路线。陆桥部分长达 10 000 多千米。

（4）亚欧第二大陆桥，东起中国连云港等港口，经津浦、京山、京沪、京广、广深、京九等线路进入陇海线，途经中国的阿拉山口国境站进入哈萨克斯坦，最终与中东地区的黑海、波罗的海、地中海及大西洋沿岸的各港口相连接。

（5）小陆桥和微型陆桥，美国小陆桥路径为从日本等远东地区至美国东部太平洋口岸，再经美国大陆铁路或公路，至南部墨西哥湾口岸或其相反方向的路线；美国微型陆桥是指从日本等远东地区至美国东部太平洋港口，经铁路或公路到达美国内陆中西部地区或其相反方向的路线。

四、国际主要输油管道

世界管道运输网分布很不均匀，主要集中在北美和欧洲。1993 年美国拥有输油管道 31.93 万千米，油品运输量达 9 亿多吨，周转量达到 8 299 亿吨 · 千米，约占国内货物总周转量的 20%。世界管道技术也以美国最为先进，1977 年，在高纬严寒地区修建的横贯阿拉斯加的原油管道正式输油，举世瞩目。苏联管道建设发展也很快，1950 年，苏联共有管道 7 700 千米，此后以每年 6 000 ~ 7 000 千米的速度递增。目前，原独联体各国管道总长 20 多万千米（包括输油管道 8 万多千米）。

除美国和俄罗斯外，加拿大、西欧、中东等国家和地区管道运输网也很发达。加拿大拥有输油管道 3.5 万千米，管道运输网把落基山东麓产油区（草原诸省）与消费区（中央诸省与太平洋沿岸）连接起来，并和美国的管道运输网连通。西欧的北海油田新建了一批高压大口径的管道（直径 1 016 毫米），管道长度现已超过 1 万千米，成为世界上油气管道建设的热点地区之一。中东地区的输油管道最初主要是自伊拉克、沙特阿拉伯至叙利亚和黎巴嫩地中海港口的管线，后来由于受战争等因素的影响，在 20 世纪 80 年代初全部关闭。此外，伊拉克于 1977 年建成了以土耳其杰伊汉港为终点的新管线，年输油量达 5 000 万吨，成为向西欧供应石油的中东战略原油管道；沙特阿拉伯也在 1981 年建成了自波斯湾横越国境中部至红海岸延布港的输油系统，年输油量达 9 000 多万吨。目前，中东地区已经建设了由伊朗经巴基斯坦至印度（加尔各答）的输气管道。

中国是油气管道发展最快的国家之一。我国最长的原油管道是西部原油管道。该管道起于乌鲁木齐王家沟首站，止于兰州站，干线长 1 858 千米，管径 813 毫米，设计压力 8MPa，设计输量 2 000 万吨/年，于 2007 年 6 月建成投产。我国管径最粗的原油管道是日照—仪征原油管道。该管道北起山东日照，南达江苏仪征，全长 390 千米，管径 914 毫米，设计压力 8.5MPa，近期设计输量为 2 000 万吨/年，远期设计输油量为 3 600 万吨/年，于 2011 年 10 月 10 日建成投产，所输油品为海上进口原油。

据中国产业调研网发布的《2019—2025 年中国油气管道建设行业现状分析与发展前景研究报告》显示，伴随着油气需求的增长，作为油气的重要运输方式，管道的作用越来越突出。2017 年，随着《中长期油气管网规划》的发布，我国长输油气管道行业迎来新一轮的发展高峰期。截至 2019 年年底，中国油气长输管道总里程达到 13.9 万千米。其中，天然气管道约 8.1 万千米，原油管道约 2.9 万千米，成品油管道约 2.9 万千米。2019 年，全国互联互通重点工程建设取得新进展，推动天然气“全国一张网”不断完善；中俄东线天然气管道北段工程建成投产；国家石油天然气管网集团有限公司挂牌成立，中国深化油气体制改革取得重要进展。我国的成品油管网建设还将长期处于发展和完善之中，相对于国外成品油管道的成熟经验，我国更宜发挥后发优势，充分借鉴国外先进经验和技术，利用互联网、智能化、可视化等热点技术，以高水平、高钢级、大口径、数字化、智能化为发展方向，发展出适合自己的成品油管道建设方向。

本章小结

本章主要介绍了国际物流系统的概念，国际物流系统各子系统的特征、功能和作用，并介绍了国际物流的主要节点和主要连线。

物流系统由运输、储存、装卸、流通加工、包装、配送等子系统中的一个或几个有机结合而成。

国际物流系统由国家或地区之间的商品运输、储存、装卸搬运、流通加工、包装及国际配送等子系统组成。其中，运输和储存子系统是国际物流系统的主要组成部分。国际物流通过商品的运输和储存，实现自身的时间和空间效益，满足国际贸易活动和跨国公司生产经营的要求。

物流节点是物流网络中连接物流线路的结合部。全部物流活动都是在物流线路上和物流节点上进行的。国际物流节点是指那些从事与国际物流相关活动的物流节点。国际物流节点主要具有以下 3 项功能：衔接功能、信息功能和管理功能。国际物流节点的类型有转运型国际物流节点、储存型国际物流节点、流通型国际物流节点和综合型国际物流节点。

国际物流连线是指连接国内外众多收发货物节点的运输线，实质上也是国际物流流动的路径。它主要包括国际远洋航线及海上通道、国际航空线、国际铁路运输线（大陆桥、小陆桥）、国际主要输油管道等。

案例讨论

港区联动是上海港口发展的要求

港区联动是实现保税区经济和港口经济共同发展而产生的客观要求，是一种联系紧密的区域经济安排。从系统、科学的角度分析，港区联动属于协同的概念，是保税区与港口两个子系统整体协同的组织过程。就其内涵而言，可以用“政策叠加、优势互补、资源整合、功能集成”16 个字概括，体现了保税区与港区在区域、资产、信息、业务等方面的联动发展。

依托港口经济的发展，上海外高桥保税区经过多年的开发建设，已经发展成为集出口加工、国际贸易、现代物流、港口运作等产业于一体的上海自由贸易区的一部分。凭借紧靠海港的优越地理位置和便捷的交通条件，依托在市场准入、税收、外汇等方面的一系列特殊政策及快速的通关渠道、便捷的分拨机制，上海外高桥保税区为现代物流业的发展提供了良好的环境、政策和功能条件。迄今为止，上海外高桥保税区已吸引包括英国空运、日本大通、荷兰 TNT、德国邮政、美国 APL 和中国香港嘉里物流等一大批知名物流企业在区内投资落户。

上海外高桥保税区的港区联动是从 2000 年开通保税区与机场的空运直通式联运开始起步的。空运的零部件可以直接从机场以海关监管直通方式进入保税区，在 6 小时甚至更短时间内即可完成货物运抵保税区的全过程。上海外高桥保税物流园区是空运直通式联动后的一个新阶段，也是今后上海外高桥保税区发展成为真正意义上的自由港跨出的基础性一步。从“两点一线”的空运直通式联动，到“区港联动”的保税物流园区，再到与港区联动的自由港发展，将是我国保税区发展的必由之路。

思考问题

1. 港口在国际物流的网络建设中起什么作用？
2. 什么是区港联动？它有何作用？
3. 保税区与保税仓库有何区别？

课后练习

一、单项选择题

1. 下列哪个子系统是国际物流系统的核心？（ ）
   A. 进出口商品储存子系统　B. 进出口商品包装子系统
   C. 国际货物运输子系统　D. 国际配送子系统
2. 下列口岸不是按照交通运输方式来划分的是（ ）。
   A. 港口口岸　B. 陆地口岸　C. 航空口岸　D. 二类口岸
3. 保税仓库所存货物的储存期限为（ ）。
   A. 1 年　B. 2 年　C. 3 年　D. 5 年
4. 素有“欧洲门户”之称的口岸是（ ）。
   A. 安特卫普港　B. 汉堡港　C. 鹿特丹港　D. 马赛港
5. 世界上最大的自由港是（ ）。
   A. 鹿特丹港　B. 安特卫普港　C. 汉堡港　D. 纽约港

二、多项选择题

1. 物流系统的要素分为哪三类？（ ）
   A. 功能要素　B. 支撑要素　C. 动态要素　D. 一般要素
2. 下列对口岸的地位和作用说法正确的是（ ）。
   A. 口岸是国家主权的象征　B. 口岸是对外开放的门户
   C. 口岸是国际货运的枢纽　D. 口岸是对外经济文化交流的中心城市
3. 国际物流节点的类型有（ ）。
   A. 转运型国际物流节点　B. 储存型国际物流节点
   C. 流通型国际物流节点　D. 综合型国际物流节点

三、判断题

1. 国际物流系统由商品的包装、储存、运输、检验、外贸加工等部分组成，并不包括其前后的整理、再包装及国际配送等子系统。（ ）

2. 凡保税货物都可以全部免纳关税。（ ）

3. 国际货物运输子系统具有系统路径长、环节多、涉及面广、手续繁杂、风险大、时间性强、内运外运两段性等特点。（ ）

4. 国际物流信息子系统的特点是信息量大，交换频繁；传递量大，时间性强；环节多，

点多，线长。（ ）

5. 流通加工与商品检验都属于国际物流系统的子系统。（ ）

四、简答题

1. 什么是国际物流连线？

2. 什么是国际物流节点？

任务实训

实训内容：

1. 参观当地港口/机场，了解其构成与作用。

2. 参观保税区/保税仓库，了解其与一般仓库的区别。

实训目的：

1. 了解国际物流有关操作。

2. 了解国际物流节点在国际物流中的作用。

实训要求：

1. 了解港口/机场的布局、所使用的设备、作业流程。

2. 了解保税区的基本功能、特点和作用。

3. 了解保税仓库的基本业务。

4. 完成一篇我国一类港口/二类港口、保税区/保税仓库的实训报告。

实训操作与规范：

1. 有组织地到我国一类港口/二类港口、保税区/保税仓库进行参观活动。

2. 注意安全。

3. 听从有关人员安排。

4. 在港口或保税区/保税仓库专业人员的指导下，分小组进行港口集装箱装卸作业或保税区/保税仓库货物出入仓库作业流程的实训操练。

5. 在国际远洋运输船公司专业人员的指导下，分小组进行熟悉世界各国主要港口和主要航线的实训操练。

第三章

国际物流与国际贸易

学 习 目 标

1. 了解国际物流与国际贸易的关系。
2. 了解国际贸易合同的订立和履行。
3. 掌握国际贸易的支付工具和支付方式。
4. 熟悉包销、代理、寄售、招标与投标、拍卖、期货交易、对销贸易等国际贸易方式。

知识要点

询盘　发盘　还盘　接受　汇票　本票　支票　汇付　托收　信用证　银行保函　包销　代理　招标　拍卖　期货交易　对销交易

场景导入

2017 年以来，中国成为全球最大的进出口贸易国。2017 年，中国进出口贸易总额为 4.10 万亿美元，同比增长 11.4%；2018 年为 4.62 万亿美元，同比增长 12.6%，占到全球贸易总额的 11.75%，贸易总额连续四年全球第一。2020 年，东盟首次以 4.74 万亿元人民币的进出口额，成为中国第一大贸易伙伴；欧盟、美国则分别以 4.5 万亿元、4.06 万亿元，分列为中国第二、第三大贸易伙伴。

自 2013 年“一带一路”倡议提出以来，中国与有关国家的经贸合作水平不断提高，“一带一路”已经成为相关国家合作共赢、共同发展的重要平台。2014—2020 年，中国贸易值累计超过 53 万亿元，年均增长率达到 6.1%，中国已经成为“一带一路”沿线 25 个国家最大的贸易伙伴。2019 年，中国与“一带一路”沿线国家的进出口总值是 9.37 万亿元，增长了 1%，占进出口总值将近 30%。

据中国海关总署发布的数字显示，2019 年，中国货物贸易进出口总值为 31.54 万亿元，同比增长 3.4%；2020 年，中国货物进出口总值为 32.16 万亿元，同比增长 1.9%。

思考问题

什么是国际贸易？结合中国进出口贸易的发展来看，它与国际物流之间的关系如何？“一带一路”倡议的提出对中国进出口贸易来说有什么影响？

第一节　国际物流与国际贸易的关系

国际贸易与国际物流之间存在着非常紧密的关系。

一、国际贸易是国际物流产生和发展的基础

国际物流是在国际贸易产生和发展的基础上发展起来的。最初，国际物流只是国际贸易的一部分。生产的国际化趋势和国际分工的深化，加速了世界各国（地区）之间国际贸易的快速发展，也促使国际物流从国际贸易中剥离出来。随着国际贸易的规模不断扩大、数量和交易品种等不断增加，面临巨大的市场竞争压力的贸易商、大型制造商对国际物流的服务需求也日益增加。

国际间商品的流动体现了商流和物流的统一：一方面，如果进口商和出口商未缔结特定商品的国际货物买卖合同，就不存在该种商品在国与国之间的流动和转移问题，更不会涉及围绕该种商品流动所需的跨国运输、仓储、包装、报关、装卸、流通加工等一系列国际物流活动；另一方面，如果没有国际物流的相关活动和有效运作，国际货物买卖合同的实际履行，即“适时、适地、按质、按量、以适当的成本和条件，将适当的产品，以适当的价格交给国外客户”就成为一句空话。因此，国际贸易是国际物流发展的基础和条件，两国或地区间的国际贸易越活跃，对国际物流的运作能力和技术水平的要求就越高。

二、国际贸易促进物流国际化

第二次世界大战以后，出于恢复重建工作的需要，各国积极研究和应用新技术、新方法，促进生产力的迅速恢复和发展，世界经济呈现出繁荣兴旺的景象，国际贸易也因此发展得极为迅速。同时，由于一些国家和地区资本积累达到了一定程度，本国、本地区的市场已不能满足其进一步发展的需要，加上交通运输、信息处理及经营管理水平的进一步提高，于是出现了为数众多的跨国公司。跨国经营与国际贸易的发展，促进了货物和信息在世界范围内的大量流动和广泛交换。

三、国际贸易对国际物流提出了新的要求

随着世界技术经济的发展和政治格局的风云变幻，国际贸易表现出了一些新的趋势和特点，从而对物流提出了更新、更高的要求。

1. 效率要求

国际贸易活动的集中表现就是合约的订立和履行，而国际贸易合约的履行很大一部分涉及国际物流活动，因而要求物流具有很高的效率。从输入方看，提高物流效率最重要的举措是高效率地组织所需商品的进口、储备和供应。也就是说，从订货到交货、运输、仓储、组织供应的整个过程，都应加强物流管理。

2. 安全要求

由于社会分工和社会生产专业化的发展，大多数商品都在世界范围内分配和生产。国际物流所涉及的国家多，地域辽阔，在途时间长，还会受气候、地理等自然条件和政局、

罢工、战争等社会政治经济因素的影响。因此，在组织国际物流，选择运输方式和路线时，要密切注意所经地域的气候条件、地理条件，以及沿途所经国家和地区的政治局势、经济状况等，以防这些不可抗力的自然因素和人为因素造成货物灭失。

3. 经济要求

国际贸易的特点决定了国际物流的环节多、储运期长。随着国际市场竞争的加剧，降低物流成本以获得价格优势是大势所趋，控制物流费用、降低物流成本具有很大的潜力。对国际物流企业来说，选择最佳的物流方案、提高物流经济性、降低物流成本、保证服务水平，是提高竞争力的有效途径。

总之，国际物流必须适应国际贸易结构和商品流通形式的变革，向国际物流合理化的方向发展。国际贸易结构、市场结构的巨大变化，需要专业化、国际化的物流运作。如果国际物流从业者无法在低成本或不增加客户费用的条件下，实现跨国货物交付的准确、准时、无差错或少差错及安全，国际贸易合同的履行率就会受到限制，进而影响国际贸易企业的生存和发展。

知识链接

同步增长连线

2019 年我国 GDP 总量将近 100 万亿元，人均 GDP 70 892 元，按年平均汇率折算达到 10 276 美元，突破了 1 万美元大关，实现了新的跨越。从增速看，2019 年我国 GDP 比 2018 年增长 6.1%。从外贸看，对外贸易增长 3.4%，其中，与“一带一路”沿线国家进出口增势良好，对“一带一路”沿线国家合计进出口增长 10.8%。在同期国际物流中，2019 年全国集装箱吞吐量（含商品箱）完成 167.7 万 TEU，同比增长 33.7%。由此可见，我国国际物流量和对外贸易是同步增长的，并超过了同期 GDP 的增长速度。这说明，国际贸易的顺利进行，要以有效的国际物流作为保证和支持。反过来，国际贸易的发展又极大地加速了国际物流的增长。

第二节　国际贸易合同的订立和履行

一、国际贸易合同的订立

交易磋商是买卖双方为了买卖商品，对交易的各项条件进行协商以达成交易的过程，通常也称为谈判。在国际贸易中，这是一个十分重要的环节，因为交易磋商是签订合同的基础，没有交易磋商就没有买卖合同。交易磋商工作的好坏，直接影响合同的签订及以后的履行，关系到合同双方的经济利益。交易磋商的程序可概括为 5 个环节：询盘、发盘、还盘、接受和签订合同。其中发盘和接受是必不可少的两个基本环节。

1. 询盘

询盘是指交易一方准备购买或出售某种商品，向对方询问买卖该商品的有关交易条件。询盘的内容可能涉及价格、规格、品质、数量、包装、装运及索取样品等，但大多数只是询问价格。因此，业务中常把询盘称作询价。在国际贸易业务中，有时一方发出的询盘表达了与对方进行交易的愿望，希望对方接到询盘后及时发出有效的发盘，以便考虑接受与否。也有的询盘只是想探询一下市价，询问的对象也不限于一个卖家，发出询盘的一方希望对方开出估价单。这种估价单不具备发盘的条件，所报出的价格也仅供参考。

2. 发盘

在国际贸易实务中，发盘也称报盘、发价、报价，法律上称为“要约”。发盘可以是应对方询盘的要求发出，也可以是在没有询盘的情况下，直接向对方发出。发盘一般是由卖方发出的，但也可以由买方发出，业务中称“递盘”。

《联合国国际货物销售合同公约》第十四条规定：“向一个或一个以上特定的人提出的订立合同的建议，如果十分确定并且表明发盘人在得到接受时随约束的意旨，即构成发盘。一个建议如果写明货物并且明示或暗示地规定数量和价格或规定如何确定数量和价格，即为十分确定。”

3. 还盘

受盘人在接到发盘后，如果不能完全同意发盘的内容，为了进一步磋商交易，对发盘提出修改意见，用口头或书面形式表示出来，就构成了还盘。还盘的形式一般有两种：有的明确使用“还盘”字样；有的则不使用，在内容中表示出对发盘的修改也构成还盘。

还盘是对发盘的拒绝。还盘一经做出，原发盘即失去效力，发盘人不再受其约束。

4. 接受

所谓接受，就是交易一方在接到对方的发盘或还盘后，以声明或行为向对方表示同意。法律上将接受称作承诺。接受和发盘一样，既属于商业行为，也属于法律行为。

5. 签订合同

经过交易磋商，一方的发盘或还盘被对方有效地接受后，就算达成了交易，双方之间就建立了合同关系。在业务中，一般还要用书面形式将双方的权利、义务明文规定下来，便于执行，即所谓的签订合同。

书面合同的作用一般可归纳为以下三点：作为合同成立的证据；作为履行合同的依据；有时作为合同生效的条件。

书面合同的内容分为三部分：约首，包括合同名称，订约双方当事人的名称、地址，有的合同还用序言形式说明定约意图并放在约首；本文，是合同的中心部分，具体列明交易的条件、条款，规定双方当事人的权利和义务；约尾，说明合同的份数、使用的方案及效力、订约时间、地点，以及生效时间。

二、国际贸易合同的履行

买卖双方经过交易磋商、达成协议后要签订书面合同，作为约束双方权利和义务的依据。在国际贸易中，买卖合同一经依法有效成立，有关当事人就必须履行合同规定的义务。因此，履行合同是合同双方共同的责任。

1. 出口合同的履行

出口合同的履行过程包括备货、催证、审证、改证、租船订舱、报关、报验、投保、装船、制单结汇、索赔和理赔等多个环节。其中又以货（备货、报验）、证（催证、审证、改证）、船（租船订舱、报关、投保）、款（制单结汇）4 个环节最为重要。

1）货

出口合同签订以后，卖方应根据出口合同的规定，按时、按质、按量地准备好应交的货物，并做好申请报验和领证工作。

（1）备货。备货是卖方根据合同和信用证规定，向生产加工及仓储部门下达联系单（有些公司称其为加工通知单或信用证分析单等），要求有关部门按联系单的要求，对应交的货物进行清点、加工整理、刷制运输标志及办理申报检验和领证等工作。联系单是各个部门进行备货、出运、制单结汇的共同依据。在备货工作中，应注意以下几个问题。

- 货物的品质、规格应按合同或信用证的要求核实，必要时应进行加工整理，以保证货物的品质、规格与合同规定一致。
- 货物的数量应保证满足合同或信用证对数量的要求，备货的数量应适当留有余地，备作装运时可能发生的调换和适应舱容之用。
- 货物的包装和唛头（运输标志）应进行认真检查和核实，使之符合合同或信用证的规定，并要做到保护商品和适应运输的要求，如发现包装不良或破坏，应及时进行修补或换装。标志应按合同或信用证规定的样式刷制。
- 备货时间应根据合同或信用证规定，结合船期安排，以利于船货衔接。

（2）报验。凡属国家规定或合同规定必须经国家海关检验出证的商品，应向海关申请检验。只有取得海关发放的合格检验证书，海关才能放行；凡经检验不合格的货物，一律不得出口。

申请报验的手续是，凡需要法定检验出口的货物，应填制“出口报验申请单”，向海关办理证件取验手续。“出口报验申请单”的内容一般包括：品名、规格、数量（或重量）、包装、产地等项。如需有外文译文时，应注意中、外文内容一致。“出口报验申请单”还应附上合同信用证副本等有关单据，供海关检验和发证时参考。

申请报验后，如出口公司发现“出口报验申请单”内容填写有误，或者因国外进口商修改信用证以致货物规格有变动时，应提出更改申请，并填写“更改申请单”，说明更改事项和更改原因。货物经检验合格，即由海关发放检验证书，进出口公司应在检验证书规定的有效期内将货物出运。对于检验证书的有效期，一般货物是从发证之日起两个月内有效；鲜果、鲜蛋类为两星期内有效；植物检疫为三星期内有效。如超过有效期装运出口，应向海关申请延期，并由海关进行复验合格后才能出口。

2）证

在履行以信用证付款的合同时，对信用证的掌握、管理和使用直接关系到我国对外政策的贯彻和收汇的安全。信用证的掌握、管理和使用主要包括催证、审证和改证等内容，这也是履行合同的一项重要工作。

（1）催证。如果在出口合同中买卖双方约定采用信用证方式，买方应严格按照合同的规定开立信用证，这是卖方履约的前提。但在实际业务中，国外进口商在市场发生变化或资金短缺的情况下，往往会拖延开证。对此，我们应催促对方迅速办理开证手续。特别是大宗商品交易或应买方要求而特制的商品交易，更应结合备货情况及时进行催证。必要时，可请我国驻外机构或中国银行协助代为催证。

（2）审证。信用证是依据合同开立的，其内容应该与合同条款一致。但在实际情况中，由于种种因素，如工作的疏忽、电文传递的错误、贸易习惯的不同、市场行情的变化或进口商有意用开证的主动权加列对其有利的条款等，往往会出现开立的信用证条款与合同规定不符的情况。为确保收汇安全和合同的顺利执行，防止导致经济和政治上不应有的损失，应该在国家对外政策的指导下，对不同国家、不同地区及不同银行的来证，依据合同进行认真的核对与审查。在实际业务中，银行和进出口公司共同承担审证任务。

银行应审核开证行的政治背景、资信能力、付款责任和索汇路线等方面的内容，具体应着重审核以下几个方面的内容。

- 政治性审查。来证国家必须是与我国有经济往来的国家和地区。来证各项内容应符合我国方针政策，不得有歧视性内容，否则应根据不同情况向开证行交涉。
- 开证行资信审查。为了保证安全收汇，必须对开证行所在国家的政治经济状况、开证行的资信和经营作风等进行审查，对于资信不佳的银行，应酌情采取适当措施。
- 对信用证的性质与开证行付款责任的审查。来证应标明“不可撤销”字样，同时要在证内载有“开证保证付款”的文句。对有些国家的来证，虽然标明“不可撤销”字样，但在证内对开证行付款责任方面加列了限制性条款或保留条件的条款，受益人必须特别注意。例如，来证注明“以领到进口许可证后通知时方能生效”，电报来证注明“另函详”等类似文句，应在接到上述生效通知书或信用证详细条款后方能生效。

进出口公司只做复核性审查，审查内容如下。

- 对信用证金额与货币的审查。信用证金额应与合同金额一致。如合同订有溢短装条款，信用证金额应包括溢短部分的金额。信用证金额中单价与总值要填写正确，大、小写并用。来证所采用的货币应与合同规定一致。如果合同另一方来自与我国订有支付协定的国家，使用货币应与支付协定的规定相符。
- 对商品的品质、规格、数量、包装等条款的审查。信用证中有关商品货名、规格、数量包装、单价等项内容必须与合同规定相符，特别是要注意有无另外的特殊条款，应结合合同内容认真研究，做出能否接受或是否修改的决策。
- 对信用证规定的装运期、有效期和到期地点的审查。装运期必须与合同规定一致，如国外来证晚，无法按期装运，应及时电请国外买方延后装运期限。信用证有效期一般应与装船期有一定的合理间隔，以便在装运货物后有足够的时间办理制单结汇工作。
- 对单据的审查。对于来证中要求提供的单据种类、份数及填制方法等，要进行仔细审核，如果发现有不正常的规定，如要求商业发票或产地证明须由国外第三者签证、提单上的目的港后面加列了指定码头等，都应慎重对待。
- 对其他特殊条款的审查。在审证时，除对上述内容进行仔细审核外，有时信用证内还加列有许多特殊条款，如指定船籍、船龄等条款，或者不准在某个港口转船等，一般不应轻易接受，但若无关紧要，可以办到，则可酌情灵活掌握。

（3）改证。对信用证进行了全面细致的审核以后，如果发现问题，应区别问题的性质，分别同银行、运输、保险、商检等有关部门研究，做出恰当妥善的处理。凡是属于不符合对外贸易方针政策、影响合同执行和安全收汇的情况，必须要求客户通过开证行修改，并坚持在收到银行修改信用证通知书后才对外发货，以免发生货物已装运而修改通知书未到的情况，造成经济上的损失。

3）船

各进出口公司在备货的同时，如系 CIF（成本、保险费加运费）或 CFR（成本加运费）合同，还必须做好租船订舱工作，办理报关、投保等手续。

（1）租船订舱。在 CIF 或 CFR 条件下，租船订舱是卖方的主要职责之一。如出口货物数量较大，需要整船载运，则要对外办理租船手续；如出口货物数量不大，不需整船装运，则可由外运公司代为洽订班轮或租订部分舱位运输。租船订舱的简单程序如下所示。

- 进出口公司委托外运公司办理托运手续，填写托运单，也称“订舱委托书”，递送外运公司作为订舱依据。
- 外运公司收到托运单后，审核托运单，确定装运的船舶后，将托运单的配舱回单退回，并将全套装货单交给进出口公司填写，然后由外运公司代表进出口公司作为托运人向外轮代理公司办理货物托运手续。
- 货物经海关查验放行后，即由船长或大副签收“收货单”（又称大副收据）。收货单的船公司为托运人签发表明货物已装妥的临时收据。托运人凭收货单向外轮代理公司交付运费并换取正式提单。

（2）报关。报关是指进出口货物装船出运前，向海关申报的手续。按照《中华人民共和国海关法》（以下简称《海关法》）的规定，凡是进出国境的货物，必须经由设有海关的港口、车站、空港，并由货物所有人向海关申报，经过海关放行后，货物才可提取或装船出口。

当前，我国的进出口公司在办理报关时，必须填写出口货物报关单，必要时还须提供出口合同副本、发票、装箱单或重量单、商品检验证书及其他有关证件，向海关申报出口。

（3）投保。凡是按 CIF 价格成交的出口合同，卖方在装船前，须及时办理投保手续，填制投保单。出口商品的投保手续一般都是逐笔办理的。投保人在投保时应将货物名称、保额、运输路线、运输工具、开航日期、投保险别等一一列明。

从以上出口合同履行的环节可以看出，在出口合同履行过程中，货、证、船的衔接是一项极其细致而复杂的工作。因此，进出口公司为做好出口合同履行，必须加强对出口合同的科学管理，应建立能反映进出口合同执行情况的进程管理制度，采取相应的合理措施，做好“四排”“三平衡”的工作。“四排”是指以买卖合同为对象，根据进程卡片反映的情况（包括信用证是否开到、货源能否落实）进行分析排队，并归纳为 4 类，即有证有货、有证无货、无证有货、无证无货，以便发现问题，及时解决。“三平衡”是指以信用证为对象，根据信用证规定的货物装船期和信用的有效期，结合货源和运输能力的具体情况，分清轻重缓急，力求做到货、证、船三方面的衔接和平衡，尽力避免交货期不准、拖延交货期或不交货等现象的出现。

4）款

出口货物装出之后，进出口公司即应按照信用证的规定，正确缮制各种单据。在信用证规定的交单有效期内，递交银行办理议付结汇手续。出口结汇的办法有 3 种：收妥结汇、押汇和定期结汇。对于结汇单据，要求做到“正确、完整、及时、简明、整洁”。

5）索赔和理赔

在出口合同履行过程中，如因一方未按合同规定履行义务，致使另一方遭受损失，可根据不同对象、不同原因及损失大小，向对方提出索赔。提出索赔时，要实事求是，尽可能通过友好协商的办法解决，做到既要维护正当权益，又不影响双方的贸易关系。

2. 进口合同的履行

履行进口合同的主要环节有：开立信用证、租船订舱和催装、保险、审单和付汇、报关和接货、验收和拨交、进口索赔。

1）开立信用证

进口合同签订后，买方应按照合同规定填写“开立信用证申请书”，向中国银行办理开证手续。信用证的内容要与合同条款一致，如品质规格、数量、价格、交货期、装货期、装运条件及装运单据等，应以合同为依据，并在信用证中一一做出规定。

信用证的开证时间应按合同规定办理。如合同规定在卖方确定交货期后开证，买方应在接到卖方上述通知后开证；如合同规定在卖方领到出口许可证或支付履约保证金后开证，买方应在收到对方已领到许可证的通知或银行转告保证金已照收后开证。

对方收到信用证后，如提出修改信用证的请求，经我方同意后，即可向银行办理改证手续。最常见的修改内容有延长装运期和信用证有效期、变更装运港口等。

2）租船订舱和催装

FOB（船上交货）价格条件下的进口合同，租船订舱应由买方负责。目前，进口货物的租船订舱工作统一委托外运公司办理。例如，合同规定，卖方在交货前一定时期内应将预计装运日期通知买方，买方在接到通知后，应及时向外运公司办理租船订舱手续。在办妥租船订舱手续后，买方应按规定的期限通知对方船名和船期，以便对方备货装船。同时，买方还应随时了解和掌握卖方备货和装前的准备工作，注意催促对方按时装运。对数量大的物资的进口，如有必要，也可请我国驻外机构就地了解、督促，或者派员前往出口地点检验监督。

国外装船后，卖方应按合同规定的内容，用电报通知买方以便买方办理保险和接货等手续。

3）保险

FOB 或 CFR 价格条件下的进口合同，保险由买方办理。凡是进口货物均由买方进出口分公司委托中国对外贸易运输公司办理，并由外运公司同中国人民保险公司签订预约保险合同，其中对各种货物应保的险别做了具体规定。按照预约保险合同的规定，所有按 FOB 和 CFR 条件进口货物的保险，都由中国人民保险公司承保。因此，每批进口货物，在收到国外装船通知，将船名、提单号、开船日期、商品名称、数量、装运港、目的港等项内容通知保险公司后，即认为已办妥保险手续。

4）审单和付汇

中国银行收到国外寄来的汇票和单据后，对照信用证的规定，核对单据的份数和内容。如内容无误，由中国银行对国外付款。同时，进出口公司用人民币按照国家规定的有关折算的牌价向中国银行买汇赎单。进出口公司凭中国银行出具的"付款通知书"向运货部门进行结算。如审核国外单据时发现证、单不符，要立即处理，要求国外改正，或者停止对外付款。

5）报关和接货

进口货物到货后，由进出口公司或委托外运公司根据进口单据填写"进口货物报关单"向海关申报，并随附发票、提单及保险单。如属法定检验的进口商品，还须随附商品检验证书。货、证经海关查验无误后才能放行。

进口货物运达港口卸货时，要进行装卸核对。如发现短缺，缺货当事人应及时填制"短卸报告"交由船方签认，收货人可根据"短卸报告"中的短缺情况向船方提交保留索赔权的书面声明。卸货时如发现残损，货物应存放于海关指定仓库，待保险公司会同海关检验后做出处理。

6）验收和拨交

进口货物须经海关检验。如有残损短缺，收货人凭海关出具的证书对外索赔。对于合同规定在卸货港检验的货物，或者已发现残损、短缺、有异状的货物，或者合同规定的索赔期将满的货物等，都需要在港口进行检验。

在办完上述手续后，进出口公司委托中国对外贸易运输公司提取货物并拨交给订货部门，外运公司以"进口物资代运发货通知书"通知订货部门在目的地办理收货手续，同时通知进出口公司代运手续已办理完毕。如订货部门不在港口，所有关税及运往内地的费用由外运公司向进出口公司结算后，进出口公司再向订货部门结算货款。

7）进口索赔

进口商品常因品质、数量、包装等不符合合同的规定，而须向有关方面提出索赔。根据造成损失原因的不同，进口索赔的对象主要有以下 3 个。

（1）卖方。凡属下列情况者，均可向卖方索赔：原装数量不足；货物的品质、规格与合同规定不符；包装不良致使货物受损；未按期交货或拒不交货等。

（2）轮船公司。凡属下列情况者，均可向轮船公司索赔：原装数量少于提单所载数量；提单是清洁提单，而货物有残缺情况，且属于船方过失所致；货物所遭受的损失，根据租船合约有关条款应由船方负责等。

（3）保险公司。凡属下列情况者，均可向保险公司索赔：属于自然灾害、意外事故或运输中其他事故的发生致使货物受损，并且属于承保险别范围的；凡轮船公司不予赔偿或赔偿金额不足以抵补损失的部分，并且属于承保范围的。

在进口业务中，办理对外索赔时一般应注意以下几个方面。

第一，关于索赔证据。对外提出索赔需要提供证据。首先，应制备索赔清单，随附海关签发的检验证书、发票、装箱单、提单副本。其次，对不同的索赔对象还要另附有关证件。向卖方索赔时，应在索赔证件中提出确切的根据和理由，如果是 FOB 或 CFR 合同，须随附保险单一份；向轮船公司索赔时，须另附由船长和港务局理货员签证的理货报告，以及船长签证的短缺或残损证明；向保险公司索赔时，须另附保险公司与买方的联合检验报告等。

第二，关于索赔金额。索赔金额除包括受损商品的价值外，其他有关费用也可提出。例如，商品检验费、装卸费、银行手续费、仓租、利息等，都可以包括在索赔金额内。至于包括哪几项，应根据具体情况确定。

第三，关于索赔期限。对外索赔必须在合同规定的索赔有效期限内提出，过期无效。如果商检工作可能需要更长的时间，可向对方要求延长索赔期限。

第四，关于卖方的理赔责任。进口货物发生了损失，除属于轮船公司和保险公司的赔偿责任外，如属卖方必须直接承担的职责，应直接向卖方要求赔偿，防止卖方制造借口向其他方面推卸理赔责任。

目前，我国的进口索赔工作，属于船方和保险公司责任的，由外运公司代办；属于卖方责任的，由进出口公司直接办理。为了做好索赔工作，要求进出口公司、外运公司、订货部门、出入境检验检疫局等各有关单位密切协作，要做到检验结果正确，证据属实，理由充实，赔偿责任明确，并及时向有关方面提出，力争把货物所受到的损失如数取得补偿。

第三节　国际贸易支付

国际贸易货款的支付是关系到买卖双方的基本权利和义务的问题。国际贸易货款的支付主要涉及支付货币、支付工具、付款时间和地点、支付方式等内容，它们直接关系到买卖双方的利益，在磋商交易时，买卖双方必须取得一致的意见，并在合同中明确规定下来。

在国际货物买卖中，货款的支付工具和支付方式直接影响买卖双方资金的周转和融通，以及各种金融风险和费用的负担，关系到买卖双方的利益。下面分别对这两方面进行阐述。

一、国际贸易的支付工具

在国际贸易中，支付工具主要是货币和票据。货币用于计价、结算和支付。在国际贸易货款的收付中，采用现金结算的较少，大多使用非现金结算，即使用代替现金作为流通手段和支付手段的信贷工具来结算国际间的债权债务。票据是国际通行的结算和信贷工具，是可以流通转让的债权凭证。国际贸易中使用的票据主要有汇票、本票和支票，其中以使用汇票为主。

1. 汇票

1）汇票的含义和基本内容

汇票是一个人向另一个人签发的，要求见票时、在将来的固定时间或在可以确定的时间，对某人或其指定的人或持票人支付一定金额的无条件的书面支付命令。

各国票据法对汇票内容的规定不同，我国《票据法》规定，汇票必须记载下列事项：①表明“汇票”的字样；②无条件支付的委托；③确定的金额；④付款人名称；⑤收款人名称；⑥出票日期；⑦出票人签章。汇票上未记载上述规定事项之一的，汇票无效。

2）汇票的种类

汇票从不同的角度可分为以下几种。

（1）按照出票人的不同，汇票分为银行汇票和商业汇票。

- 银行汇票是指出票人是银行，受票人也是银行的汇票。
- 商业汇票是指出票人是商号或个人，受票人可以是商号、个人，也可以是银行的汇票。

（2）按照有无随附商业单据，汇票分为光票和跟单汇票。

- 光票是指不附带商业单据的汇票。银行汇票多是光票。
- 跟单汇票是指附带有商业单据的汇票。商业汇票一般为跟单汇票。

（3）按照付款时间的不同，汇票分为即期汇票和远期汇票。

- 即期汇票是指在提示或见票时立即付款的汇票。
- 远期汇票是指在一定期限或特定日期付款的汇票。远期汇票的付款时间有以下几种规定办法：①见票后若干天付款；②出票后若干天付款；③提单签发日后若干天付款；④指定日期付款。

一张汇票往往可以同时具备几种性质。例如，一张商业汇票同时又可以是即期的跟单汇票；一张远期的商业跟单汇票同时又是银行承兑汇票。

3）汇票的使用

汇票在使用时一般要经过出票、提示、承兑、付款等环节。如果是即期汇票，无须承兑；而远期汇票如需转让，通常要经过背书。当汇票遭到拒付时，还会涉及做成拒绝证书和行使追索权等法律问题。

（1）出票。出票就是出票人开出汇票，即出票人在汇票上填写付款人、付款金额、付款日期和地点及收款人等项目，经签字交给收款人的行为。出票由两个动作组成：一是出票人写成汇票，并在汇票上签字；二是出票人将汇票交付给收款人。

出票时，对收款人通常有 3 种写法，即限制性抬头、指示性抬头、持票人抬头。出票人签发汇票后，即承担保证该汇票必然会被承兑、付款的责任。

（2）提示和见票。提示是指收款人或持票人将汇票提交付款人，要求其付款或承兑的行为。付款人看到汇票，即为见票。提示可分为以下两种。

- 付款提示。付款提示是指汇票的持票人向付款人（或远期汇票的承兑人）出示汇票要求付款人（或远期汇票的承兑人）付款的行为。
- 承兑提示。承兑提示是指持票人将远期汇票提交付款人要求承兑的行为。

（3）承兑。承兑是指付款人对远期汇票表示承担到期付款责任的行为。其手续是付款人在汇票正面写上“承兑”字样，注明承兑的日期，并由付款人签名。我国《票据法》第四十四条明确规定：“付款人承兑汇票后，应当承担到期付款的责任。”因此，汇票一经承兑，付款人就成为汇票的承兑人，并成为汇票的主债务人，而出票人便成为汇票的次债务人。

（4）付款。对于即期汇票，在持票人提示汇票时，付款人见票即付；对于远期汇票，付款人经过承兑后，在汇票到期日付款。付款后，汇票上的一切债务关系即告结束。

（5）背书。在国际金融市场，一张远期汇票的持票人如想在汇票到期日前取得票款，可以经过背书在票据市场上转让。所谓背书，是指汇票持有人在汇票背面签上自己的名字，或者加上受让人（被背书人）的名字，并把汇票交给受让人的行为。这实际上是对汇票进行贴现，是受让人对汇票持有人的一种资金融通，即受让人在受让汇票时，要按照汇票的票面金额扣除从转让日起到汇票付款日止的利息后将票款付给出让人，这种行为叫作贴现。在汇票到期前，受让人可再经过背书继续进行转让。对受让人来说，所有在他以前的背书人和出票人都是他的前手；对出让人来说，所有在他以后的受让人都是他的后手。前手对后手负有保证汇票必然会被承兑或付款的责任。

（6）拒付与追索。拒付也称为退票，是指持票人提示汇票要求承兑时遭到拒绝承兑，或者持票人提示汇票要求付款时遭到拒绝付款。此外，付款人拒不见票、死亡或宣告破产，以致付款事实上已不可能时，也称为拒付。汇票如被拒付，持票人立即产生追索权。持票人有权向其前手追索，包括所有的前手，直至出票人。所谓追索权，是指汇票遭到拒付时，持票人对其前手（背书人、出票人）有请求其偿还汇票金额及费用的权利。在国外，通常还要求持票人提供拒绝证书。拒绝证书，又叫拒付证书，是由付款地的法定公证人或其他依法有权做出证书的机构，如法院、银行、工会、邮局等，做出证明拒付事实的文件。持票人请求公证人做拒付证书时，应将票据交出，由公证人向付款人再做提示，如遭拒付，公证人即按规定格式写一张证明书，连同票据交还持票人，持票人凭此向前手追索。

2. 本票

1）本票的含义与主要内容

本票是一个人向另一个人签发的，保证于见票时、定期或在可以确定的将来的某个时间，对某人或其指定人或持票人支付一定金额的无条件的书面承诺。简言之，本票是出票人对收款人承诺无条件支付一定金额的票据。

各国票据法对本票内容的规定各不相同。我国《票据法》规定，本票必须记载下列事项：①表明“本票”的字样；②无条件支付的承诺；③确定的金额；④收款人名称；⑤出票日期；⑥出票人签章。本票上未记载上述规定事项之一的，本票无效。

2）本票的种类

本票可分为商业本票和银行本票。由工商企业或个人签发的本票称为商业本票或一般本票。由银行签发的本票称为银行本票。商业本票又可按付款时间分为即期本票和远期本票。即期本票就是见票即付的本票。远期本票则是承诺于未来某一规定的或可以确定的日期支付票款的本票。银行本票属于即期本票。

3）本票与汇票的区别

作为支付工具，本票和汇票都属于票据的范畴，但两者又有所不同，其主要区别如下。

（1）本票的票面上只有两个当事人，即出票人和收款人；汇票的票面上则有三个当事人，即出票人、付款人和收款人。

（2）本票的出票人即为付款人，远期本票无须办理承兑手续；远期汇票则要办理承兑手续。

（3）本票在任何情况下，出票人都是绝对的主债务人，一旦拒付，持票人可以立即要求法院裁定，命令出票人付款；而汇票的出票人在承兑前是主债务人，在承兑后，承兑人是主债务人，出票人则处于从债务人的地位。

（4）本票只能一式一份，不能多开；而汇票可开成一式多份（银行汇票除外）。

3. 支票

1）支票的含义与主要内容

支票是以银行为付款人的即期汇票，即存款人对银行签发的由银行对某人或其指定人或持票人即期支付一定金额的无条件书面支付命令。

出票人在签发支票后，应负票据上的责任和法律上的责任。前者是指出票人对收款人担保支票的付款；后者是指出票人签发支票时，应在付款行存有不低于票面金额的存款。如存款不足，支票持有人在向付款行提示支票要求付款时，就会遭到拒付，这种支票叫作空头支票。开出空头支票的出票人要负法律上的责任。

我国《票据法》规定，支票必须记载下列事项：①表明“支票”的字样；②无条件支付的委托；③确定的金额；④付款人名称；⑤出票日期；⑥出票人签章。支票上未记载上述规定事项之一的，支票无效。

2）支票的种类

我国《票据法》规定，支票可分为现金支票和转账支票两种。支取现金或转账，均应在支票正面注明。现金支票只能用于支取现金；转账支票只能用于通过银行或其他金融机构转账结算。但有些国家规定，支取现金或转账，可由持票人或收款人自主选择，但一经划线就只能通过银行转账，而不能直接支取现金，因此就有了“划线支票”和“未划线支票”之分。

3）支票的使用

支票的使用有一定的有效期，由于支票是代替现金的即期支付工具，所以有效期较短。我国《票据法》规定，支票的持票人应当自出票日起10日内提示付款；异地使用的支票，其提示付款的期限由中国人民银行另行规定。超过提示付款期限的，付款人可以不予付款，出票人仍应当对持票人承担票据责任。

二、国际贸易的支付方式

目前，在我国进出口业务中所使用的支付方式有5种，即汇付、托收、保付代理、信用证和银行保函。以汇付方式支付货款属于顺汇法，顺汇法是由进口商主动将货款汇给出口商，其资金流向与支付工具传递方向相同；以托收和信用证方式支付货款属于逆付法，逆付法是由出口商主动向进口商索取货款，其资金流向与支付工具传递方向相反。

1. 汇付

汇付，又称汇款，是付款人通过银行，使用各种结算工具将货款汇交收款人的一种结算方式。

1）汇付方式当事人及汇付的简要流程

汇付方式的当事人及汇付的简要流程如图3-1所示。

汇付业务涉及的当事人有4个：汇款人（付款人）、收款人、汇出行和汇入行。其中，汇款人（通常为进口商）与汇出行（委托汇出汇款的银行）之间订有合约关系，汇出行与汇入行（汇出行的代理行）之间订有代理合约关系。

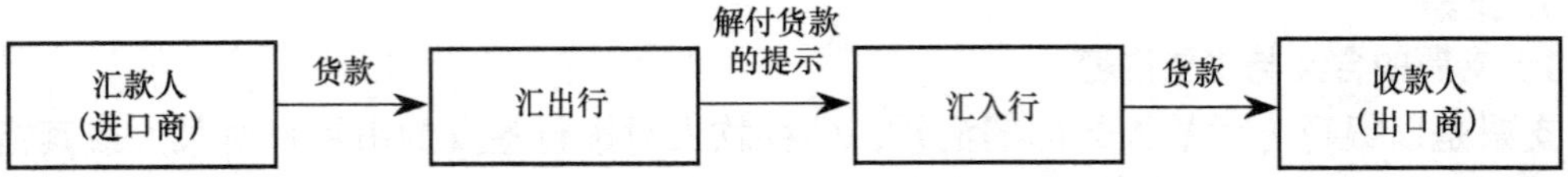

图 3-1　汇付方式的当事人及汇付的简要流程

在办理汇付业务时，需要由汇款人向汇出行填交汇款申请书，汇出行有义务根据汇款申请书的指示向汇入行发出付款委托书；汇入行收到付款委托书后，有义务向收款人（通常为出口商）解付货款。但汇出行和汇入行对不属于自身过失而造成的损失（如付款委托书在邮递途中遗失或延误等致使收款人无法或迟期收到货款）不承担责任，而且汇出行对汇入行工作上的过失也不承担责任。

2）汇付的形式

汇付根据汇出行向汇入行发出汇款委托的方式可分为 3 种形式。

（1）电汇（T/T）。电汇是汇出行应汇款人的申请，拍发加押电报或电传给在另一个国家的分行或代理行（汇入行）指示解付一定金额给指定的收款人的一种汇款方式。电汇方式的优点在于速度快，收款人可以迅速收到货款，因此在 3 种汇付方式中使用最广。随着现代通信技术的发展，银行与银行之间可以使用电传直接通信，快速准确。但因银行利用在途资金的时间短，所以电汇的费用比信汇高。

（2）信汇（M/T）。信汇是汇出行应汇款人的申请，用航空信函的形式，指示出口国汇入行解付一定金额的款项给收款人的汇款方式。信汇的优点是费用比较低廉，但汇款速度比电汇慢。因信汇方式人工手续较多，目前欧洲银行已不再办理信汇业务。

信汇业务程序与电汇类似，只是不使用电信手段，两者的业务程序如图 3-2 所示。

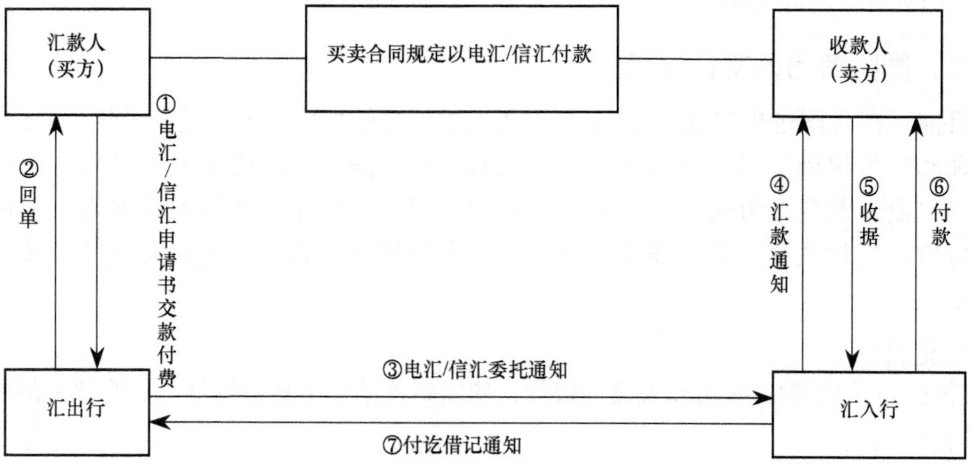

图 3-2　电汇/信汇业务程序

（3）票汇（D/D）。票汇是以银行即期汇票作为支付工具的一种汇付方式，一般是汇出行应汇款人的申请，开立以出口国汇入行为付款人的银行即期汇票，列明收款人名称、汇款金额等，交由汇款人自行寄给收款人，由收款人凭票向汇票上的付款行取款。

票汇与电汇、信汇的不同之处在于票汇的汇入行无须通知收款人收款，而由收款人持票登门取款；票汇除有限制转让和流通的规定外，经收款人背书，可以转让流通，而电汇、信汇的收款人则不能将收款权转让。

3）汇付的特点

买卖双方可以从手续费用、风险和资金负担的角度来考虑每种支付方式的利弊。汇付的优点在于手续简便、费用低廉；缺点是风险大、资金负担不平衡。因为以汇付方式支付，可以是货到付款，也可以是预付货款。如果是货到付款，卖方须向买方提供信用并融通资金；如果是预付货款，则买方须向卖方提供信用并融通资金。不论哪种支付方式，风险和资金负担都集中在一方。在我国外贸实践中，汇付一般只用来支付定金货款尾数、佣金等费用，不是一种主要的支付方式。但在发达国家之间，由于大量的贸易是跨国公司的内部交易，而且外贸企业在国外有可靠的贸易伙伴和销售网络，因此汇付是主要的支付方式。

在分期付款和延期付款的交易中，买方往往用汇付方式支付货款，但通常需辅以银行保函或备用信用证，所以不能单纯地视其为汇付方式。

4）汇付方式在国际贸易中的使用

在国际贸易中，使用汇付方式支付货款，银行只提供服务而不提供信用，因此，使用汇付方式完全取决于买卖双方中一方对另一方的信任，并在此基础上提供信用和进行资金融通。汇付属于商业信用性质，提供信用的一方所承担的风险较大，所以汇付方式主要用于支付定金、分期付款、待付款尾数和佣金等费用。

2. 托收

托收是由债权人（出口商）出具汇票委托银行向债务人（进口商）收取货款的一种支付方式。其基本做法是出口商根据买卖合同先行发运货物，然后开出汇票连同货运单据交出口地银行（托收行），委托托收行通过其在进口地的分行或代理行向进口商收取货款。托收可分为付款交单（D/P）和承兑交单（D/A）。

1）托收方式的当事人

托收方式的当事人有 4 个，即委托人、寄单行、代收行和付款人。

（1）委托人，也称出票人、债权人，是委托银行向国外付款人收款的出票人，通常是卖方。

（2）寄单行，也称托收行，是接受委托人的委托，转托国外银行向国外付款人代为收款的银行，通常是出口地银行。寄单行是委托人的代理人。

（3）代收行，是接受托收行的委托，代向付款人收款的银行，一般为进口地银行，是托收银行在国外的分行或代理行。

（4）付款人，即债务人，是汇票的受票人，通常是买卖合同中的买方。

2）托收的形式

（1）跟单托收。跟单托收是用汇票连同商业单据向进口行收取款项的一种托收方式，有时为了避免印花税，也有不开汇票，只拿商业单据委托银行代收的。跟单托收的种类有以下几个。

- 即期付款交单，俗称 D/P at Sight，是指开出的汇票是即期汇票，进口商见票，只有付完货款，才能拿到商业单据。
- 远期付款交单，是指由出口商开出远期汇票，进口商向银行承兑，并于汇票到期日付款，付款后交单的托收方式。
- 承兑交单方式，俗称 D/A，是指代收银行在进口商承兑远期汇票后向其交付单据，并于汇票到期日再付款的一种方式。

（2）光票托收。光票托收是指汇票不附带货运票据的一种托收方式。光票托收主要用于货款的尾数、样品费用、佣金、代垫费用、贸易从属费用、索赔及非贸易款项的收取。

3）托收的特点

托收属于商业信用，银行办理托收业务时，既没有检查货运单据正确与否或是否完整的义务，也没有承担付款人必须付款的责任。托收虽然是通过银行办理的，但银行只是作为出口商的受托人行事，并不承担付款的责任，进口商付不付款与银行无关。出口商向进口商收取货款靠的是进口商的商业信用。

如果遇到进口商拒绝付款，除非另有规定，否则银行没有代管货物的义务，出口商仍然应该关心货物的安全，直到对方付清货款为止。

托收对出口商的风险较大，D/A 比 D/P 的风险更大。跟单托收方式是出口商先发货，后收取货款，因此对出口商的风险较大。进口商付款靠的是其商业信用，如果进口商破产倒闭，丧失付款能力，或者货物发运后进口地货物价格下跌，进口商借故拒不付款，或者进口商事先没有领到进口许可证或没有申请到外汇，被禁止进口或无力支付外汇等，出口商不但无法按时收回货款，还可能造成货款两空的损失。如果货物已经到达进口地，进口商借故不付款，出口商还要承担货物在目的地的提货、存仓、保险费用和可能变质、短量、短重的风险；如果货物转售他地，会产生数量和价格上的损失；如果货物转售不出去，出口商就要承担货物运回本国的费用及可能因为存储时间过长而被当地政府贱卖的损失等。对于上述损失，出口商虽然有权向进口商索赔，但在实践中，在进口商已经破产或逃之夭夭的情况下，出口商即使可以追回一些赔偿，也难以弥补全部损失。尽管如此，在当今国际市场出口竞争日益激烈的情况下，出口商为了推销商品、占领市场，有时也不得不采用托收方式。如果进口商信誉较好，出口商在国外又有自己的办事机构，则风险可以相对小一些。

托收对进口商比较有利，可以免去开证的手续及预付押金，还可获得预借货物的便利。当然托收对进口商也不是没有一点风险。例如，进口商付款后才取得货运单据，领取货物，如果发现货物与合同规定不符，或者根本就是假的，就会因此而蒙受损失，但总的来说，托收对进口商比较有利。

4）托收业务流程

在国际贸易结算中，大多是跟单托收。其基本做法是：出口商先行发货，然后备妥包括运输单据在内的有关商业单据，并开出（或不开出）汇票，将全套单据交出口商银行，委托其通过进口商的分行或代理行收取货款，凭进口商的付款或承兑向进口商交付全套单据，如图 3-3 所示。

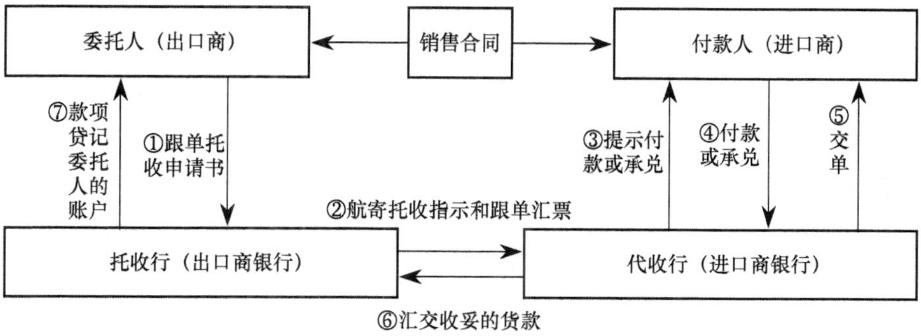

图 3-3 托收业务流程

5）托收注意事项

（1）跟单托收。出口商为了能够尽快收到货款，应注意单据的以下几点。

- 汇票金额要一致。
- 汇票需要出票人签字或盖章。
- 汇票要背书。
- 汇票的出票人和签发人要一致。
- 汇票要与发票等单据保持一致。
- 价格条款是 CIF 的，要有保险单，保险单的金额要超过发票金额。
- 运输条款与价格条款保持一致。
- 根据运输单据的要求，是否要做背书。
- 各种单据中的货物描述要保持一致。

（2）光票托收。光票托收的票据上要注明以下几项内容。

- 票据的名称、种类、期限、金额、币种。
- 收款人的名称和地址。
- 付款人的名称和地址。
- 票据的背书。
- 远期票据是否承兑。
- 票据的利息条款。
- 票据签发人的名称和签字。
- 其他条款。

3. 信用证

信用证是银行（开证行）依照进口商（开证申请人）的要求和指示，对出口商（受益人）发出的、授权出口商签发以银行或进口商为付款人的汇票，保证在交来符合信用证条款规定的汇票和单据时，必定承兑和付款的保证文件。信用证是一种常见的国际贸易支付方式，是一种有条件的银行付款承诺。

1）信用证的特点

（1）开证行负第一付款责任。开证行的付款责任不仅是首要的，而且是独立的，即使进口商在开证后丧失偿付能力，只要出口商提交的单据符合信用证条款，开证行也要负责付款。

（2）信用证是独立于合同之外的一种自足的文件。

（3）信用证是一种单据的买卖。出口商交货后提出的单据，只要做到与信用证条款相符，“单证一致，单单一致”，开证行就应保证向出口商支付货款。

2）信用证项下的主要单据

信用证项下的主要单据包括汇票、发票、提单、保险单、装箱单和重量单、产地证、检验证书。

3）信用证的主要类型

（1）跟单信用证：是凭跟单汇票或仅凭单据付款的信用证。国际贸易结算中所使用的信用证绝大部分是跟单信用证。

（2）光票信用证：是凭不附带单据的汇票付款的信用证。

（3）可撤销信用证：是指开证行对所开信用证不必征得受益人同意，有权随时撤销的信用证。

（4）不可撤销信用证：是指信用证一经开出，在有效期内，非经信用证各有关当事人的同意，开证行不能片面修改或撤销的信用证。此种信用证在国际贸易中使用最多。

（5）保兑信用证：是指经开证行以外的另一家银行加具保兑的信用证。保兑信用证主要是受益人（出口商）对开证行的资信不了解，对开证行的国家政局、外汇管制过于担心，怕收不回货款而要求加具保兑的要求，从而使货款的回收得到双重保障。

（6）即期信用证：是开证行或付款行收到符合信用证条款的汇票和单据后，立即履行付款义务的信用证。

（7）远期信用证：是开证行或付款行收到符合信用证的单据时，不立即付款，而是等到汇票到期才履行付款义务的信用证。

（8）红条款信用证：是允许出口商在装货交单前可以支取全部或部分货款的信用证。开证行在信用证上加列上述条款，通常用红字打成，故称为“红条款信用证”。

（9）付款信用证、承兑信用证、议付信用证：信用证应表明其结算方法是采用即期或延期付款、承兑或议付来使用信用证金额。

（10）可转让信用证：是开证行授权通知行在受益人的要求下，可将信用证的全部或一部分转让给第三者，即第二受益人的信用证。可转让信用证只能转让一次，信用证转让后，即由第二受益人办理交货，但原证的受益人，即第一受益人，仍须负责买卖合同中卖方的责任。如果信用证上允许分装，信用证可分别转让给几个第二受益人，这种转让可看成一次转让。不可转让信用证是指受益人不能将信用证的权利转让给他人的信用证。

（11）背对背信用证：是指受益人要求通知行在原有的信用证基础上，开立一个新的信用证，在两国不能直接进行贸易时，通过第三方进行贸易。背对背信用证和可转让信用证都产生于中间交易，为中间商提供便利。

一个中间商向国外进口商销售某种商品，请该进口商开立以他为受益人的第一信用证，然后向当地或第三国的实际供货商购进同样的商品，并以国外进口商开来的第一信用证作为保证，请求通知行或其他银行对当地或第三供货商另开第二信用证，以卖方（中间商）作为第二信用证的申请人。不管他根据第一信用证能否获得付款，都要负责偿还银行根据第二信用证支付的款项。

（12）对开信用证：是指双方互为进口商和出口商，互为对开信用证的申请人和受益人。为实现双方货款之间的平衡，采用互相开立信用证的办法，把出口和进口联系起来。第一张信用证的受益人是第二张信用证（也称回头证）的开证申请人；第一张信用证的开证申请人是回头证的受益人。第一张信用证的通知行常常是回头证的开证行，两证的金额约略相等。

（13）循环信用证：是可多次循环使用的信用证，当信用证金额被全部或部分使用完后，仍恢复到原金额。买卖双方订立长期合同，分批交货，进口商为了节省开证手续和费用，即可开立循环信用证。循环信用证可分为按时间循环的信用证和按金额循环的信用证两种。

（14）部分信用证部分托收：一笔交易合同有时可能包括两种不同的支付方式，如部分信用证方式、部分托收方式，即一部分货款，如 80%由进口商开立信用证，其余 20%由出口商在货物装运后，同信用证项下的装船单据一并委托信用证的议付行通过开证行向进口商托收。信用证部分货款和托收部分货款要分别开立汇票，全套装船单据附于信用证项下的汇票，托收项下的为光票。

4）信用证的支付程序

（1）进口商按照合同规定向当地银行提出申请，并提供押金或担保，要去银行（开证行）向出口商开出信用证。

（2）开证行将信用证寄给出口商所在地的分行或代理银行（通知行）。

（3）通知行将信用证转给出口商。

（4）出口商对照合同核对信用证无误后，按规定条件装运货物。

（5）出口商发货后，备妥信用证规定的各项单据，连同汇票在信用证有效期内送请当地银行（议付行）议付。

（6）议付行将单据与信用证核对无误后，按汇票金额扣除利息和手续费后将货款垫付给出口商，即议付。所谓议付，是指出口商银行买入出口商的汇票和单据。由于出口商是以随附的各项单据作为抵押的，故也称“押汇”。议付行议付后即按信用证规定将各项单据和汇票等寄给开证行或付款行索偿。

（7）开证行审核汇票、单据无误后，一面付款给议付行，另一面通知进口商付款赎单（参考信用证收付方式）。信用证收付的一般程序如图 3-4 所示。

图 3-4 中各序号说明如下。

① 进口商按照合同规定向当地银行提出申请，并提供若干押金或其他担保，要求银行（开证行）向出口商开出信用证。

② 开证行将信用证寄给出口商所在地的分行或代理银行（通知行）。

③ 通知行将信用证转递给出口商（受益人）。

④ 出口商经审查信用证并认可后，即可按规定条件装货。出口商发货后，备妥信用证

规定的货运单据，开具汇票，在信用证有效期前送当地的银行（可以是通知行，也可以是其他银行），称为（议付行）议付。

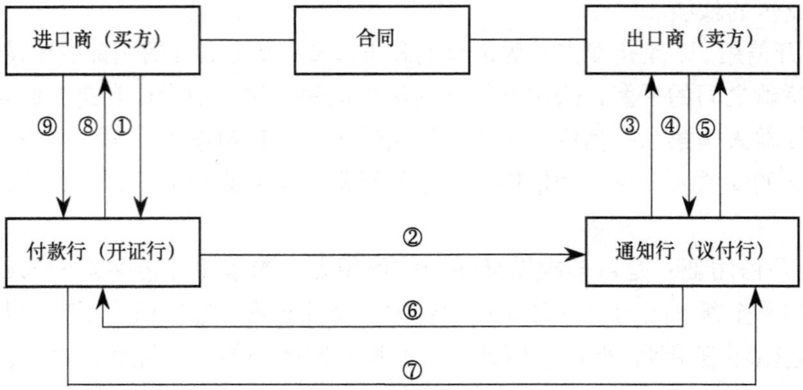

图 3-4　信用证收付的一般程序

⑤ 议付行经与信用证核对，确认汇票与单据符合信用证规定后，按汇票所开金额，扣除若干利息或手续费后垫付给出口商。

⑥ 议付行将汇票、货运单据等寄给开证行（或其指定的付款行）索偿。

⑦ 开证行（或其指定的付款行）经审核单据无误后，付款给议付行。

⑧ 开证行在办理转账或汇款给议付行的同时，通知进口商付款，赎回单据。

⑨ 进口商付款并取得货运单据后，凭此向承运人在进口地的机构或代理人提货。

5）信用证的主要内容

信用证并无统一格式，其主要内容有以下几项。

（1）信用证的关系人，如开证申请人、开证行、通知行、受益人，有时还有议付行。

（2）信用证的种类，如不可撤销、保兑、可转让等。

（3）汇票条款，如汇票种类、汇票付款人（但有的信用证不需要汇票）。

（4）对货物的要求，如货物名称、规格、数量、包装、价格等。

（5）使用货币和金额。

（6）对运输的要求，如装运期、有效期、装运港、目的港、运输方式、可否分批装运、可否转船等。

（7）支付凭证和单据，单据指发票、提单、保险单等。

（8）特殊要求，特殊要求根据每笔具体业务的需要而定。

（9）开证行保证条款，指开证行对受益人和汇票持有人保证付款的责任。

（10）信用证到期地点，有时在受益人所在地，有时在开证行所在地。

知识链接

2020 年 11 月 23 日，B 公司与中国香港 D 公司签订了进口 2 500 吨船板的合同。按照合同规定，B 公司以每吨 330 美元（CIF 价）从 D 公司购进 2 101 件甲板，总金额 82.5 万美元，目的口岸为黄埔港。

合同订立后，B 公司立即请求 A 银行开出了以 D 公司为受益人的不可撤销的 150 天远期信用证，信用证金额为 82.5 万美元，编号为 L/C593BB717。D 公司收到信用证后，于当年 12 月 30 日将提单及其他单据通过议付行 E 银行香港分行提交 A 银行承兑，B 公司通过 A 银行于次年 1 月 3 日接受单据，并表示承兑。2021 年 1 月 25 日，当 B 公司持单前往黄埔港提取货物时，发现该货物已于 2020 年 11 月 9 日被西安市中级人民法院因 D 公司与陕西省五矿公司的纠纷而明令查封。B 公司为此数次与 D 公司联系均未有结果，遂与黄埔港务公司协商。黄埔港务公司考虑到西安中级人民法院尚有部分货物未查封，于是允许 B 公司提走剩余船板，但还有 724 件价值 292 683.72 美元的船板始终未能提取。

为此，B 公司于 2021 年 3 月 30 日向中国国际经济贸易仲裁委员会提出仲裁申请，并要求法院进行财产保全。A 市中级人民法院以 D 公司隐瞒真相，确属恶意欺诈为由，下达冻结裁定书，冻结 A 银行开具的 L/C593BB717 信用证及该证载明的部分金额 516 028.72 美元。

2021 年 12 月 12 日，中国国际经济贸易仲裁委员会做出裁决：D 公司未能提供充分证据证明其在订立合同前或订立合同时已向 B 公司披露了货物被查封的情况，故 B 公司有权解除合同中 D 公司尚未履行部分，同时要求 D 公司对其违法行为给 B 公司造成的损害承担相应的赔偿责任。2022 年 3 月 25 日，B 公司与 D 公司就执行仲裁裁决达成和解协议，A 市中级人民法院亦对此做出执行裁定：B 公司必须支付货款 225 390 美元及其利息，但将 L/C593BB717 号信用证项下余额 292 638.72 美元及利息冻结，直至 D 公司依和解协议提供相应货物之时止。

4. 银行保函

保函按照索偿条件通常可分为见索即付保函和有条件保函两种。银行保函都是见索即付保函。

银行保函也称银行保证函或保证书，是指进口地银行应出口商的要求开给出口商的一种凭证，银行承担对出口商付款的责任，其内容基本上和信用证相同。银行保函按其用途、内容和形式的不同，可分为进出口贸易银行保证函和贷款银行保证函两种。

1）进出口贸易银行保证函

进出口贸易银行保证函，又称银行保证付款书，是指银行代替进口商或出口商向对方开立的以对方为受益人的保证承担付款、签订合同和履行合同的书面文件。

（1）进口银行保证函。这是指银行（保证人）应进口商（委托人）的请求开给出口商（受益人）的保证函。在函中规定，出口商按有关合同交货和交来规定的单据时，如果进口商未能付款或未能及时付款，由银行保证付款。进口银行保证函又可分为成套设备进口保证函、补偿贸易进口保证函、加工装配业务保证函等。

（2）出口银行保证函。这是指出口地银行为出口商向进口商开立的保证书，保证出口商成交或投标后一定签约或履约。如果出口商未能签约或履约，银行保证支付给进口商一定金额。对于签约后进口商预付给出口商的定金或货款，若出口商未能履约交货，银行保证将预付金额的本息如数退还给进口商。出口银行保证函可分为投标保证函、履约保证函、退款保证函等。

2）贷款银行保证函

贷款银行保证函，是指使用出口信贷时，银行应借款人/贷款人的请求向对方开立的不可撤销的银行保证书。

银行保函和信用证都是银行根据委托人的请求而授予受益人的银行信用。但是，两者是有区别的。第一，信用证是开证行向受益人承担首先付款责任，银行保函则是在委托人未按照银行保函内所规定的条款办理时，保证行才负责付款，所以信用证的开证行负第一性的付款责任，而银行保函的保证行负第二性的付款责任。第二，信用证是以装运单据和货款支付为根据的，银行保函则往往是以合同或某些条件未履行为前提的，它所行使的职能远远超过信用证。在银行保函项下不一定有货物，也不一定有款项的支付。

第四节　国际贸易方式

国际贸易方式是指国际贸易中采用的各种方法。随着国际贸易的发展，国际贸易方式也日趋多样化。除采用逐笔售定的方式外，还有包销、代理、寄售、招标与投标、拍卖、期货交易、对销贸易等国际贸易方式。

一、包销

包销，是指出口商（委托人）通过协议把某种或某类商品在某个地区和某个期限内的经营权给予国外某个客户或公司的贸易做法。包销同通常的单边逐笔出口不同。在包销方式下，当事人双方除了签订买卖合同，还须事先签订包销协议。包销是国际贸易中习惯采用的方式之一。在我国出口业务中，根据某些商品的特点和扩大出口的需要，在适当的市场上，选择适当的客户，也可采用包销方式。

1. 包销的一般做法（见图 3-5）

图 3-5　包销的一般做法

2. 包销的特点

（1）包销中贸易双方的关系是一种买卖关系。

（2）包销商自担风险、自负盈亏从事经营活动。

（3）包销商在特定区域具有一定的商品专营权。

3. 包销协议

采用包销方式时，买卖双方的权利和义务由包销协议确定。买卖双方签订的买卖合同必须符合包销协议的规定。包销协议包括下列主要内容。

（1）包销协议的名称、签约日期与地点。

（2）包销协议的前文。通常在前文条款中，应明确包销商与委托人之间的关系是本人与本人的关系，即买卖关系。

（3）包销商品的范围。委托人（出口商）经营商品种类繁多，即使是同一类或同一种商品，也会有不同的牌号和规格。因此，在包销协议中，双方当事人必须确定包销商品的范围。

（4）包销地区。包销地区是指包销商行使销售权的地理范围。通常有下列几种约定方法。

- 确定一个国家或几个国家。
- 确定一个国家中的几个城市。
- 确定一个城市等。

要确定包销地区的大小，应考虑包销的规模和能力、包销商所能控制的销售网络、包销商品的性质和种类、市场的差异程度和包销地区的地形位置等。

（5）包销期限。包销期限可长可短。在我国的出口业务中，往往在签订包销协议时明确规定包销期限，通常为一年。其他国家市场的习惯做法，是在包销协议中不规定期限，而是规定中止条款或续约条款等。

（6）专营权。专营权是指包销商行使专卖和专买的权利，这是包销协议的重要内容。专营权包括专卖权和专买权。前者是委托人（出口商）将指定的商品在规定的地区和期限内给予包销商独家销售的权利，出口商负有不向该区域内的客户直接售货的义务。后者是包销商承担向出口商购买此项商品，而不得向第三者购买的义务。

（7）包销数量和金额。包销协议中应规定包销数量和金额。该数量和金额对协议双方有同等的约束力，即包销商必须承担向出口商购买规定数量和金额的义务，出口商必须承担向包销商出口相同数量和金额的责任。

（8）作价办法。包销商品的作价，有不同的做法。一种做法是在规定的期限内一次作价，即无论协议内包销商品价格涨落与否，都以协议规定的价格为准；另一种做法是在规定的包销期限内分批作价。由于国际商品的市场价格变化多端，因此采用分批作价的方式较为普遍。

（9）广告、宣传、市场报道和商标保护。包销协议的当事人双方之间是买卖关系，因此委托人（出口商）不实际涉足包销地区的销售业务，但十分关心海外市场的开拓。为宣传其产品所用的商标，委托人常要求包销商负责为其商品刊登一定的广告。例如，有些包销协议中规定："买方负责和出资在其包销地区为卖方的机器设备举办展览、招揽订单，在当地报刊上登载广告。"有些协议则规定："包销商应访问有希望达成交易的客户或卖方要求包销商尽量提供市场报道等。"

二、代理

代理是指代理人按照委托人的授权代委托人与第三者订立合同或实施其他法律行为，由此而产生的权利和义务直接对委托人发生效力。

1. 代理的一般做法（见图 3-6）

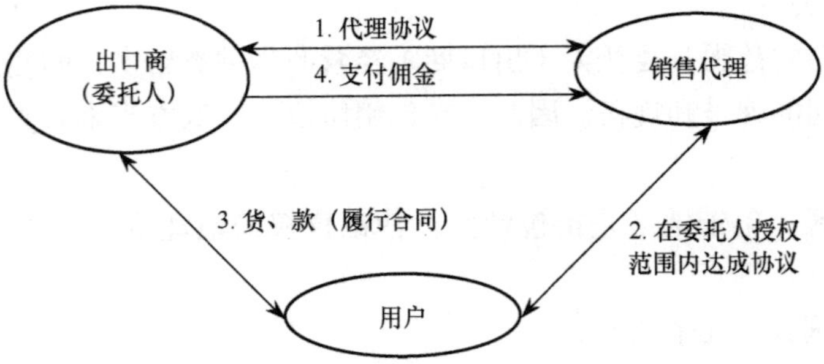

图 3-6 代理的一般做法

2. 代理的特点

（1）代理人根据委托人的授权，以委托人的名义与第三者签订买卖合同，以委托人的利益为出发点，为委托人推销商品和提供各种服务，如推销委托人的货物、收受货款等。双方之间不是买卖关系。

（2）代理人不承担价格风险，也不动用自己的资金，而是运用委托人的资金进行业务活动，根据推销商品的总金额获取佣金。这种方式易于被代理人接受，并有利于调动代理人宣传推销委托人的商品、协助委托人开辟新市场、提供商情信息的积极性。

3. 代理的种类

代理按委托人对代理人授权的大小，可分为总代理、独家代理和佣金代理。

（1）总代理。总代理是在指定地区的委托人的全权代理，除有权代理委托人进行签订买卖合同、处理货物等商务活动外，也可进行一些非商业性的活动。总代理有权指派分代理，并可分享分代理的佣金。

（2）独家代理。独家代理是指委托人给予代理商在一定区域和一定期限内指定货物的专营权。两者之间的关系是委托代理关系，因此委托人在该指定区域内，不得再委托其他代理人。独家代理商通过完成的业务提取佣金，除合同另有规定外，一般不承担经营风险。同时，独家代理商可以自己的名义与下级买家进行交易，在此前提下，将承担相应的独立责任，这种情况类似包销协议。

（3）佣金代理。佣金代理又称一般代理，是指在同一代理地区、时间和期限内，同时有几个代理人代表委托人实施代理行为。佣金代理根据推销商品的实际金额，按照协议规定的办法和百分比向委托人计收佣金。委托人可以直接与该地区的实际买主成交，无须付给佣金代理佣金。

三、寄售

寄售是一种有别于代理销售的贸易方式。它是指委托人（出口商）先将货物运往寄售地，委托国外一个代销商（受委托人），按照寄售协议规定的条件，由代销商代替出口商进行销售，货物出售后，由代销商向货主结算货款的一种贸易做法。

寄售是一种委托代售的贸易方式，也是国际贸易中习惯采用的做法之一。在我国进出口业务中，寄售方式的运用并不普遍，但在某些商品的交易中，为促进成交、扩大出口，也可适当地运用寄售方式。

1. 寄售的一般做法（见图 3-7）

图 3-7　寄售的一般做法

2. 寄售的特点

在国际贸易中采用的寄售方式与正常的买卖方式相比，具有下列几个特点。

（1）寄售人先将货物运至目的地市场（寄售地），然后经代销人在寄售地向当地买主销售。因此，寄售是典型的凭实物进行买卖的现货交易。

（2）寄售人与代销人之间是委托代售关系，而非买卖关系。代销人只根据寄售人的指示处置货物。货物的所有权在寄售地出售之前仍属寄售人。

（3）寄售货物在售出之前，包括在运输途中和到达寄售地后的一切费用和风险，均由寄售人承担。

3. 寄售的条件

寄售货物装运出口后，在到达寄售地前也可使用出售路货的办法先行销售，即当货物尚在运输途中时，如有条件即成交出售，出售不成则仍运至原定目的地。在寄售方式下，代销人几乎不存在风险，因此卖方可以调动其销售的积极性，有利于开辟新市场、推销新产品和提高商品的市场占有率等。但对卖方来讲，这种方式资金周转时间长，还要承担额外发生的费用和风险，因此采用寄售方式时，卖方首先应具备以下几个条件。

（1）充分的资金储备，以便货款不能及时返还时资金仍流转正常。

（2）寄售的商品以新产品和奢侈品为主，避免寄售易损坏和易腐败的商品。

（3）选好寄售地和存放地，在寄售前必须对寄售地的市场情况、当地政府的有关对外贸易政策和法令、运输仓储条件了解清楚。

（4）选好代销人，对其资信情况、经营作风等做好调查研究。

（5）签好寄售协议，保证货、款安全。在协议中对货物所有权、代销人的责任和义务、决定售价的办法、货款的结算、各项费用的负担、佣金的支付等都应做出明确的规定。

四、招标与投标

招标与投标是指买卖双方一般无须交易磋商而通过竞争方式完成的交易过程。由于这种方式具有公开和公平的特点，所以越来越多地受到企业界、政府机构和公共事业部门的青睐，被广泛地应用。

招标是指招标人发出招标公告或招标单，指定时间、地点，以及准备买进商品的品种、数量和有关买卖条件，邀请投标人投标的行为。投标是指投标人应招标人的邀请，根据招标公告或招标单的规定条件，在规定的时间内向招标人递盘的行为。目前，国际上采用的招标方式归纳起来有以下 3 种。

1. 竞争性招标

竞争性招标是指招标人邀请几个乃至几十个投标人参加投标，通过多数投标人竞争，选择其中对招标人最有利的投标人达成交易，属于兑卖的方式。国际竞争性投标一般有以下两种做法。

（1）公开招标。公开招标是一种无限竞争性招标。采用这种做法时，招标人要在国内外主要报刊上刊登招标广告，凡对该项招标内容有兴趣的人均有机会购买招标资料进行投标。

（2）选择性招标。选择性招标又称邀请招标，是一种有限竞争性招标。采用这种做法时，招标人不在报刊上刊登广告，而是根据自己具体的业务关系和情报资料由招标人对客商进行邀请，进行资格预审后，再由他们进行投标。

2. 谈判招标

谈判招标又叫议标，是一种非公开的、非竞争性的招标。这种招标由招标人物色几家客商直接进行谈判。若谈判成功，则交易达成。

3. 两段招标

两段招标是无限竞争性招标和有限竞争性招标的综合方式。采用此类方式时，先用公开招标，再用选择性招标，分两段进行。

五、拍卖

拍卖是指由专营拍卖行接受货主的委托，在一定的地点和时间，按照规定的章程和规则，以公开叫价竞购的方法，最后把货物出售给出价最高的买主的一种现货交易方式。

通常采用拍卖进行交易的商品大都是一些品质不易标准化的，或者难以久存的，或者习惯上采用拍卖方式进行的商品，如茶叶、烟叶、兔毛、皮毛、木材等。某些商品，如水貂皮、澳洲羊毛，大部分的交易都是通过国际拍卖方式进行的。

拍卖程序不同于一般的出口交易，其交易过程大致要经过准备、看货、出价成交和付款交货 4 个阶段。

拍卖的出价方法有以下 3 种。

1. 增价拍卖

增价拍卖也称买方叫价拍卖，是最常用的一种拍卖方式。拍卖时，由拍卖人提出一批货物，宣布预订的最低价格，估价后由竞买者相继叫价，竞相加价，有时规定每次加价的额度，直到拍卖人认为无人再出更高的价为止。

2. 减价拍卖

减价拍卖又称荷兰式拍卖。这种方法先由拍卖人喊出最高价格，然后逐渐减低叫价，直到有某一竞买者认为已经低到可以接受的价格，表示买进为止。

3. 密封递价拍卖

密封递价拍卖又称招标式拍卖。采用这种方法时，先由拍卖人公布每批货物的具体情况和拍卖条件等，然后由各竞买者在规定时间内将自己的出价密封递交拍卖人，以供拍卖人进行审查比较，决定将该批货物卖给哪个竞买者。这种方法不是公开竞买，拍卖人有时要考虑除价格以外的其他因素。有些国家的政府或海关在处理库存物资或没收货物时，往往采用这种拍卖方法。

六、期货交易

期货交易是指在期货交易所内集中买卖期货合约的交易活动。期货合约是由期货交易所统一制定的、规定在将来某一特定时间和地点交割一定数量和质量商品的标准化合约。

期货交易不同于商品中的现货交易。众所周知，在现货交易的情况下，买卖双方可以以任何方式，在任何地点和时间达成实物交易，卖方必须交付实际货物，买方必须支付货款。而期货交易成交后买卖双方并不移交商品的所有权。

1. 期货交易的特点

期货交易具有下列几个特点。

（1）期货交易不规定双方提供或接受实际货物。

（2）交易的结果不是转移实际货物，而是支付或取得签订合同之日与履行合同之日之间的价格差额。

（3）期货合同是由期货交易所制定的标准期货合同，并且只能按照交易所规定的商品标准和种类进行交易。

（4）期货交易的交货期是按照期货交易所规定的交货期确定的。不同的商品，交货期也不同。

（5）期货合同必须在每个期货交易所设立的清算所进行登记和结算。

2. 期货交易的种类

根据交易者的目的，期货交易可分为性质不同的两种。一种是利用期货合同作为筹码，买进卖出，从价格涨落的差额中追逐利润的纯投机活动，叫“投机”。这种期货交易中的投机交易活动，在期货交易中习惯上称为“买空卖空”，是投机者根据自己对市场前景的判断而进行的赌博性投机活动。所谓买空，又称多头，是指投机者估计价格要涨，买进期货；一旦涨价，再卖出期货，从中赚取差价，也叫卖空。

另一种是真正从事实物交易的人在买进（或卖出）实际货物的同时，在期货交易所卖出（或买进）同等数量的期货交易合同作为保值，故称套期保值，又称“海琴”，包括卖期保值和买期保值。

七、对销贸易

对销贸易在我国又称为反向贸易、互抵贸易、对等贸易，也有人把它笼统地称为易货或大易货。一般可以把对销贸易理解为包括易货、记账贸易、互购、产品回购、转手贸易等在内的，属于货物买卖范畴的，以进出结合、出口抵补进口为共同特征的各种贸易方式的总称。对销贸易的方式主要有易货贸易、回购贸易、互购贸易等。

1. 易货贸易

易货贸易是一种古老的贸易方式。它是指单纯的货物交换，不使用货币支付，也不涉及第三者。其基本做法是双方签订易货合同，规定双方交换的货物和时间。各方既是自己出口货物的出口商，又是对方出口货物的进口商。双方的货物交换，可以是单项货物的交换，也可以是多种货物的综合易货或所谓一揽子易货，基本原则是双方交换的货物必须是等值的。

易货贸易的特点包括：它是一次性的交易行为，只有进口商与出口商两个当事人，不涉及第三者；双方只签订一项进出口合同，双方交换的货物均须明确地载明在合同中。

易货贸易的做法是：双方签订一项各自所需交换货物的合同，按照合同规定将货物交付给对方。各自交付货物的时间可以是同时交付，也可有先有后分别交付。上述做法是古老的贸易方法。现在易货贸易已改为通过货款支付清算方式，达到货物交换的目的。在货款支付结算上，既可笔笔平衡，也可定期结算，综合平衡；既可付现，也可记账；在时间上，既可进出口同时进行，也可有先有后。总之，易货贸易的做法越来越灵活多样。

2. 回购贸易

回购贸易是指出口商同意从进口商买回由其提供的机器设备所生产制造的产品。

回购贸易最早产生在能源与原材料部门的生产技术、设备的交易中。东欧各国从西方资本主义国家进口生产技术、设备等，先不支付现汇，而是用这些生产技术、设备生产出来的产品回销抵偿对方的价款，分期偿付。随着这种贸易形式的不断扩大，一些机器制造业和其他行业也采用了这种方式。但是回购贸易的概念逐渐发生了改变，特别是在回购产品方面，发生了很大的变化，由原来的直接产品偿付发展到以其他产品（间接产品）或部分直接产品和部分间接产品结合偿付。

3. 互购贸易

互购贸易又称互惠贸易或平行贸易，是指出口的一方向进口的一方承担购买相当于其出口货值一定比例的产品。即双方签订两项既相互独立又相互联系的合同：一项约定由先进口的一方用现汇购买对方的货物；另一项约定由先出口的一方承诺在一定期限内购买对方的货物。

互购贸易中涉及的两笔交易都用现汇，一般通过即期信用证或即期付款交单，有时也可采用远期信用证付款。因此，先出口的一方除非接受远期信用证，否则不会出现垫付资金的问题，相反，还可以在从收到出口货款到支付回头货款这段时间内，利用对方的资金。在这种方式下，一般先由发达国家提供设备，这对进口国家来说，不但得不到资金方面的好处，还要先付一笔资金，这样必定要承担一定汇率变动的风险，唯一可取的是可以带动本国货物的出口。

本章小结

本章阐述了国际物流与国际贸易的关系、国际贸易合同的订立和履行、国际贸易支付方式和国际贸易方式。

国际贸易是国际物流产生和发展的基础；国际贸易促进物流国际化；国际贸易对国际物流提出了新的要求，包括效率要求、安全要求和经济要求。国际物流必须适应国际贸易结构和商品流通形式的变革，向国际物流合理化的方向发展。

国际贸易合同订立的程序包括5个环节：询盘、发盘、还盘、接受和签订合同。其中，发盘和接受是必不可少的两个基本环节。出口合同的履行过程包括备货、催证、审证、改证、租船订舱、报关、报验、投保、装船、制单结汇、索赔和理赔等多个环节。其中又以货、证、船、款 4 个环节最为重要。进口合同的履行环节主要包括开立信用证、租船订舱和催装、保险、审单和付汇、报关和接货、验收和拨交、进口索赔。

国际贸易货款的支付是关系到买卖双方的基本权利和义务的问题。国际贸易货款的结算主要涉及支付货币、支付工具、付款时间和地点、支付方式等内容。本章重点介绍了国际贸易的支付工具、支付方式及包销、代理等国际贸易方式。

案例讨论

2021 年 4 月 5 日，A 银行开出一张信用证，开证申请人为曼哈顿贸易发展公司（买方），以某农产品进出口公司（卖方）为受益人。信用证对有关商品条款的规定为："50 M/Tons of Bee Honey. Moisture:18%～22%. Variety: Acacia. Packing: in tins of 25kg. Net Each；2tins to a Wooden Case.（50 吨蜂蜜。水分：18%～22%。品类：槐花。包装：听装每听净重 25 千克；2 听装一木箱）。"该农产品进出口公司根据信用证要求立即准备装运工作，但单证人员在填写提单并与出口海运托运单对照时发现，信用证规定对货物的包装与合同规定的包装、实货包装不一致。信用证规定为"Wooden case（木箱）装"，合同规定为"Wooden crate（木条箱）装"，实货也是木条箱包装。该农产品进出口公司考虑，该商品的包装有两种：木箱装和木条箱装。后天即将开始装船，修改信用证已来不及了，如果先装船等修改后议付，则风险太大。后又联系船方代理，得知如果退载，则需赔偿空舱损失。因此，该农产品进出口公司最后采取了一个既可以按原计划装运，不影响装船，又可以安全收汇的好办法：因库存中还有木箱装的货物，故可将商品改为木箱包装后装船，如此既可满足信用证要求，安全收汇，又不影响按时装运。

思考问题

1. 该农产品进出口公司的做法是否恰当？会导致什么结果？
2. 根据案例讨论，在国际贸易中应注意什么问题？

课后练习

一、选择题

1. 我国出口结汇的方法有（　　）。

A. 收妥结汇　　B. 押汇　　C. 定期结汇

D. 发货结汇　　E. 不定期结汇

2. 下列不属于国际贸易货款的支付工具的是（　　）。

A. 汇票　　B. 托收　　C. 信用证　　D. 银行保函

3. 下列属于按照代理的行业性质划分的代理种类是（　　）。

A. 独家代理　　B. 货运代理　　C. 购货代理　　D. 保险代理

4. 竞争性招标的具体做法包括（　　）。

A. 谈判招标　　B. 两段招标　　C. 公开招标　　D. 选择性招标

5. 下列招标方式中，不公开发布招标通知的包括（　　）。

A. 公开招标　　B. 议标　　C. 邀请招标　　D. 两段招标

E. 无限竞争性招标

6. 习惯上采用拍卖方式交易的商品有（　　）。

A. 裘皮　　B. 烟草　　C. 飞机　　D. 茶叶　　E. 蔬菜

7. 由出口商签发的、要求银行在一定时间内付款的汇票不可能是（　　）。

A. 商业汇票　　B. 银行汇票　　C. 远期汇票　　D. 跟单汇票

8. 汇票根据（　　）不同，分为银行汇票和商业汇票。

A. 出票人　　B. 付款人　　C. 受款人　　D. 承兑人

9. 下列关于支票的说法正确的是（　　）。

A. 支票是一种无条件的书面支付承诺

B. 支票是以银行为付款人的即期汇票

C. 支票可以是即期付款，也可以是远期付款

D. 支票的付款人可以是工商企业，也可以是银行

10. 托收项下的托收行和代收行（　　）。

A. 负有审查单据的义务

B. 只按委托人的指示办事

C. 应保证收回相应的款项

D. 一旦买方拒绝付款赎单，应代卖方提货报关

11. 下列关于托收方式的说法正确的是（　　）。

A. 使用商业汇票，属于商业信用　　B. 使用银行汇票，属于商业信用

C. 使用商业汇票，属于银行信用　　D. 使用银行汇票，属于银行信用

12. 某银行签发了一张汇票，以另一家银行为受票人，则该张汇票是（　　）。

A. 银行承兑汇票　　B. 商业承兑汇票　　C. 银行汇票　　D. 商业汇票

13. 承兑交单方式下开立的汇票是（　　）。

A. 即期汇票　　B. 远期汇票　　C. 银行汇票　　D. 银行承兑汇票

二、判断题

1. 信用证和汇票一样可以无限次地转让下去。（　　）

2. 包销的期限一般没有具体的规定，在我国出口业务中，通常规定包销期限越长越好。（　　）

3. 寄售和包销的当事人双方之间都是一种买卖关系。（　　）

4. 套期保值又称海琴，分为卖期保值和买期保值两种。（　　）

5. 对销贸易主要包括易货贸易、互购、产品回购和买期保值4种形式。（　　）

6. 招标是非竞争性招标，因此投标者在投标中不存在风险。（　　）

7. 信用证支付方式属于银行信用，所用的汇票是银行汇票。（　　）

8. 投标者投标后，可任意修改投标文件。（　　）

9. 谈判招标须采用公开开标的形式。（　　）

10. 拍卖属于公开竞买的方式。（　　）

11. 拍卖的卖方不得隐瞒参加出价的行为；买方也不得私下串通，压低价格。（　　）

12. 支票实际上是以银行为付款人的即期汇票。（　　）

13. 采用托收方式结算货款属于逆汇方式。（　　）

14. 在汇票情况下，买方购买银行汇票寄给卖方，因采用的是银行汇票，故这种付款方式使用的是银行信用。（　　）

15. 在我国，商业本票可分为即期本票和远期本票，银行本票属于即期本票。（　　）

16. 银行保函按照索偿条件通常可分为见索即付保函和有条件保函两种。（　　）

17. 汇付属于商业信用，因而票汇使用的汇票都是商业汇票；信用证属于银行信用，因而使用的汇票都是银行汇票。（　　）

18. 汇票的抬头就是汇票的出票人。（　　）

三、简答题

1. 说明国际物流与国际贸易的关系。
2. 信用证有何特点？
3. 何谓包销？有何特点？
4. 何谓代理？有何特点？
5. 何谓招标与投标？其交易过程是怎样的？

任务实训

实训内容：

参观外贸公司，了解进出口业务的基本流程。

实训目的：

1. 熟悉主要国际贸易术语。
2. 了解不同国际贸易术语下国际物流流程的不同。

实训要求：

1. 熟悉国际贸易的基本业务流程。
2. 了解并熟悉有关国际贸易单证，了解单证的流转程序。
3. 熟悉在不同贸易术语下国际物流内容的不同。
4. 了解对外贸易代理和包销方式的运用。

5. 完成一份熟悉国际贸易交易流程的实训报告。

实训操作与规范：

1. 有组织地到外贸公司进行参观活动。
2. 注意安全。
3. 听从有关人员安排。
4. 根据有关单证格式尝试有关操作。
5. 在外贸公司业务人员的指导下，分小组进行国际贸易交易流程的实训操练。

第四章

国际货物报检报关

学 习 目 标

1. 了解国际货物报检报关的相关知识。
2. 掌握国际货物、跨境电商报检报关业务的基本程序。

知识要点

商检　报检　报验　查验　抽样　商检证书　报关　口岸查验　申报　完税价格　海关查验　关税申报　出口退税　应纳关税　跨境电商　行邮税　海外仓

场景导入

财政部、海关总署、国家税务总局联合发文，自 2016 年 4 月 8 日起实施跨境电商零售进口税收新政策并调整行邮税政策。新政后，涉及的商品价格实则有升有降。母婴类产品面临涨价，但大额的化妆品、个人洗护品等或将优惠近四成。专家分析称，新政后“低价爆款”难再现，或将加速行业洗牌。

跨境电商税收新政的到来，意味着我国跨境电商发展初期的“政策红利”将受到冲击。此前，我国对低于 1 000 元的跨境电商零售进口商品按物品征收行邮税，其中多数商品完税税率为 10%，并对税额低于 50 元的进口物品予以免税。

而跨境电商零售进口税收新政策提出，跨境电商零售进口商品将不再按邮递物品征收行邮税，而是按货物征收关税和进口环节增值税、消费税。新税制规定，在限值以内进口的跨境电商零售进口商品，关税税率暂设为 0%，进口环节增值税、消费税取消免征税额，暂按法定应纳税额的 70%征收。

与此同时，新税制将单次交易限值由行邮税政策中的 1 000 元（港澳台地区为 800 元）提高至 2 000 元，同时将设置个人年度交易限值为 2 万元。这意味着，如果单次交易超过 2 000 元、个人年度累计超过 2 万元，将按一般贸易方式全额征税。

业内人士认为，此前跨境电商的野蛮式生长带来了诸多问题，新税制的出台维护了全国税收政策、法律法规执行的统一性，并最大限度地减少了国家进口税款流失，既维护了传统进口贸易、商品流通渠道的合法利益，也减少了因政策不到位而对实体零售业产生的冲击。

按照跨境电商零售进口税收新政策，我国将目前行邮税四档税目（对应税率分别为 10%、20%、30%、50%）调整为三档（15%、30%、60%）。单从数据上来看，海淘购买成本确实有所增加。国内较大的跨境进口电商多为自营采购，其商品主要集中在原本的免税区间，如行邮税低于 50 元的食品、保健品、奶粉、纸尿裤及 100 元以下的化妆品等。新税率实施后，这些商品的价格将受到一定影响。

有业内人士指出，取消 50 元的免税限制，税收增长幅度在 20%~30%。由于税收占售价的比例很低，因而部分进口商品的价格仍比国内商品便宜。跨境电商零售进口税收新政策实施后，母婴、食品、保健品等品类税负有所增加，而对于化妆品、电器类则根据价格区间的不同，税负将有升有降。

目前我国各类跨境平台企业已超过 5 000 家。2020 年全年我国跨境电商进出口额达到 1.69 万亿元，年增速超过 30%。

业内人士认为，政策的调整会增加低门槛跨境电商的成本。如果继续通过代购、国外零售店扫货等方式筹备货源，成本将提高，但对丰富平台品类和拉开价格区间来说却是利好。面对行业变局，各大跨境电商平台都有各自的应对策略，包括京东全球购、网易考拉海购等在内的平台都将调整其商品结构和业务架构。

思考问题

1. 什么是行邮税？跨境电商是如何报关报检的？
2. 跨境电商零售进口税收新政策将如何影响海淘和个人代购？

当出口商完成备货，准备起运或装船之前，必须按国家规定经过出口通关的报检报关，通过国家商检机构的检验，完成国家海关监管部门的通关程序之后，才能够起运或装船。货物到达目的地或目的港之后，也须按规定完成进口通关报检的程序。下面分 3 个部分来介绍国际货物的报检报关。

第一节　国际货物报检报关概述

一、商检的含义与作用

进出口商品检验检疫，简称商检，是由国家设立的商检机构，或者由经政府注册批准的第三方民间公证鉴定机构，对进出口商品的品质、数量、重量、包装、安全、卫生、检疫及装运条件等进行的检验、鉴定和管理工作。商检工作是现代国际贸易中的一个重要环节。

在国际物流中，对一个进出口单位来说，商检最重要的是取得商检机构出具的各种证书、证明，其主要作用如下所示。

（1）作为报关验放的有效证件。许多国家为了维护本国的政治经济利益，对某些进出口商品的品质、数量、包装、卫生、安全、检疫制定了严格的法律法规。在有关货物进出口时，必须由当事人提交商检机构符合规定的检验证书和有关证明手续，海关当局才准予进出口。

（2）买卖双方结算货款的依据。商检机构出具的品质证书、重量和数量证书是买卖双方最终结算货款的重要依据。凭检验证书中确定的货物等级、规格、重量、数量计算货款，这是买卖双方都接受的合理公正的结算方式。

（3）计算运输、仓储等费用的依据。检验中的货载衡量工作所确定的货物重量或体积（尺码吨），是托运人和承运人之间计算运费的有效凭证，也是港口仓储运输部门计算栈租、装卸、理货等费用的有效依据。

（4）办理索赔的依据。商检机构在检验检疫过程中发现货物品质不良或数量、重量不符，违反合同有关规定，或者货物发生残损、海事等意外情况时，检验检疫后签发的有关品质、数量、重量、残损的证书是收货人向各有关责任人提出索赔的重要依据。

（5）计算关税的依据。商检机构出具的重量和数量证书，具有公正、准确的特点，是海关核查征收进出口货物关税时的重要依据之一。残损证书所标明的残损、缺少的货物可以作为向海关申请退税的有效凭证。

（6）作为证明情况、明确责任的证件。商检机构应申请人申请或委托，经检验鉴定后出具的货物积载状况证明、监装证明、监卸证明，集装箱的验箱、拆箱证明，对船舱检验提供的验舱证明、封舱证明、舱口检视证明，对散装液体货物提供的冷藏箱或舱的冷藏温度证明、取样和封样证明等，都是为证明货物在装运和流通过程中的状态和某些环节而提供的，以便证明事实状态，明确有关方面的责任，也是船方和有关方面免责的证明文件。

（7）作为仲裁、诉讼举证的有效文件。在国际贸易中发生争议和纠纷，买卖双方或有关方面协商解决时，商检证书是有效的证明文件。当自行协商不能解决，而提交仲裁或进行司法诉讼时，商检证书也是向仲裁庭或法院举证的有效文件。

知识链接

国际上比较有权威的民间商品检验机构

目前在国际上比较有权威的民间商品检验机构有：瑞士通用公证行（SGS）、英国英之杰检验集团（IITS）、日本海事检定协会（NKKK）、新日本检定协会（SK）、日本海外货物检查株式会社（OMIC）、美国安全试验所（UL）、美国材料与试验学会（ASTM）、加拿大标准协会（CSA）、国际羊毛局（IWS）等。

二、报检的含义与范围

1. 报检的含义

报检是指申请人按照法律、法规或规章的规定向商检机构报请检验检疫工作的手续，也称报验。凡属检疫范围内的进出口商品，都必须报检。商检机构接受申请人报验，是检验检疫工作的开始。

2. 出入境商检机构受理报检的范围

出入境商检机构受理报检的范围主要包括 4 个方面：出入境法定检验检疫；出入境鉴

定业务；对外贸易合同规定检验检疫的货物；其他检验检疫业务。

1）出入境法定检验检疫

法定检验检疫是指依照国家法律、行政法规规定，对必须经商检机构检验检疫的出入境货物，依照有关规定程序实施的强制性检验检疫。

有关当事人在货物出入境时，必须在规定的时间、地点向出入境商检机构履行报检的义务，入境货物未经检验的，不准销售、使用，出境货物未经检验合格的不准出境。海关凭“出入境货物通关单”放行。出口商品及其运载工具法定检验的范围如下。

- 列入《出入境检验检疫机构实施检验检疫的进出境商品目录》(以下简称《检验检疫商品目录》) 的进出口商品。
- 出口食品的卫生检验。
- 贸易性出口动物产品的检验。
- 出口危险物品和《检验检疫商品目录》中商品包装容器、危险货物运输设备和工具的安全技术条件的性能检验和使用鉴定。
- 装运易腐烂变质食品出口船舱和集装箱。
- 有关国际条约规定须经商检机构检验的进出口商品。
- 其他法律、行政法规规定须经商检机构检验的进出口商品。

2）出入境鉴定业务

出入境鉴定业务是商检机构应对外贸易当事人或外国商检机构的委托，办理进出口商品及其相关的鉴定业务，提供公证检验、鉴定证明，为对外经济贸易服务。

商检机构受理鉴定业务的范围如下。

- 进出口商品的质量、数量、重量、包装鉴定和货载衡量。
- 进出口商品的监视装载和监视卸载。
- 进出口商品的积载鉴定、残损鉴定、载损鉴定和海损鉴定。
- 装载出口商品的船舶、车辆、飞机、集装箱等运载工具的适载鉴定。
- 装载进出口商品的船舶封舱、舱口检视、空距测量。
- 集装箱及集装箱货物鉴定。
- 与进出口商品有关的外商投资财产的价值、品种、质量、数量和损失鉴定。
- 抽取并鉴定各种样品。
- 签发价值证书及其他鉴定证书。
- 其他进出口商品鉴定业务。

3）对外贸易合同规定检验检疫的货物

对外贸易合同中规定须经商检机构检验检疫的货物必须经商检机构依法施检，并签发检验检疫证书证明履约情况，供申请人办理交接、结算、处理争议、办理索赔等事宜。

三、报关的含义与范围

1. 报关的含义

报关是履行海关进出境手续的必要环节之一。它指的是进出境运输工具的负责人、货物和物品的收发货人或其代理人，在通过海关监管口岸时，依法进行申报并办理有关手续的过程。国际贸易和国际交流、交易活动往往都是通过运输工具、货物、物品的出入境来实现的。我国《海关法》第八条规定：“进出境运输工具、货物、物品，必须通过设立海关的地点进境或者出境。”因此，在设立海关地进出境并办理规定的海关手续是运输工具、货物、物品进出境的基本规则，也是进出境运输工具负责人、进出口货物收发货人、进出境物品的所有人应履行的一项基本义务。

2. 报关的范围

按照法律规定，所有进出境运输工具、货物、物品都需要办理报关手续。报关的具体范围如下。

（1）进出境运输工具，主要包括用以载运人员、货物、物品进出境，并在国际间运营的各种境内境外船舶、车辆、航空器和驮畜等。

（2）进出境货物，主要包括一般进出口货物，保税货物，暂准进出境货物，特定减免税货物，过境、转运和通运货物及其他进出境货物。一些特殊形态的货物，如以货品为载体的软件等也属于报关的范围。

（3）进出境物品，主要包括进出境的行李物品、邮递物品和其他物品。以进出境人员携带、托运等方式进出境的物品为行李物品；以邮递方式进出境的物品为邮递物品；其他物品主要包括享有外交特权和豁免的外国机构或人员的公务用品或自用物品，以及通过国际快递进出境的部分快件等。

第二节　国际货物的报检业务

国际货物报检是整个国际物流过程中的重要环节，国际货物报检业务必须严格按照报检的基本程序进行操作。

目前，我国进出口货物的检验程序主要包括报检、抽样、检验和领取证书 4 个环节，如图 4-1 所示。

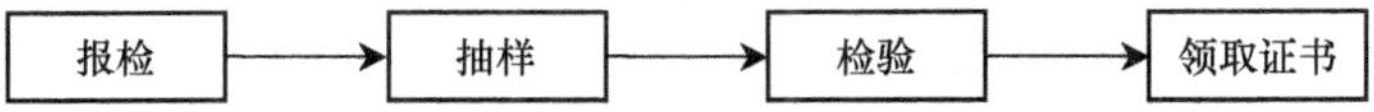

图 4-1　我国进出口货物的检验程序

一、报检

进出口报检是指对外贸易关系人向商检机构申请检验。凡属检验检疫范围内的进出口商品，都必须报检。

1. 报检的时限和地点

根据国家出入境检验检疫的有关规定，各地出入境商检机构的检务部门是受理报检、签证放行和计费工作的主管部门，统一管理出入境检验或申报、计费、签证、放行、证单、签证印章等工作。

出境货物最迟应于报关或装运前一周报检，对于个别检测周期较长的货物，应留有相应的实验室工作时间，报检后 30 日仍未联系检验检疫事宜的，按自动撤销报检处理。

2. 报检的范围

- 国家法律、法规规定必须由商检机构检验检疫的。
- 输入国家或地区规定必须凭商检机构出具的证书方准入境的。
- 有关国际条约规定必须经过检验检疫的。
- 申请签发普惠制原产地证或一般原产地证的。
- 对外贸易关系人申请鉴定业务和委托检验的。
- 对外贸易合同、信用证规定由商检机构或官方机构出具证书的。
- 未列入《检验检疫商品目录》的入境货物经收、用货单位验收发现质量不合格或残损、短缺，需商检机构出证索赔的。
- 涉及出入境检验检疫内容的司法和行政机关委托的鉴定业务。
- 报检单位对商检机构出具的检验检疫结果有异议的，可申请复验。

报检人在报检时应填写规定格式的报检单，加盖报检单位印章，提供与出入境检验检疫有关的单证资料，并按规定缴纳检验检疫费。

二、抽样

商检机构接受报验后，须及时派人到存货堆存地点进行现场检验鉴定。检验鉴定的内容包括货物的数量、重量、包装、外观等项目。现场检验一般采取国际贸易中普遍使用的抽样法（个别特殊商品除外）。抽样时须按规定的抽样方法和一定的比例随机抽样，以便样品能代表整批商品的质量。

为了切实保证抽样工作的质量，同时便利对外贸易，必须针对不同商品的不同情况，灵活地采用不同的抽样方式。常用的抽样方式如下所述。

（1）生产过程中抽样。有些出口商品，如鸡蛋、罐头等，可在生产加工过程中，根据生产批次，按照规定要求随生产抽样，以保证抽样具有代表性，检验合格后再进行包装。

（2）包装前抽样。为了避免出口商品抽样时的拆包损失，特别是对用机器打包的商品，在分清批次的前提下，可采取在包装前进行抽样的方法。

（3）出厂、进仓时抽样。在仓容紧张、翻垛困难的情况下，对出口商品可事先联系安排在出厂时或进仓时进行抽样，同时加强批次管理工作。

（4）登轮抽样。进口大宗商品，如散装粮谷、铁矿砂等，一般采取在卸货过程中登轮抽样的办法，可随卸货进度，按一定的比例抽取各个部位的代表性样品，然后取得代表性的检验样品。

（5）甩包抽样。例如，进口橡胶数量很大，按规定以 10%抽样，具体方法为：在卸货过程中，每卸 10 包甩留 1 包，供抽样用，既可使抽样工作便利，又能保证样品的代表性。

（6）翻垛抽样。当出口商品在仓库中密集堆垛，难以在不同部位抽样时，如有条件应先进行适当翻垛，然后进行抽样，这个方式要多花一定的劳力。

（7）装货时抽样。出口大宗散装商品，有条件的可在装船时进行抽样。例如，原油用管道装货时，可定时在管道中抽取样品；出口食盐在装船时每隔一小时抽样一次，样品代表性都很好。但采取这种方式时必须事先研究，出口商品的品质必须符合出口合同的要求，或者按商检机构的实际检验结果出证进行结算的才适用，否则在装船后如果发生检验不合格，就难以处理了。

（8）开沟抽样。出口散装矿产品，如磅石、煤炭等，都是露天大垛堆存，抽样困难，而且品质又不够均匀，所以一般视垛位大小，挖掘 2~3 条深 1 米的沟，以抽取代表性样品。

（9）流动间隔抽样。大宗矿产品抽样困难，可结合装卸环节，在输送带上定时抽取有足够代表性的样品。

无论采用上述哪种形式的抽样，所抽取的样品都必须遵循能代表整批商品品质的基本抽样原则。

三、检验

1. 口岸查验

根据我国商检法规的规定，内地省、市的出口商品需要由当地已归属海关的检验部门进行检验，经检验合格后签发“出口商品检验换证凭单”。当商品的装运条件确定后，外贸经营单位持“出口商品检验换证凭单”向口岸检验机构申请查验放行。

口岸查验是指经产地检验机构检验合格，运往口岸待运出口的商品运往口岸后申请出口换证时，口岸检验机构派人进行的查验工作。国际货物检验中通常所称的“离岸重量，离岸品质”，是指以出口方检验机构的检验报告结论为卖方交货的最终依据。

口岸查验中发现有漏检项目或需要重新进行检验的，口岸检验机构要将漏检的项目进行补验，需要重新检验的要按照标准的规定重新检验；口岸查验中发现货物包装有问题或不合格的，应及时通知有关单位加工整理，经重新整理或换包装后，再进行查验；口岸查验中如果发现“出口商品检验换证凭单”有误，应与发货地的检验机构联系更正。

2. 进出口商品的免验

根据我国《进出口商品免验办法》规定，凡列入必须实施检验的进出口商品目录和其他法律、行政法规规定须经商检机构检验的进出口商品，由收货人、发货人或其生产企业（以下统称申请人）提出申请，经海关总署审查批准后，可以免予检验。具体地说，凡具备下列情况之一者，申请人可以申请免验。

（1）申请免验的进出口商品质量应当长期稳定，在国际市场上有良好的质量信誉，无属于生产企业责任而引起的质量异议、索赔和退货，海关检验合格率连续 3 年达到 100%。

（2）申请人申请免验的商品应当有自己的品牌，在相关国家或地区同行业中，产品档次、产品质量处于领先地位。

（3）申请免验的进出口商品，其生产企业的质量管理体系应当符合 ISO 9000 质量管理体系标准或与申请免验商品特点相应的管理体系标准要求，并获得权威认证机构的认证。

（4）为满足工作需要和保证产品质量，申请免验的进出口商品的生产企业应当具有一定的检测能力。

（5）申请免验的进出口商品的生产企业应当符合《进出口商品免验审查条件》的要求。

3. 办理进出口商品免验申请的基本程序

（1）提出申请。申请进口商品免验的，申请人应当向海关总署提出；申请出口商品免验的，申请人应当先向所在地直属海关提出，经所在地直属海关依照《进出口商品免验办法》相关规定初审合格后，方可向海关总署提出正式申请。提交的文件包括进出口商品免验申请书，以及申请免验进出口商品生产企业的 ISO 9000 质量管理体系或与申请免验商品特点相应的管理体系认证证书、质量标准、用户意见等文件。

（2）初审。海关总署对申请人提交的文件进行审核，并于 1 个月内做出是否受理的答复。

（3）专家审查。海关总署受理申请后，应当组成免验专家审查组，在 3 个月内完成考核、审查。审查组应当由非申请人所在地主管海关人员组成，组长负责组织审查工作。审查人员应当熟悉申请免验商品的检验技术和管理工作。

（4）批准发证。符合《进出口商品免验办法》规定的，海关总署批准其商品免验，并向免验申请人颁发“进出口商品免验证书”。

知识链接

商检观察

对于进出口一定数量限额内的非贸易性商品（注：指一定数量限额内的无偿援助物品，国际合作、对外承包工程所需的自用物品；外交人员自用物品；主要以出境旅客为销售对象的免税店商品；进出口展品、礼品和样品），申请人可凭省、自治区、直辖市人民政府有关主管部门或国务院有关主管部门的批件、证明及有关材料，直接向国家商检部门申请核发免验批件，并按上述规定到商检机构办理放行手续。其中，对进出口展品、礼品和样品，可由当地商检机构凭申请人提供的有关证明批准免验，并办理放行手续。

知识链接

不能免验商品

涉及下列有特殊要求的进出口商品不能申请免验：

（1）食品、动植物及其产品。

（2）危险品及危险品包装。

（3）品质波动大或散装运输的商品。

（4）需出具检验检疫证书或依据检验检疫证书所列重量、数量、品质等计价结汇的商品。

四、领取证书

对于出口商品，经检验部门检验合格后，报检员可以领取出境货物通关单并凭其进行通关。如合同、信用证规定由商检机构出证，或者国外要求签发检验证书的，商检机构应根据规定签发所需证书。

对于进口商品，经检验后签发入境货物通关单进行通关。凡由收、用货单位自行验收的进口商品，如发现问题，应及时向商检机构申请复验。如复验不合格，商检机构即签发检验证书，以供对外索赔。

1. 领取商检证书

商检机构在对出口商品检验合格后，按照对外合同、信用证、有关国际规定或报检人员的要求，可出具各类商检证书。证书的种类和用途主要有以下几种。

（1）品质检验证书，是出口商品交货结汇和进口商品结算索赔的有效凭证。法定检验商品的证书，是进出口商品报关、输出输入的合法凭证。商检机构签发的放行单和在报关单上加盖的放行章与商检证书具有同等通关效力，签发的检验情况通知单同为商检证书性质。

（2）重量或数量检验证书，是出口商品交货结汇、签发提单和进口商品结算索赔的有效凭证。出口商品的重量证书也是国外报关征税和计算运费、装卸费用的证件。

（3）兽医检验证书，是证明出口动物产品或食品经过检疫合格的证件，适用于冻畜肉、冻禽、禽畜罐头、冻兔、皮张、毛类、绒类、猪鬃、肠衣等出口商品，是对外交货、银行结汇和进口国通关输入的重要证件。

（4）卫生/健康证书，是证明可供人类食用的出口动物产品、食品等经过卫生检验或检疫合格的证件，适用于肠衣、罐头、冻鱼、冻虾、食品、蛋品、乳制品、蜂蜜等，是对外交货、银行结汇和通关验放的有效证件。

（5）消毒检验证书，是证明出口动物产品经过消毒处理，保证安全卫生的证件，适用于猪鬃、马尾、皮张、山羊毛、羽毛、人发等商品，是对外交货、银行结汇和国外通关验放的有效凭证。

（6）熏蒸证书，是用于证明出口粮谷、油子、豆类、皮张等商品，以及包装用木材与植物性填充物等，已经过熏蒸灭虫的证书。

（7）残损检验证书，是证明进口商品残损情况的证件，适用于进口商品发生残、短、渍、毁等情况，可作为收货人向发货人、承运人或保险人等有关责任方索赔的有效证件。

（8）积载鉴定证书，是证明船方和集装箱装货部门正确配载积载货物，履行运输契约义务的证件，可供货物交接或发生货损时处理争议之用。

（9）财产价值鉴定证书，是作为对外贸易关系人和司法、仲裁、验资等有关部门索赔、理赔、评估或裁判的重要依据。

（10）船舱检验证书，是证明承运出口商品的船舱清洁、密固、冷藏效能及其他技术条件符合保护承载商品的质量和数量完整与安全要求的证件，可作为承运人履行租船契约适载义务、对外贸易关系方进行货物交接和处理货损事故的依据。

（11）生丝品级及公量检验证书，是出口生丝的专用证书。其作用相当于品质检验证书和重量/数量检验证书。

（12）产地证明书，是出口商品在进口国通关输入和享受减免关税优惠待遇及证明商品产地的凭证。

（13）舱口检视证书、监视装/卸载证书、舱口封识证书、油温空距证书、集装箱监装/拆证书，均可作为证明承运人履行契约义务、明确责任界限、便于处理货损货差责任事故的证明。

（14）价值证明书，可作为进口国管理外汇和征收关税的凭证。在发票上签盖商检机构的价值证明章后与价值证明书具有同等效力。

（15）货载衡量检验证书，是证明进出口商品的重量、体积吨位的证件，可作为计算运费和制订配载计划的依据。

（16）集装箱租箱交货检验证书、租船交船剩水/油重量鉴定证书，可作为契约双方明确履约责任和处理费用清算的凭证。

2. 领取商检证单

商检机构签发的有关商检证单有利于出口商品在国内有关部门办理手续或方便商检机构之间沟通情况，简化检验程序，这些商检证单主要有以下几种。

（1）预验结果单，是出口商品经商检机构预先检验合格后对内签发的检验结果单，用于商品出口时向当地商检机构换证。

（2）出口商品检验换证凭单，是出口商品经发运地的商检机构检验合格后对内签发的，用于商品出口时申请人凭此向口岸商检机构申请出口检验换证。

（3）出口商品放行单，是法定检验商品经检验合格后对内签发的，海关凭此对法定检验商品验放出口。

（4）不合格通知单，是出口商品经商检机构检验不合格时对内签发的，此单签发后出口商品不能放行出口。

（5）海运出口危险货物包装容器性能检验结果单，是由商检机构对出口危险货物的包装容器性能鉴定合格后对内签发的。使用危险货物包装容器的单位向商检机构申请包装容器使用鉴定时需要提供该单。

（6）海运出口危险货物包装容器使用鉴定结果单，是有包装容器的海运危险货物，经商检机构进行使用鉴定合格后对内签发的，供外贸经营单位装运出口危险货物和办理出口装运等手续用。

（7）委托检验结果单，是由商检机构接受有关单位委托或申请，对商品进行检验后对内签发的，供申请人了解委托样品情况用。

第三节　国际货物的报关业务

国际货物的进出口报关必须严格按照国家海关监管部门的规定和业务程序进行。报关业务的基本程序是申报、海关查验、缴纳税费、装运或提取货物，如图4-2所示。

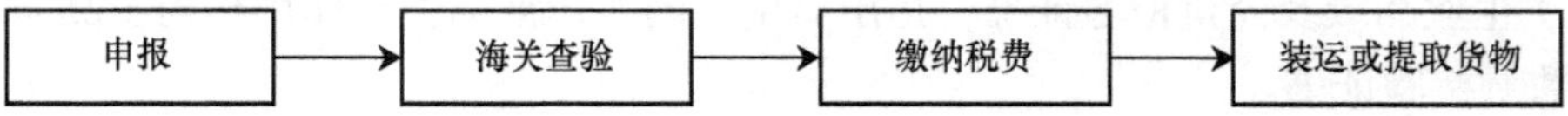

图4-2　报关业务的基本程序

一、申报

1. 申报的含义和期限

申报是指进出口货物的收发货人或其代理人在进出口货物时，在海关规定的期限内，以书面或 EDI 方式向海关报告其进出口货物的情况，随附有关的货运和商业单据，申请海关审查放行，并对所报告内容的真实性和准确性承担法律责任的行为，即通常所说的“报关”。申报是进出口货物通关的第一个环节，也是关键的环节。

根据《海关法》和《中华人民共和国海关征收进口货物滞报金办法》的规定，进口货物的报关期限为自运输工具申报进境起 14 日内。进口货物的收货人或其代理人超过 14 日未向海关申报的，将由海关征收滞报金。滞报金的日征收金额为进口货物到岸价格的 0.5‰。进口货物滞报金的起征日为运输工具申报进境之日起第 15 日。邮运进口货物滞报金的起征日为邮政企业向海关驻邮局办事机构申报总包之日起第 15 日。转关运输货物滞报金的起征日有两个：一是运输工具申报进境之日起第 15 日；二是货物运抵指运地之日起第 15 日。两个条件只要能满足一个，即征收滞报金；如果两个条件均满足，则要征收两次滞报金。进口货物自运输工具申报进境之日起超过 3 个月还没有向海关申报的，其进口货物就由海关提取变卖处理。如果货物属于不宜长期保存的，海关可根据实际情况提前处理。变卖后所得价款在扣除运输、装卸、储存等费用和税费后尚有余款的，自货物变卖之日起 1 年内，经收货人申请，予以发还；若逾期无人申领，即上缴国库。

出口货物的发货人除海关特准外，应当在装货的 24 小时前向海关申报。

2. 申报的原则

根据《海关法》的规定，进出口货物的申报地点，应遵循以下 3 个原则。

1）进出境地原则

在一般情况下，进口货物应当由收货人或其代理人在货物的进境地向海关申报，并办理有关进口海关手续；出口货物应当由发货人或其代理人在货物的出境地向海关申报，并办理有关出口海关手续。

2）转关运输原则

由于进出口货物的批量、性质、内在包装或其他一些原因，经收发货人或其代理人申请，海关同意后，进口货物也可以在设有海关的指运地，出口货物地可以在设有海关的起运地向海关申报，并办理有关进出口海关手续。这些货物的转关运输，应当符合海关监管要求，必要时，海关可以派员押运。

3）指定地原则

经电缆、管道或其他特殊方式输送进出境的货物，经营单位应当按照海关的要求定期向指定的海关申报并办理有关进出口海关手续。这些以特殊方式输送进出境的货物，输送路线长，往往需要跨越几个海关甚至几个省份；输送方式特殊，一般不会流失；有固定的计量工具，如电表、油表等。因此，上一级海关的综合管理部门协商指定其中一个海关管理，经营单位或其代理人可直接与这一海关联系报关。

3. 申报的步骤

申报的步骤如图 4-3 所示。

图 4-3　申报的步骤

1）接受报关委托

如果进出口货主需要物流公司代理报关，物流公司应其要求出具“报关委托书”。委托书应载明委托人和被委托人双方的企业名称、海关注册登记编码、地址、法定代理人姓名，以及代理事项、权限、期限、双方责任等内容，并加盖双方单位的公章。

2）准备报关单证

在向海关办理报关手续前，应准备好报关必备的单证。报关单证可分为基本单证、特殊单证、预备单证 3 种。

（1）基本单证，是指出口货物报关单及其相关的商业和货运单证，主要包括发票、装箱单、提（装）货凭证或运单、包装单、出口收汇核销单，以及海关签发的出口货物减税、免税证明等。

（2）特殊单证，是指国家有关法律、法规规定实行特殊管制的证明，主要包括配额许可证管理证件（如配额证明、进出口货物许可证等）和其他各类特殊管理证件（如机电产品进口证明文件，商品检验、动植物检疫、药品检验等主管部门签发的证件等）。

（3）预备单证，是指在办理进出口货物手续时，海关认为必要时需查阅或收取的证件，主要包括贸易合同、货物原产地证明、委托单位的工商执照证书、委托单位的账册资料及其他有关单证。

① 进口货物报关需要提供的单证。

- 由报关员自行填写或由自动化报关系统预录入后打印的报关单。
- 进口货物属于国家限制或控制进口的，应交验商务管理部门签发的进口货物许可证或其他批准文件。
- 进口货物的发票、装箱清单。
- 进口货物的提货单（或运单）。
- 减税、免税或免验的证明文件。
- 对于实施商品检验、文物鉴定、动植物检疫、食品卫生检验或其他受管制的进口货物，还应交验有关主管部门签发的证明。
- 海关认为必要时，可以调阅贸易合同、原产地证明和其他有关单证、账册等。
- 其他有关文件。

② 出口货物报关时需要提供的单证。

- 由报关员自行填写或由自动化报关系统预录入后打印的报关单一式多份，其所需份数根据各部门需要而定，出口退税时加填一份黄色出口退税专用报关单。
- 出口货物属于国家限制出口或配额出口的，应提供许可证件或其他证明文件。
- 货物的发票、装箱清单、合同等。
- 商检证明等。
- 对方要求的产地证明。
- 出口收汇核销单（指创汇企业）。
- 其他有关文件。

3）报关单预录入和递单

《中华人民共和国海关报关员执业管理办法》第三十一条规定：报关员应当在所在报关

单位授权范围内执业。报关员应当按照报关单位的要求和委托人的委托依法办理下列业务：

（1）按照规定如实申报进出口货物的商品编码、商品名称、规格型号、实际成交价格、原产地及相应优惠贸易协定代码等报关单有关项目，并办理填制报关单、提交报关单证等与申报有关的事宜。

（2）申请办理缴纳税费和退税、补税事宜。

（3）申请办理加工贸易合同备案（变更）、深加工结转、外发加工、内销、放弃核准、余料结转、核销及保税监管等事宜。

（4）申请办理进出口货物减税、免税等事宜。

（5）协助海关办理进出口货物的查验、结关等事宜。

（6）应当由报关员办理的其他报关事宜。

报关单位在完成报关单的预录入后，应将准备好的报关随附单证及按规定填制好的进出口货物报关单正式向进出口口岸海关递交申报。

4）海关审单

海关审单是指海关工作人员通过审核报关员递交的报关单及其随附有关单证，检查判断进出口货物是否符合《海关法》和国家的有关政策、法令的行为。

海关审单的主要工作任务如下。

（1）报关企业及其报关员是否具备报关资格，有关证件是否合法有效。

（2）报关时限是否符合海关规定，确定是否征收滞报金。

（3）确定货物的进出口是否合法，凡符合国家有关对外贸易法律、法规的，即为合法进出；凡逃避海关监管，违反国家有关对外贸易法律、法规的，即为非法进出。

（4）报关单及其所附单证填制是否完整正确，单证是否相符、齐全、有效，为查验、征税、统计、放行和结关等工作环节提供必要、齐全、可靠的报关单证和数据。

（5）对通过电子计算机登记备案的加工贸易合同，要对有关加工贸易合同的每次进出口数据进行核对并在“登记手册”上登记。

（6）根据《中华人民共和国进出口关税条例》（以下简称《进出口关税条例》）和国家其他有关的税收政策确定进出口货物的征免性质。

二、海关查验

1. 海关查验的概念和方式

海关查验是指海关根据《海关法》确定进出境货物的性质、价格、数量、原产地、货物状况等与报关单上已申报的内容是否相符，对货物进行实际检查的行政执法行为。

海关通过查验，可以核实有无伪报、瞒报、申报不实等走私、违规行为，同时也为海关的征税、统计、后续管理提供可靠的资料。

海关查验时，进出口货物的收发货人或其代理人应当到场，配合海关的查验。

海关查验的方式一般分为以下 3 种。

（1）彻底查验，即对货物逐件开箱（包）查验，对货物品种、规格、数量、原产地、货物状况等逐一与货物申报数据详细核对。

（2）抽查，即按一定比例对货物有选择地开箱（包）查验。

（3）外观核查，即对货物的包装、唛头等进行验核。

此外，海关还可充分利用科技手段配合查验，如地磅和 X 光机等查验设施和设备。

海关认为必要时，还可以依法对已经完成查验的货物进行第二次查验，即复验。海关复验时，进出口货物收发货人或其代理人仍然应当到场，配合查验。

2. 海关查验的一般步骤

海关查验的一般步骤如图 4-4 所示。

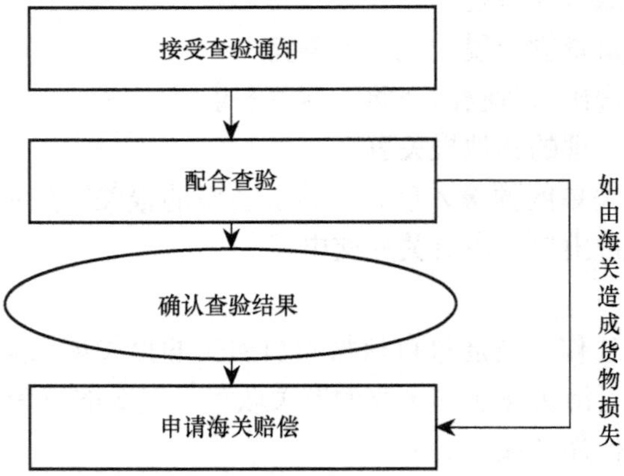

图 4-4 海关查验的一般步骤

1）接受查验通知

在接到海关的查验通知后，企业应当向海关的检验部门办理确定查验的具体地点和时间的手续。查验一般在海关监管区内进行。对进出口大宗散货、危险品、鲜活商品、过驳运输的货物，经货物的收发货人或其代理人申请后，海关也可同意在装卸作业的现场进行查验。在特殊情况下，经货物的收发货人或其代理人申请，海关可派人员到海关监管区以外的地方查验货物。查验时间一般约定在海关正常工作时间内。但是在一些进出口业务繁忙的口岸，海关也可应进出口货物的收发货人或其代理人的要求，在海关正常工作时间以外安排查验作业。

2）配合查验

海关查验货物时，进出口货物的收发货人或其代理人应当到场，配合海关查验，并负责搬移货物、开拆或重封货物的包装。为了较好地完成这一任务，报关员在代理报关以前，对被代理报关的货物应有一定的了解，对各种单证应进行初步的审查，有不清楚或不符合规定的地方应向被代理人了解或指出。在进行查验时，报关员应在海关查验现场回答海关的询问，提供海关查验货物时所需要的单证或其他资料。

3）确认查验结果

查验完毕后，海关实施查验的关员应当填写“海关进出境货物查验记录单”，一式两份。配合海关查验的报关员应当注意阅读查验记录是否如实反映了查验情况，特别注意对以下情况的记录是否符合实际情况。

- 开箱的具体情况。
- 货物残损情况及造成残损的原因。

- 提取货样的情况。
- 查验结论。

配合查验的报关员审阅查验记录后，认为准确清楚的，即可签字确认。至此，配合海关查验结束。

海关在查验中如需要提取货样做进一步检验化验或鉴定，应当向进出口货物的收发货人或其代理人开具“取样清单”，并履行相应手续。

4）申请海关赔偿

在查验过程中，或者证实海关在进行查验过程中，因为海关关员的责任造成被查验货物损坏的，进出口货物的收发货人或其代理人可以要求海关赔偿。海关赔偿的范围仅限于在实施查验过程中，由于海关关员的责任造成被查验货物损坏的直接经济损失。直接经济损失的金额根据被损坏货物及其部件的受损程度确定，或者根据修理费确定。

以下情况不属于海关赔偿范围。

- 进出口货物的收发货人或其代理人搬移、开拆、重封包装或保管不善造成的损失。
- 易腐、易失效货物在海关正常工作程序所需时间内（含扣留或代管期间）所发生的变质或失效。
- 海关正常查验时产生的不可避免的磨损。
- 在海关查验之前已发生的损坏和海关查验之后发生的损坏。
- 由于不可抗拒的原因造成的货物损坏、损失。

进出口货物的收发货人或其代理人在海关查验时对货物是否受损坏未提出异议，事后发现货物有损坏的，海关不负赔偿责任。

申请海关赔偿时，应遵循的流程如图 4-5 所示。

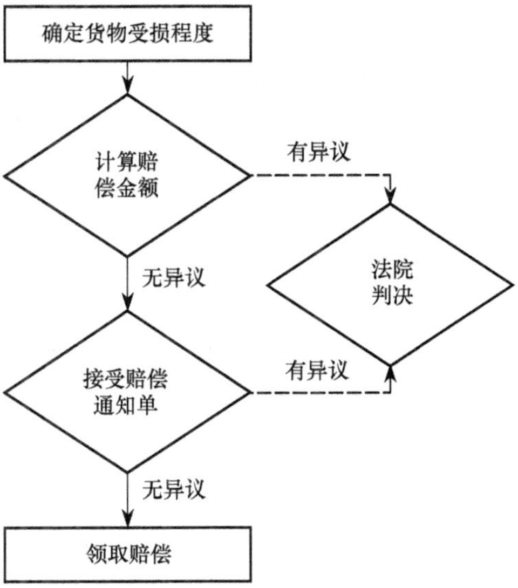

图 4-5　申请海关赔偿的流程

（1）确定货物受损程度。当证实是由于海关关员的责任造成被查货物损坏时，配合查验的报关员应当要求海关出具由海关查验关员和配合查验的报关员双方签字的“海关查验货物、物品损坏报告书”。“海关查验货物、物品损坏报告书”是海关赔偿的主要依据。

海关进行查验造成货物损坏的，在场的货物存放场所的保管人员或其他见证人应当与海关查验关员共同在“海关查验货物、物品损坏报告书”上签字。

（2）领取赔偿。进出口货物的收发货人或其代理人收到“海关查验货物、物品损坏报告书”后，可与海关共同协商确定货物受损程度。如有必要，可凭公证机构出具的鉴定证明来确定货物受损程度。

货物受损程度确定以后，以海关审查确定的完税价格为基数，确定实际的赔偿金额。如商定以修理费用来计算赔偿金的，则按被损货物的实际修理费用确定赔偿金额。赔偿金额一律以人民币计算。

进出口货物的收发货人或其代理人对赔偿金额有异议时，可向法院起诉，由法院裁定或判决赔偿金额。

赔偿金额确定以后，海关向进出口货物的收发货人或其代理人发出“海关损坏货物、物品赔偿通知书”。进出口货物的收发货人或其代理人自收到通知书之日起 3 个月内凭此向海关领取赔偿；逾期要求赔偿的，海关不予受理。

三、缴纳税费

缴纳税费的一般步骤包括确定进出口货物的完税价格、计算关税、关税的申报、关税的缴纳、关税的退还 5 个环节，如图 4-6 所示。

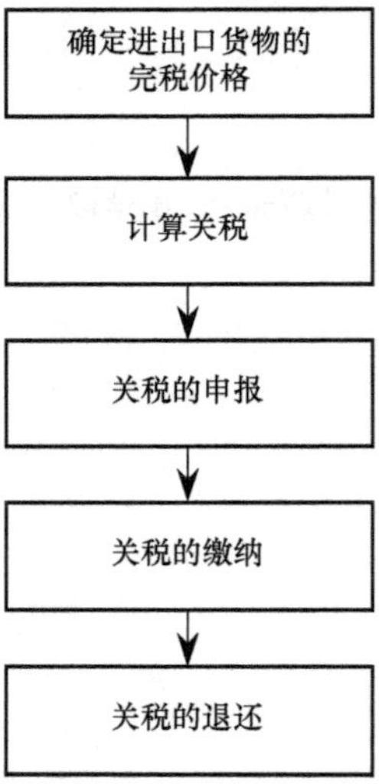

图 4-6　缴纳税费的一般步骤

1. 确定进出口货物的完税价格

进出口货物完税价格的确定，其实就是进出口成交价格的调整。进口货物与出口货物的价格构成要素有所不同。

1）进口货物的完税价格

进口货物的完税价格是指以海关审定的成交价格为基础的到岸价格。它包括货价、货物运抵我国关境内输入地点起卸前的包装费、运费、保险费和其他劳务费等费用。

（1）货价。货价指的是货物本身的价格，包括货物的生产成本和出口销售利润，基本上相当于货物的 FOB 价格。如果出口国对货物征收出口税或手续费等其他费用，这些费用均应包括在货价内。

① 应当计入货物价格的费用。进口货物如果支付下列费用，则该费用应当作为货物价格的组成部分：

- 向境外卖方支付的、与进口货物有关的特许权使用费。特许权使用费的范围包括为了在境内制造、使用、出版或发行的目的而向境外支付的与该进口货物有关的专利费、商标费、著作权费、专有技术、计算机程序和资料等费用。
- 该货物交易过程中由进口商支付的佣金和经纪费。

- 包装费。由于货价内已包括了包装费，因此不应再另计包装费。但如果在合同中规定包装费用由买方在合同价格之外另行支付，或者包装由买方无偿提供，即合同规定的货价中不包括包装费，则该货物包装费应计入货物的价格。

② 不应计入货物价格的费用。进口货物支付的下列费用不应包括在货物价格中，如果实际已包括在合同价格中并且在发票中单独列出，应当从价格中扣除。

- 由进口商支付的购买佣金。购买佣金与进口货物的价格无关，因此价格要素中不应包括该项费用。
- 卖方给买方的正常的商业折扣。由于折扣部分价格不需实际支付，因此不应当包括在货物价格中。
- 货物进口后基建、安装、装配、调试或技术指导的费用。这些由卖方提供的劳务费用发生在货物进境之后。该货物产生纳税义务时，这些费用尚未发生，因此不应作为货物价格的一部分。
- 因货物的品质、数量等原因造成索赔的赔偿金。由于品质、数量等不符合合同要求造成的索赔，其赔偿金应视为该货物价格的降低，如果实际进境货物的价值已低于合同规定的价值，海关应按货物实际价值或价格征税。
- 中国海关征收的进口关税和进口环节国内税等税费。此类费用都是货物进口以后发生的费用，不应包括在进口货物的价格中。

（2）运费。进口货物的运费应当包括货物运抵我国关境内输入地点起卸前的运输费用。根据进口货物进入我国关境时的运输方式不同，其输入地点和运费计算有所不同。

① 海运进口货物。其输入地点应确定为该货物运抵我国关境内的卸货口岸，即该货物从国际航行的船舶上卸下来的口岸。如果货物是在我国内河（江）港口卸下国际航行的船舶，则输入地点应为该内河（江）口岸。

② 陆运和空运进口货物。其输入地点应为该货物进入我国关境后经停的第一口岸，无论该货物在该口岸是否卸货或换装运输工具。由于空运运费较贵，有时甚至会高于货物自身的价格，因此我国海关规定，在运费超过货物价格的15%时，应纳税义务人的申请，海关可以批准按货物价格的15%计算运费。

③ 邮运进口货物。邮运进口货物以邮资为其运费。邮资未能确定的，可按与该邮件相同重量级别的邮件从我国寄往出口国的邮资作为运费。

④ 携带进境货物。按照运输部门的规定，无论旅客乘坐何种交通工具，均可以免费携带一定重量的行李。如果旅客携带进境的货物确实未支付运费，价格要素中不应包括运费。但如果该货物交付托运或超重，应将实际支付的运费计入货物价格。

⑤ 留购货样、展览品和广告陈列品的运费。货样、展览品和广告陈列品运输到我国境内是为了供展示推销，其运输费用通常列入推销费用。我国境内企业留购货样、展览品和广告陈列品的价格通常只包括货物自身的价格，运费可以不计入，以留购价格为完税价格。

（3）保险费。保险费即货物运输中实际支付的保险费。如果实际支付的保险费无法确定，可以根据该货物实际投保险种的保险费率，按下列公式直接计算出该货物的CIF价格。

若实际投保的险种或其保险费率也无法确定，应根据有关保险机构确定的保险费费率（额）或3‰保险费率，按下列公式直接计算出货物的CIF价格。

CIF价格＝（FOB价格＋运费）÷（1－保险费率）

如果旅客携带或邮寄进境的货物确实未支付保险费，货物价格中同样也不应包括保险费。对于境内单位留购的进口货样、展览品和广告陈列品，基于与上述运费同样的原因，其保险费也不必计入货物完税价格。

（4）其他劳务费。凡未包括在有关货物价格中的，有关货物运抵我国关境内输入地点起卸前，为该货物进口而由买方支付的，或者由卖方支付后向买方收取的一切劳务费都应包括在货物的价格内。

除上述费用外，任何其他费用都不应计入货物的价格。如果货物的价格中包括进口后发生的费用，如装卸、运输、仓储、保险等费用，海关应当从中扣除。

2）出口货物的完税价格

按照《进出口关税条例》的规定，出口货物应当以海关审定的货物售至境外的离岸价格扣除关税，作为完税价格。出口货物的价格构成要素与进口货物的价格构成要素完全不同，仅包括出口货物本身的价格。

（1）不应计入出口货物完税价格中的费用。

① 销售佣金。如果出口货物的价格中包括向销售代理人支付的销售佣金，向国外支付的销售佣金如果与货物价格分别列出，应从出口货物的价格中扣除。扣除的佣金应是实际支付的佣金。

② 境外运输费。出口货物如果以包括货物国际运输运费的价格成交，价格中包括的实际支付的国际运输费应当予以扣除。计算扣除的运费时，应计算至出口货物装运出境的最后一个口岸。所谓最后一个口岸是指出口货物装上国际航行的运输工具所在的我国口岸。

③ 保险费。出口货物的价格中包括境外运输的保险费的，则实际支付的保险费应予以扣除。实际支付的保险费不能得到时，应以实际投保的险种的保险费率按下列公式直接计算出FOB价格：

FOB价格＝CIF价格×（1－保险费率）－运费

按CIF价格加成投保的，应按下列公式直接计算出FOB价格：

FOB价格＝CIF价格×（1－投保加成×保险费率）－运费

④ 出口税额。海关对出口货物征收关税应当以货物本身的价格为基础，即货物在中国出口交货港口交货的价格。如果出口货物采用包括出口关税的价格成交，应当以出口货物的成交价格扣除应征出口关税后的价格作为货物的完税价格。其计算公式为：

完税价格＝FOB价格÷（1＋出口关税税率）

出口货物离岸价格应以该项货物运离关境前的最后一个口岸的离岸价格为实际离岸价格。若该项货物从内地起运，则从内地口岸至最后出境口岸所支付的国内段运费应予以扣除。

（2）应当计入出口货物完税价格的费用。

货物的价格应包括货物的包装费。如果出口货物在货物价格之外买方还另行支付了货物的包装费，则应将包装费计入货物价格。

2. 计算关税

应税货物的税则归类和进口货物原产地确定以后，即可根据应税货物的完税价格和适用税率计算进出口货物应纳的关税税额。

（1）从价关税的计算公式为：

应纳关税＝货物完税价格 × 关税税率

（2）从量关税的计算公式为：

应纳关税＝货物数量 × 单位税额

（3）复合关税的计算公式为：

应纳关税＝从价关税 × 从量关税

3. 关税的申报

关税的申报是指海关根据纳税义务人对其进出境货物向海关进行的纳税申报，在审核、查验、确认后做出征税决定，又称申报纳税制。关税的纳税义务人或其代理人应在规定的报关期限内向货物进（出）境地海关申报，经海关对实际货物进行查验后，根据货物的税则归类和完税价格计算应纳关税和进口环节代征税费，填发税款缴纳书。

4. 关税的缴纳

1）关税的缴纳方法与方式

（1）关税的缴纳方法。《进出口关税条例》第三十七条规定，进出口货物的收发货人或其代理人，应自海关填发税款缴纳书之日起 15 日内向指定银行缴纳税款。逾期不缴的，除依法追缴外，还将由海关自到期之日起到缴清税款之日止，按日征收欠缴税款万分之五的滞纳金。关税缴纳有 3 种方法：现金缴纳、银行转账缴纳和贴印花税票缴纳。我国海关目前只能以现金（包括支票）和银行转账两种方法征收关税。对于进出境货物，海关通常以“关税缴款书”的形式做出征收关税决定，纳税义务人应通过银行转账缴纳关税。海关征收的关税和滞纳金，除另有规定者外，一律按人民币计征，人民币的折合原则为：由我国海关按照签发税款缴纳书的当天中国人民银行公布的人民币外汇牌价表的买卖中间价折合计算。

（2）关税的缴纳方式。我国关税的缴纳方式目前分为集中缴纳和分散缴纳两种。

① 集中缴纳方式，指应缴纳的关税由北京海关负责计征，通过中国银行营业部集中缴入中央总金库，作为中央财政收入。

② 分散缴纳方式，指应缴纳的关税在货物进出口地由当地海关就地征收，并通过地方中国银行将税款划入中央金库。

实行集中纳税办法的货物，仅限于由国家所属各外贸进出口总公司或集团向国外订购并负责对外承付货款的进口货物。对于虽由外贸进出口总公司向国外订货，但并不负责对外承付货款的进口货物，不采取集中纳税方式，而是由各进口地海关分散征税。对于出口货物，一律实行分散纳税方式，由出口货物申报人或代理人向出口海关办理申报和纳税手续。

2）关税缓税

关税纳税义务人由于某种原因造成资金暂时周转困难而无力支付关税，经海关批准将全部或部分应纳关税税款的法定缴纳期限予以延长的行政措施称为关税缓税，也称关税缓纳。

根据政策规定，申请缓税的纳税义务人从滞纳税款之日起，按日加收滞纳税款万分之五的滞纳金。滞纳税款之日指的是海关开出税款缴纳书 15 天之后。缓税利息应根据填发海关税款缴纳书的上一年度中国人民银行公布的活期存款利率征收，计算公式为：

$$应征缓税利息=应征税额 \times 计息期限 \times 缓税利息率/360$$

5. 关税的退还

海关将原已收纳的全部或部分关税退还给原纳税义务人的行政行为称为关税退还。各国海关制度中规定可以退还关税的情况大致有复进境退税制、复出境退税制和溢征退税制 3 种。

1）复进境退税制

复进境退税制是指对于已经出境的货物在境外未经任何加工、制造或修配等作业，全部或部分按原状复运进境时，若该货物在出境时已缴纳出口关税，海关除不征收进口关税外，还准予退还其已缴纳的出口关税。我国海关目前未实行复进境退税制。如果因某些原因原出境货物被退运而复进境，纳税义务人能证明进境货物确系退运的原出境货物，海关可不征进口关税，但原征收的出口关税不予退还。

2）复出境退税制

对于已缴纳进口关税的货物在境内经加工、制造、修理或储存后复运出境时，海关将其原已缴纳的全部或部分进口关税退还给原纳税义务人的海关行政行为，称作复出境退税。我国海关曾对进料加工项下某些不能按规定向海关办理核销手续的企业的货物适用该制度。实行加工贸易保证金台账管理制度以后，进料加工贸易项下的货物统一实行保证金台账管理，后停止适用该制度。

3）溢征退税制

海关做出返还原溢征关税税额的决定的行政行为称为溢征退税制。根据《海关法》的规定，退还关税溢征的范围大致有以下几种。

（1）海关认定事实或适用法律错误或不适当的。

（2）海关计征关税中发生技术性错误的。

（3）海关核准免验的进口货物，税后发现有短缺情况，并不再补偿进口的。

（4）进口货物征收关税后海关放行前，发现国外运输或起卸过程中遭受损坏或损失、起卸后因不可抗力遭受损坏或损失、海关查验时发现非因仓库管理人员或货物所有人保管不当而导致货物破漏、损坏或腐烂，并不再无代价抵偿进口的。

（5）海关放行后发现货物不符合规定标准，索赔不再无代价抵偿进口；已征出口税因故未能装运出口，申报退关的。

（6）依法可以享受减免关税优惠，但申报时未能缴验有关证明，征税后补交有关证明的。

当纳税人发生多纳税款时，可在规定的时间内向海关申请退还多纳的税款并加算银行同期活期存款利息。纳税人可自缴纳税款之日起 1 年内书面申明理由，连同纳税收据向海关申请退税，逾期不予受理。

四、装运或提取货物

1. 装运货物和办理出口退关手续

1）装运货物

出口货物的发货人及其代理人在依法办理申报、陪同查验、缴纳税费等手续，获得海关放行后，便可以向海关领取签盖海关放行章的出口货物装货单、运单或特制的放行条。出口货物的发货人及其代理人凭海关签章的上述单证中一种，即可到货物出境地的港区、机场、车站或其他地点的海关监管仓库或监管区提取出口货物装上运输工具出运。

出口货物的发货人及其代理人在取得海关放行，办结海关手续并装运货物后，为了证明出口货物的合法性和有关手续的完备性，可以要求海关出具“出口货物证明书”。

对需要出口退税的货物，出口货物的发货人及其代理人在向海关申报时，应增附一份浅黄色的出口退税专用报关单。办结海关手续或装运货物后，向海关领取这份加盖有海关验讫章和海关审核出口退税负责人印章的报关单，凭以向税务机关申请退税。

对属于出口收汇的货物，在办结海关手续或装运货物后，应向海关领取一份盖有海关验讫章的计算机打印报关单，凭以办理出口收汇核销手续。

2）办理出口退关手续

出口退关是指出口货物的发货人及其代理人在向海关申报出口被海关放行后，出口货物因故未能装上出境运输工具，请求将货物退运出海关监管区不再出口的行为。

出口货物的发货人及其代理人应当在得知出口货物未装上运输工具并决定不再出口之日起的 3 日内向海关申请退关，经海关核准且撤销出口申报后方能将货物运出海关监管场所。

已缴纳出口税的退关货物，可以在缴纳税款之日起 1 年内提出书面申请，连同纳税收据和其他单证，向海关申请退税。

对海关接受申报并予以放行的货物，因运输工具配载等原因，全部或部分货物未能装上运输工具，但出口货物的发货人及其代理人仍决定要出口的，应向海关递交“出口货物报关单更改申请”。经海关批准后，对全部未出口的，按出口退关处理，确定运输工具后，重新办理出口报关手续；对部分货物未装运的，原申报出口的货物做全部退关处理，已装运的货物补办报关手续，尚未装运的货物在确定运输工具后重新办理报关手续。

2. 提取货物和办理直接退运手续

1）提取货物

进口货物的收货人及其代理人在依法办理了进口货物的申报、陪同查验和缴纳税费（或办理担保）等手续，获得海关放行后，便可以向海关领取签盖海关放行章的进口货物提货单、运单或特制的放行条。进口货物的收货人及其代理人凭海关签章的上述单证中的一种，即到货物进境地的港区、机场、车站或其他地点的海关监管仓库或监管区提取进口货物。至此，一般进口货物办结海关手续，不再受海关监管；需要后续管理的货物，包括保税货物、特定减免税货物和暂（时）准进口货物，应继续接受海关监管，直到办结海关手续为止。

进口货物的收货人及其代理人在取得海关放行，办结海关手续并提取货物以后，为了证明进口货物的合法性和有关手续的完备性，可以要求海关核发“进口货物证明书”。

对属于付汇的进口货物，进口货物的收货人及其代理人在取得海关放行后，可以要求海关出具一份盖有海关验讫章的计算机打印报关单，专门用于办理进口付汇核销手续。

2）办理直接退运手续

直接退运是指进口货物所有人及其代理人在有关货物进境后海关放行前，由于各种原因依法向海关请求不提取货物而直接将货物全部退运境外的行为。

（1）准予直接退运的货物：

- 按国家规定责令直接退运的货物。
- 合同执行期间国家贸易管制政策调整，收货人无法补办有关审批手续，并能提供有关证明的。
- 收货人因故不能支付进口税费，或者收货人未按时支付货款致使货物所有权已发生转移，并能提供发货人同意退运的书面证明的。
- 属错发、误卸货物，并能提供承运部门书面证明的。
- 发生贸易纠纷，尚未向海关申报，能提供法院判决书、贸易仲裁部门仲裁决定书或无争议的货权凭证的。

（2）不准直接退运的货物：

- 属于无许可证件到货的（按国家规定责令直接退运的除外）。
- 经海关审单、查验，发现有走私违规嫌疑的。
- 超过规定时限又没有特殊批准的。
- 有其他原因海关认为不能直接退运的。

（3）办理直接退运手续的时限：

- 属于应领许可证件的进口货物办理直接退运手续，应当在运输工具申报进境之日起 14 日内提出书面申请。
- 因错发、错运，请求直接退运的，应当在向海关正式申报前或在海关确定查验前提出书面申请，如已向海关申报或海关已决定查验，应当在海关查验并确认为错发、错运后提出书面申请。
- 其他需要办理直接退运手续的货物，一般应在运载该批货物的运输工具申报进境之日起或自运输工具卸货之日起 3 个月内提出书面申请。

（4）直接退运的程序：

- 进口货物的所有人及其代理人在规定的时限内向货物进境地海关书面提出直接退运申请。
- 经海关审批同意直接退运的货物，如果尚未向海关申报进口，且退运在同一口岸办理的，凭海关的一式两份审批单，同时向现场海关申报出口和申报进口，贸易方式都填“直接退运”。
- 经海关审批同意直接退运的货物，如果尚未向海关申报进口，且退运不在同一口岸办理的，凭海关的一式两份审批单，先向出境地海关申报出口，再凭出境地海关的关封到进境地海关申报进口，贸易方式都填“直接退运”。

- 经海关审批同意直接退运的货物，如果已申报未放行的，在办理“直接退运”的出口申报后，向进境地海关申请撤销进口申报的电子数据，再重新办理“直接退运”的进口申报。
- 经海关审批同意直接退运的货物，在办理直接退运的出口和进口申报时，无须验凭进出口许可证件，也无须缴纳税费及滞报金。

第四节　跨境电商的报检报关

一、跨境电商概述

1. 跨境电商的定义

跨境电商是指分属不同国家（或地区）关境的交易主体，以互联网为基础，通过跨境电商平台达成交易，通过支付平台完成结算，并通过跨境物流送达商品、完成商品交换的现代国际贸易活动，是一种争取时空效能的全球供应链体系。跨境电商一般包括 B2B（企业对企业）、B2C（企业对消费者）、保税区 B2B2C（企业对企业对消费者）等贸易方式。

从狭义上看，跨境电商基本等同于跨境零售。跨境零售指的是分属不同关境的交易主体，借助计算机网络达成交易、进行支付结算，并采用快件、小包等行邮的方式通过跨境物流将商品送达消费者手中的交易过程。从海关来说，通常跨境电商等同于在网上进行小包的买卖，基本上针对消费者。从严格意义上说，随着跨境电商的发展，跨境零售消费者中也包含一部分小额买卖的 B 类商家用户，但现实中这类 B 商家和 C 类个人消费者很难区分，也很难界定两者之间的严格界限，因此，从总体来讲，针对这类 B 商家的销售也归属于跨境零售部分。

从广义上看，跨境电商基本等同于外贸电商，是指分属不同关境的交易主体，通过电子商务的手段将传统进出口贸易中的展示、洽谈和成交环节电子化，并通过跨境物流送达商品、完成交易的一种国际商业活动。

从更广的意义上看，跨境电商是指电子商务在进出口贸易中的应用，是传统国际贸易商务流程的电子化、数字化和网络化。它涉及许多方面的活动，包括货物的电子贸易、在线数据传递、电子资金划拨、电子货运单证等内容。从这个意义上看，在国际贸易环节中只要涉及电子商务应用，都可以纳入这个统计范畴。

跨境电商极大地冲破了空间和时间对国际贸易的限制和约束。人类总是在积极、理性地打破空间约束和时间障碍以争取更大的时空效能。跨境电商只是这种活动在现代国际贸易条件下的突出表现形式。

2. 跨境电商服务试点工作

针对以快件或邮件方式通关的跨境贸易电子商务，存在难以快速通关、规范及退税等问题，海关总署组织有关示范城市开展了跨境贸易电子商务服务试点工作，研究跨境电商相关基础信息标准规范、管理制度，提高通关管理和服务水平。

试点工作主要从两个方面进行创新：一是政策业务创新，探索适应跨境电商发展的管理制度；二是信息化手段创新，依托电子口岸协调机制和平台建设优势，实现口岸部门与电商、支付、物流等企业的业务协同和数据共享，解决跨境电商存在的问题。

2012 年 12 月，海关总署在郑州召开跨境贸易电子商务服务试点工作启动部署会，上海、重庆等 5 个试点城市成为承建单位，标志着跨境贸易电子商务服务试点工作的全面启动。

跨境电商试点城市共有 4 种可申报的业务模式：一般进口、保税进口、一般出口、保税出口。跨境电商进口模式有直购进口和网购保税进口两种，两者的比较如表 4-1 所示，不同城市的业务试点模式范围有明显的限定。2020 年 1 月 17 日，商务部、国家发展改革委、财政部、海关总署、国家税务总局、国家市场监督管理总局六部委联合下发《关于扩大跨境电子商务零售进口试点的通知》，将石家庄、秦皇岛、廊坊、太原、赤峰、抚顺、营口、珲春、牡丹江、黑河、徐州、南通、连云港、温州、绍兴、舟山、芜湖、安庆，泉州、九江、吉安、赣州、济南、烟台、潍坊、日照、临沂、洛阳、商丘、南阳、宜昌、襄阳、黄石、衡阳、岳阳、汕头、佛山、北海、钦州、崇左、泸州、遵义、安顺、德宏、红河、拉萨、西宁、海东、银川、乌鲁木齐 50 个城市（地区）和海南全岛纳入跨境电商零售进口试点范围。

表 4-1　跨境电商进口模式比较

业务模式	直购进口模式	网购保税进口模式
运作方式	消费者购买境外商品，境外商品通过国际运输的方式发送，直接运达境内消费者	境外商品入境后暂存保税区内，消费者购买后以个人物品出区，包裹通过国内物流方式送达消费者
优缺点	优点：产品丰富多样，中国消费者可以直接购买稀缺、优质、新奇的全球商品，并可与海外商家直接沟通 缺点：收货时间稍长，7～10 天	优点：缩短物流时间，海关监管保证质量，方便退换货等售后服务，优化购物体验 缺点：商品可供选择范围有限
商品价格构成	商品标价+物流费用+行邮税	商品标价+行邮税
典型试点城市	杭州、广州	上海的跨境通、宁波的跨境购、郑州的 E 贸易平台、重庆的爱购保税
试点成果		上海自贸区跨境通位于自贸试验区（浦东机场综合保税区），是上海自贸区第一家经政府审批的海淘网站平台，旨在实施跨境贸易电子商务服务试点，为国内消费者提供一条阳光、便利、快捷的跨境网购新渠道。截至 2020 年 12 月 31 日，国内共有 8 家跨境电商上市公司，跨境通是其中一家

3. 国家对跨境电商贸易的政策支持

自 2013 年以来，国家对跨境电商的扶持力度明显增强，成为行业加速发展的重要催化剂。其中，最具标志性意义的是 2013 年 8 月推出的《关于实施支持跨境电子商务零售出口有关政策的意见》。该意见从国家层面明确提出对跨境电商的政策支持，提出了 6 项具体措施，旨在解决在海关、检验检疫、税务和收付汇等方面存在的问题，并且此次政策的扶持重点为 B2C 跨境模式，关键目的在于更好地服务 B2C 跨境电商企业。

2013 年至今，国家相关部门对跨境电商的扶持政策如下。

2013 年 8 月 21 日，国务院办公厅以国办发〔2013〕89 号转发了《关于实施支持跨境电子商务零售出口有关政策的意见》。该意见分为支持政策、实施要求、其他事项 3 个部分。

2014 年 1 月，财政部、国家税务总局发布了《关于跨境电子商务零售出口税收政策的通知》。

2014 年 3 月，国务院总理李克强在全国两会上做政府工作报告中提出实施鼓励进口政策，增加国内短缺产品进口，扩大跨境电商试点。

2014 年 7 月 29 日，海关总署公布海关总署公告 2014 年第 56 号《关于跨境贸易电子商务进出境货物、物品有关监管事宜的公告》。

2015 年 1 月底，国家外汇管理局发布了《国家外汇管理局关于开展支付机构跨境外汇支付业务试点的通知》。

上述文件放开了对电子商务、商贸物流等领域的外资准入限制，肯定了海淘的正规合法，解决了为跨境电商交易双方提供外汇资金收付及结售汇服务的问题，支持建立电子商务出口检验监管模式和实施适应电子商务出口的税收政策，提高了单笔业务限额（网络购物单笔交易限额由等值 1 万美元提高至 5 万美元），规范了试点流程，严格了风险管理等。

对跨境电商来说，更具里程碑式意义的是，杭州首个跨境电商综合试验区获批。2015 年 3 月 12 日，国务院印发了《关于同意设立中国（杭州）跨境电子商务综合试验区的批复》，提出要以深化改革、扩大开放为动力，着力在跨境电商各环节的技术标准、业务流程、监管模式和信息化建设等方面先行先试。

2018 年 1 月 1 日，对跨境电商零售进口采取新的监管模式。经国务院批准，现阶段保持跨境电商零售进口监管模式总体稳定，对跨境电商零售进口商品暂按照个人物品监管。

2019 年 3 月 5 日，国务院总理李克强在政府工作报告中强调改革、完善跨境电商等新业态扶持政策。

2019 年 7 月 3 日，国务院总理李克强主持召开国务院常务会议，部署完善跨境电商等新业态促进政策，适应产业革命新趋势，推动外贸模式创新。

2020 年 4 月 7 日，国务院总理李克强主持召开国务院常务会议，推出增设跨境电商综合试验区、支持加工贸易、广交会网上举办等系列举措。

二、跨境电商合同履行流程

整个跨境电商的业务流程中最主要的部分就是交易合同的商订与履行过程，它属于整个跨境电商交易的业务实践部分，一般包括 4 个步骤，分别是交易磋商前的准备、交易磋商的程序、交易合同的订立、交易合同的履行。这几个步骤都是跨境电商交易的主要环节，其中最主要的是交易合同的履行。跨境电商交易合同的履行主要是指在跨境电商合同商订后，买卖双方需要做的以使整个交易顺利完成的所有工作。该步骤对整个业务是否能够圆满完成起着非常重大的作用，其具体流程主要包括买方付款、卖方发货、报检进仓、平台报关、物流配送和信息跟踪。

1. 买方付款

合同订立以后，买方应在规定的时限内及时付款，以便卖方及时发货。买方可以选用合同订立时规定的付款方式进行付款。如果合同中对付款方式没有明确说明，买方可以选择跨境电商中常用的付款方式进行付款，如各种信用卡、银行转账或第三方支付方式。第三方支付是随着互联网的发展而兴起的、区别于传统支付方式的新型支付方式，主要由独立的第三方机构通过与银行合作，提供交易支付平台。在第三方支付中，买家在订购好商品后，先将货款打到交易支付平台的账户里，待收到货物并验货后再通知第三方支付平台将货款付给卖方。目前，第三方支付同时满足了用户对便捷性和低费率的要求，从而使用户对第三方支付的黏性越来越大，并大大简化了小额出口业务的收款环节。但是第三方支付在给跨境电商带来方便的同时，也带来了信息、支付的安全问题，一些不法分子利用第三方支付平台进行犯罪活动。因此，买方在使用第三方支付方式付款时要格外加以重视，保持谨慎小心的态度。

由于 B2B 模式下的跨境电商有时会采取线上发展、线下交易的行为，该交易模式等同于传统的国际贸易，所以在 B2B 模式下，企业也可能会采取国际贸易中常用的支付方式如信用证、银行托收等来完成付款。

2. 卖方发货

在跨境电商中，由于交易方式的不同，导致发货形式也有所区别。

1）一般情况下的发货形式

（1）一般情况下跨境电商发货流程如图 4-7 所示。卖方在备好货的前提下会选择合同

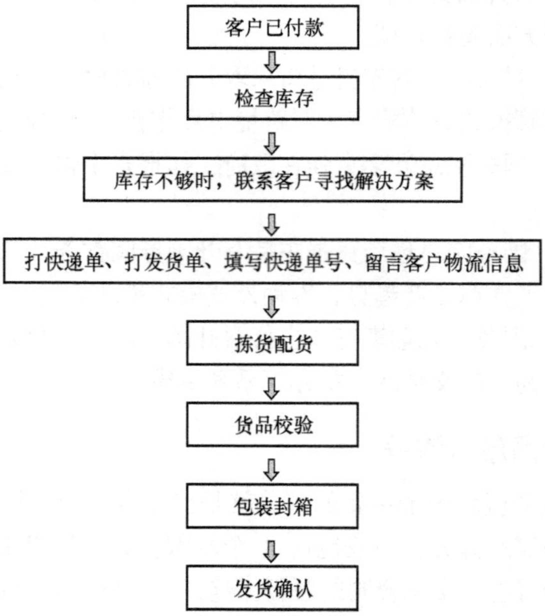

图 4-7　一般情况下跨境电商发货流程

中规定的物流模式将货物送达买方，如果合同中没有对物流模式进行规定，卖方会根据客户的要求或自己的商业习惯和规则选取具体的物流模式。一般来说，物流模式主要有邮政包裹模式、国际快递模式、国内快递模式、专线物流模式和海外仓储模式等。

（1）邮政包裹模式是指通过邮政渠道，以个人邮寄物品的方式实现货物的运送。该模式运送范围广，手续便捷，价格便宜，是目前使用最多的物流模式。

（2）国际快递模式是指利用国际大型快递公司的全球自建网络、完整的物流配送渠道、完备的信息系统来实现包裹的速递。

（3）国内快递模式是指国内的快递公司开发和扩大其自身的跨境物流业务。

（4）专线物流模式属于第三方物流，是针对某一特定国家的专线运送方式，运送时间固定，运费便宜，并且保证清关。

以上几种物流模式都是统一在买方订单确定后进行备货和安排物流运输的，无法满足消费者较高的时效性要求，而海外仓的出现可以解决这一问题。

（5）海外仓模式是指在本国之外的其他国家建立储备仓库，在买方确定订单后，通过国内的物流运输将货物直接从储备仓库发往买方手中，这大大缩减了交易时间，提高了时效性。

随着我国保税区仓库电商业务的发展，我国推出了保税区发货模式。所谓保税区发货，是指商家从国外大批量订购商品，邮寄到中国海关的保税区，等用户购买后，将货物直接从保税区发出。使用该模式，在货物有问题的情况下可以方便地退换货，这大大减短了物流时间和成本，而且使售后有了保障，极大地方便了有海外购物需求的消费者。

2）B2B 模式下的发货形式

在 B2B 模式下，买卖双方会采取传统的国际贸易方式进行合同交易，他们会选择等同于传统国际贸易的发货方式。在支付方式已落实、货物已备妥之后，卖方开始履行交货义务。在 B2B 模式下，发货涉及的主要工作有托运和发装运通知等。随着技术的进步，在托运中，卖方与实际承运人如船务公司的接触越来越少，转而靠专业化较强的货运服务机构提供中介服务，常见的货运服务机构主要有国际储运公司、国际货运代理公司和国际货运联盟。出口企业应根据信用证的要求，通过托运中介进行货物装船后，制作信用证项下单据，并在交单期内向银行提交单据以办理议付和结汇。

3. 报检进仓

商检机构在货物进入海关监管仓库前会实施检验监管。各个地区由于地方政府的政策不同，在跨境商品的报检手续方面也存在不同之处，但整体流程基本一致。从事跨境电商业务的企业应先在商检机构办理备案手续并做好备案审核。备案主要指从事跨境电商业务的企业在跨境电商平台进行登记，向商检机构提供企业及其产品的基础信息。企业信息主要包括企业基本信息、与经营范围相对应的资质证明文件及进出口企业质量诚信经营承诺书（包括对进出口商品的质量保证、不合格商品的召回承诺等）；产品信息主要有商品编码、品名、品牌、规格型号、HS 编码、产品适用生产标准国别、原产国或地区等。此外，根据不同的商品风险等级，企业还需提供商品符合性申明、质量检测报告、质量安全评估报告等资料。

在做好备案工作后，商检机构需要由第三方检验鉴定机构来对产品质量安全进行合格评定，目的在于有效控制产品的质量安全风险。对于出口监管，实施集中申报、集中办理相关检验检疫手续的便利措施，一般工业制成品不再实施检验。对于进口监管，分为入境时无订单信息和有订单信息两种情况。订单信息一般由企业通过地方电子口岸平台来提交，对商品进行审核、抽查，符合规定的，企业会及时得到放行指令。在有订单信息时，通过国际快递或邮递方式入境的个人消费品，依照《出入境快件检验检疫管理办法》进行监管，通过其他方式入境的，依照一般贸易进行监管；在没有订单信息时，对于企业将商品整批储存至特殊监管区域后再进行分配内销的，依照一般贸易进行监管，实行“集中检验监管、出区分批核销放行”。

4. 平台报关

企业向海关申办报关业务主要通过电子商务通关服务平台与海关联网对接的形式来进行。具体步骤如下。

1）注册登记

企业需要在海关办理注册登记手续，登记时需提供进出境货物或物品信息，主要指货物的 10 位海关商品编码和物品的 8 位税号。

2）数据对接

在进行报关申请前，相关企业（包括电子商务企业或个人、支付企业及物流企业）需要通过电商平台提交订单、支付和物流等信息，之后再将以上信息通过电子商务通关服务平台与海关联网对接，也可由海关管理人员通过电子仓储管理系统将信息通过电子商务通关服务平台与海关联网对接。

3）申报

我国海关对跨境电商进出境申报的时间做了规定，进口申报时间为运载货物的运输工具申报进境之日起 14 日内，出口申报时间为货物运抵海关监管场所后、装货 24 小时前。在申报时间内，企业按照“清单核放、汇总申报”方式逐票办理货物通关手续，需填制“中华人民共和国海关跨境贸易电子商务进出境货物申报清单”，依其具体内容汇总形成并提交“进出口货物报关单”给海关进行申报；个人进出境物品按照“清单核放”方式逐票办理，需填制“中华人民共和国海关跨境贸易电子商务进出境物品申报清单”。企业和个人在进行报关申请的同时，应分别按照一般进出口货物和进出境个人邮递物品的有关规定办理征免税手续。

5. 物流配送和信息跟踪

进出口货物或物品在办理完进出境申报、单证审核、货物查验和关税征免等手续后，即可被海关准予放行。发货人将与当地的物流相配合将商品配送到收货人手中，收货人可以通过电子交易平台查询物流信息。当商品最终送达收货人手中并获得其认可签收后，整个合同流程结束。

三、跨境电商不同通关模式下的海关监管方式

1. 跨境电商通关模式

目前主要通过以下 3 种方式跨越国界进出境。

1）货物方式通关

我国进出口企业与外国批发商和零售商通过互联网在线上进行产品展示和交易，在线下按一般贸易完成的货物进出口，即跨境电商的 B2B 进出口，本质上仍属于传统贸易，该部分以货物贸易方式进出境的商品，已经全部纳入海关贸易统计。此外，有些通过创建电子平台为外贸企业提供进出口服务的公司，如深圳的一达通，所实现的中小企业商品进出口，在实际过境过程中都向海关进行申报，全部纳入海关贸易统计。以货物方式通关的商品，由于是按传统的一般贸易方式完成的货物进出口，在通关商检、结汇及退税等方面的运作相对比较成熟和规范。

2）快件方式通关

跨境电商成交的商品通过快件的方式运输进境或出境。海关总署通过对国内 5 家最大的快件公司进行调查显示，95%以上的快件商品是按照进出口货物向海关申报的，海关将其纳入货物统计；仅有不到 5%的快件商品是按照个人自用物品向海关申报的，根据现行海关统计相关制度，这部分暂时还没有纳入海关贸易统计。

3）邮件方式通关

通过邮局的邮政渠道，邮寄进出口跨境电商成交的商品，主要是消费者购买的日常消费用品，供自己使用。按照《海关法》和《中华人民共和国海关统计条例》规定，个人自用的商品在自用合理数量范围内的商品实行建议报关制度，不纳入海关贸易统计。

2. 跨境电商不同通关模式下海关监管方式的差异

随着跨境电商的发展，贸易碎片化的现象越来越明显，过去传统贸易中有一部分货物通过碎片化方式转移到跨境电商，通过邮件、快件的方式进出境。海关总署正在积极完善统计制度，将来在制度完善的基础上将其纳入贸易统计。

不同跨境电商通关方式下的海关监管方式存在一定的差异，具体如下。

1）跨境电商 B2B 出口

在以规模化方式出口的情况下，按货物方式进行的一般贸易出口本质上仍属于传统贸易，流程规范，运作相对成熟；在以碎片化方式出口的情况下，货物按快件和邮件方式出境，很难拿到海关正式报关单，在通关安检、结汇及退税方面存在问题。

2）跨境电商 B2B 进口

跨境电商 B2B 进口与跨境电商 B2B 出口整体情况基本一致。在规模化方式进口的情况下，按货物方式进行的一般贸易进口本质上仍属于传统贸易，流程规范，运作相对也较成熟；在碎片化方式进口的情况下，货物按快件和邮件方式入境，很难拿到海关正式报关单，在通关安检、结汇及退税方面也存在问题。

3）跨境电商 B2C 出口

由于主要面对海外消费者，订单额较小，频率高，所以跨境电商 B2C 出口一般采用快件和邮件方式出境，暂时未纳入海关货物监管中，在通关商检、结汇及退税方面存在问题。

4）跨境电商 B2C 进口

跨境电商 B2C 进口商品以快件和邮件方式入境，主要是国内消费者购买的日常消费用品，供个人自用，不纳入海关贸易统计。由于国内消费者对海外商品需求旺盛，出现了“水客”、非法代购等问题，而且目前按现行货物或物品方式监管的可操作性较差，海关等部门正在逐渐规范和健全对这部分商品的监管。

四、跨境电商的检验检疫

相较于传统贸易形式，跨境电商具有批次多、批量小、品种杂、货值低等特点，给我国消费者带来了便利和实惠，同时也给检验检疫工作带来了诸如监管模式被突破等新的挑战。作为跨境贸易活动监督管理的主要官方部门之一，商检机构如何发挥职能，是当前检验检疫人员需要积极应对的问题。

1. 检验检疫的特点决定了其在跨境电商监管中的处境

检验检疫的主要职能就是防止人类传染病、动植物病虫害跨境传播，防止不安全、不合格产品进出口。与海关设立保税区等特殊监管区以调整“关境”不同，商检机构在履行检疫职能的过程中，“国境”是神圣不可侵犯的，因此无法为促进地方经济发展做出相应调整。与此相应，检验检疫环节必须在商品销售和使用之前完成，其时间特性也决定了无法为便利国内消费者做出相应的让步。

为了应对跨境电商“进口卡在国检”的问题，国内多地商检机构都出台了相应的检验检疫监督管理办法，从监管模式上进行改革，谋求突破。例如，江苏检验检疫局出台的《江苏跨境电子商务检验检疫监督管理办法》，建立了“企业全备案、商品全申报、质量全追溯”的监管制度，实施“集中申报、集中查验、信用评价、分类监管、快速核放、质量追溯”的质量信用分类监管模式，以信用管理和风险管理为核心，便利跨境电商，此种方式值得借鉴。

2. 强化检疫、减少检验

除进口废物原料等特殊商品外，尊重贸易双方意愿，增强货物检疫、减少商品检验是检验检疫职能调整的大趋势，跨境电商进口商品也应以检疫监管为主。

针对 B2B 方式的跨境电商，可以参照现行一般贸易进口商品进行检验检疫；针对 B2B2C 方式的跨境电商，可以实施分类管理，进行符合性验证、集中查验和监督抽查，必要的时候可“一次申报、预先检验、分批核销”。

但实际上，目前 B2B2C 跨境电商，如宁波跨境贸易电子商务服务平台，仍以婴幼儿用品和厨卫用品为主，商品种类少，顾客选择面小，受众群体窄；跨境购物和海淘的客户以 B2C 方式为主。因此，对 B2C 方式的监管成了商检机构的工作重点。

B2C 方式的跨境商品主要通过国际快递或邮寄方式入境，鉴于其批次大、品种杂的特点，传统监管方式已不适用。目前宁波海关对 B2C 方式的跨境商品以进境检疫为主，在收货人承诺合理自用的基础上，对商品信息和个人合理自用数量进行抽查验核，检疫合格后，免于检验，直接放行。在检疫过程中，已发现奇亚籽、肉酱等多起禁止邮寄进境物品，检疫成果显著，同时也未影响跨境电商的快捷性。

3. 责任下放、检疫前置

B2C 方式下的个人直邮业务，涉及群体数量巨大，虽然海关的检验部门积极加大政策宣传力度，但仍难以覆盖全部的国内消费者；同时也有一些国内消费者明知相关规定，仍抱着侥幸心理，瞒报或虚报进境商品的品名，企图逃脱检验检疫监管，闯关入境。这些都给新时期的检验检疫带来了极大的冲击。

针对此类 B2C 业务，由于报检批次庞大，海关的检验部门难以批批查验，只能做到抽样查验，不但耗费极大的人力、物力，检出效果也不甚理想，而且截获具有很大的随机性和偶然性。因此，建议对承揽 B2C 业务的快递运营企业进行资格监管，将检疫环节前置在快递企业收货阶段，从源头杜绝禁止进境的物品流向国内。此举将检疫的履职下放到快递企业，但并不放松口岸一线的 B2C 业务检验检疫，海关的检验部门通过口岸一线查验，辅以对 B2C 快递企业的管理，达到真正守卫国门安全的目的。诚然，B2C 快递运营企业的资格认定主管部门并非海关的检验部门，但是海关的检验部门作为 B2C 业务的监管机构之一，对 B2C 快递运营企业应有一定的管理权限，通过监管部门之间的沟通协作，将检疫职能前置到快递企业收货阶段是可行的，这样既能缩小政策宣传面，保证宣传效果，又能起到切实的检疫防控效果。此外，海关的检验部门还能通过一线查验的截获情况，对 B2C 快递运营企业进行分类管理，根据其检疫前置的落实情况，增加或减少抽样查验的比例。

总之，面对跨境电商跨越式发展的新局势，针对跨境电商的检验检疫监管，如何制定新的系统监管模式，更好地满足风险防控的要求，同时保障或最大限度地不影响跨境电商的便利，是我国海关检验检疫需要不断改革的重大课题。

本章小结

本章主要介绍了国际货物的报检报关。

报检是指申请人按照法律、法规或规章的规定向商检机构报请检验检疫工作的行为，也称报验。我国进出口货物的检验程序包括报检、抽样、检验和领取证书 4 个环节。

报关是履行海关进出境手续的必要环节之一。它指的是进出境运输工具的负责人、货物和物品的收发货人或其代理人，在通过海关监管口岸时，依法进行申报并办理有关手续的过程。国际贸易和国际交流、交易活动往往都是通过运输工具、货物、物品的出入境来实现的。

国际货物报检是整个国际物流过程中的重要环节，国际货物报检业务必须严格按照报检的基本程序进行操作。目前，我国进出口货物的检验程序主要包括报检、抽样、检验和领取证书 4 个环节。

国际货物的进出口报关必须严格按照国家海关监管部门的规定和业务程序进行。报关业务的基本程序是申报、海关查验、缴纳税费、装运或提取货物。

案例讨论

运输工具通关

2021 年 7 月，深圳 A 公司从美国进口 100 吨牛皮卡纸。由于到货港是中国香港，所以 A 公司还得安排从香港到深圳的陆路运输，时间紧、任务重。同时，由于 A 公司仓库库容有限，装卸能力又差，因此不可能同时把总共 5 个 40 英尺的集装箱一次拉进深圳，完成卸货任务。

2021 年 7 月底，第一批 3 个集装箱进入文锦渡海关，A 公司的报关员立刻带齐所有的单据（美国公司寄来的原始发票、装箱单、海运提单，由报关公司计算机打印的报关单、司机簿及香港运输公司重新填制的进境汽车清单），赴海关报关大楼报关。但报关第一步就受挫，因为此批货物是 3 辆集装箱车，而美国公司寄来的原始发票是整批货物 5 个集装箱一起开立的，海关人员不同意 A 公司以此报关。于是，A 公司立即电告美国公司，让美国公司赶制两份发票及装箱单，一份为 3 个集装箱，另一份为 2 个集装箱。次日，A 公司报关员再次报关。结果，海关拒收美国公司方面开来的原始发票，因为美国公司开来的发票只有签名而没有印鉴。由于中美文化习俗上的差异，美方注重的是签名，而中国注重的是印鉴，所以又造成了麻烦，A 公司只得再与美国公司联系。但由于时差关系，等到外商急件传真过来时已是第三日的早晨。A 公司的报关员只能再去报关，可是此时又节外生枝。原来 A 公司报关的是牛皮卡纸，而司机载货清单上赫然写着“白板纸”3 个字。这问题可就严重了，因为牛皮卡纸每吨只有 280 美元，而白板纸却每吨 1 100 美元左右，两者之间有着天壤之别。说得轻一点，A 公司这是以假乱真，偷逃国家税款；说得重一点，则要背上走私的罪名。事到如今，A 公司只得让海关关员开箱检查，纸卷外层被捅破了五六厘米，造成了不必要的损失。最后检查结果证明是牛皮卡纸，但 3 个集装箱在深圳耽误了两天，共损失 1.8 万元港币的租箱费，这还不包括司机过夜费、临时停车场费等。

思考问题

这个案例给了我们什么教训？对我们有何启发？

课后练习

一、选择题

1. “离岸重量，离岸品质”指的是（　　）地点的约定方法。

A. 在出口国检验　　B. 进口国进行检验

C. 第三国检验　　D. 出口国检验，进口国复验

2. 进口货物的收货人或其代理人超过（　　）未向海关申报的，由海关征收滞报金。

A. 12 日　　B. 半个月　　C. 13 日　　D. 14 日

3. 根据我国《海关法》第二十四条有关规定，出口货物的发货人，除海关特准外，应当在装货的（　　）前向海关申报。

A. 24 小时　B. 48 小时　C. 72 小时　D. 96 小时

4. 报检后（　　）日内未联系检验检疫事宜的，按自动撤销报检处理。

A. 10　B. 20　C. 30　D. 40

5. 入境货物需对外索赔出证的，应在索赔有效期前不少于（　　）日内向到货口岸或货物到达地的商检机构报检。

A. 10　B. 20　C. 30　D. 40

6. 海关的基本任务是（　　）。

A. 监管　B 征税　C. 查缉走私　D. 编制海关统计

7. 下列属于国际贸易中商检机构的是（　　）。

A. 卖方或生产制造厂商　B. 国家设立的商检机构

C. 民间的独立的公证行或公证人　D. 买方或使用单位

8. 进出境货物的通关，一般来说，可分为（　　）几个环节。

A. 申报　B. 查验　C. 征税　D. 放行

9. 下列属于报关单证中基本单证的是（　　）。

A. 出口收汇核销单　B. 提单　C. 装箱单　D. 货物原产地证明书

10. 下列属于报关单证中特殊单证的是（　　）。

A. 动植物检验检疫证书　B. 进出口货物的许可证

C. 配额许可证　D. 工商执照证书

11. 检验的方法有（　　）等。

A. 仪器分析检验　B. 物理检验　C. 感官检验　D. 微生物检验

12. 以下不属于强制性检验的是（　　）。

A. 数量和损失鉴定　B. 残损鉴定

C. 危险货物的包装容器鉴定　D. 危险货物运输设备鉴定

E. 包装鉴定

二、判断题

1. 通关手续通常包括申报、查验、征税和放行 4 个基本环节。（　　）

2. 进出口货物必须由经海关审核准予注册的专业报关企业/代理报关企业和自理报关企业及其报关员进行申报。（　　）

3. 滞报金的日征收金额为进口货物到岸价格的 5‰。（　　）

4. 海关对进出口货物的查验主要采取彻底查验、抽查、外观查验等方法，以强化海关对进出口货物的实际监管。（　　）

5. 确定商品检验时间、地点时必须考虑货物自身的特性。（　　）

6. 商检机构的鉴定业务是强制性的。（　　）

7. 集装箱装载危险货物时，危险货物外包装表面必须张贴《国际海运危险货物规则》规定的危险品标志和标记。（　　）

三、简答题

1. 什么是商检？商检证书有什么作用？

2. 什么是报检？报检业务的基本程序是什么？
3. 什么是报关？报关业务的基本程序是什么？
4. 跨境电商的通关模式有哪几种？海关如何监管？

任务实训

实训内容：

1. 参观外贸公司，熟悉国际贸易有关知识。
2. 参观商检、海关部门，了解报检报关的程序和所需单证。

实训目的：

1. 了解报检、报关在国际贸易中的作用。
2. 熟悉报检、报关的程序。

实训要求：

1. 熟悉报检、报关的程序。
2. 了解报检、报关所需的单证和它们的作用。
3. 完成一份报关或报检的实训报告。

实训操作与规范：

1. 有组织地到国家商检部门和海关进行参观活动。
2. 注意安全。
3. 听从有关人员安排。
4. 根据有关单证格式尝试报检报关的有关操作。
5. 在商检或海关专业人员的指导下，以小组为单位进行报检或报关的实训操练。

第五章

国际物流业务与组织

学 习 目 标

1. 掌握国际物流的储存保管功能、货物运输包装功能。

2. 了解国际货物装卸搬运的基本知识，了解流通加工、国际货物理货、国际配送业务、海外仓的含义和作用。

3. 了解国际物流业务流程及应用价值，探讨运营管理、物流成本及风险控制等关键问题，培养国际视野。

知识要点

货物储存　运输包装　唛头　指示性标志　危险品标志　中性包装　装卸搬运　无效装卸　流通加工　理货　配送　残损　海外仓

场景导入

布瑞特维克软饮料有限公司（以下简称布瑞特维克公司）是英国零售行业软饮料制造和供应的市场领先者。布瑞特维克公司销售份额中供应给大型零售商的比例越来越高，加之零售商的具体要求，促使布瑞特维克公司重新评估其总体配送战略。通过与咨询专家的合作，布瑞特维克公司决定新建一个仓库，集中公司全部生产场地的货流，使公司能够基于“快速响应”机制向主要零售商供货。

由于布瑞特维克公司在拉格比的工厂采用自动装卸设备，因此在集中化仓库中也考虑了车辆的自动卸载，但无论是采用人工卸载还是自动卸载，车辆在卸载站台的周转时间都不能超过 30 分钟。如果产品被直接装载上车，而没有进入库存（中转），它必须能够在 2 小时内从供货车辆上卸下，并装载到出场车辆上，这其中还包括库存管理和生成分拣清单的时间。产品一般在常温和非极端条件下保存，托盘按便于快速检索的方式进行存储，以便在新的经营中提供所需的快速响应。库存严格按照日期 / 批次顺序进行周转，每两周对库存单位进行一次清点，清点按照滚动永续盘存的原则进行。按包装箱进行分拣是在一个至少有 400 个分拣位置的区域内完成的，分拣指令由安装在分拣卡车上的无线电数据终端传达给操作员，仓库管理系统与分拣员之间的通信可以保证对操作的实时控制、即时纠正库存的差错、调整分拣指令、打印准确的发送通知单和发票等。在产品出库装车时也使用自动设备，库存管理系统将生成发送单据。此外，发送货物很可能使用混合箱和软帘厢式货车，而且某些装载使用客户自有车辆，在这种情况下很难保证发送时间，因此仓库提供了适当的灵活性，给发送区域留出足够的空间，在高峰期也能保证 20 辆车装货。

思考问题

仓库在布瑞特维克公司“快速响应”机制中起着什么重要作用？

本章将主要介绍国际物流的各项功能业务，包括货物的储存保管、包装、装卸搬运、流通加工、理货、配送、海外仓等。

第一节　国际货物的储存保管

一、国际货物的储存

1. 货物储存概述

货物储存是指货物在流通领域暂时滞留的存放工作。货物储存是商品流通过程中的必要条件，是调节市场供求、保证市场供应、满足消费者需要的必要手段。货物储存发挥着商品“蓄水池”的作用。货物在储存过程中，由于成分、结构、性质的差异，以及受到外界因素的影响，会发生各种各样的变化，使货物的数量和质量受到损失。因此，针对货物的不同特性，研究和探索各类货物在不同环境条件下质量变化的规律，以便采取相应的技术措施和方法，控制不利因素，保护货物的质量，减少货物的损耗，创造优良的储运条件，是货物养护工作的主要目的和任务。做好货物储存，可保证商品流通不致中断和社会再生产的持续进行，也能够降低商品的流通费用，使商品的使用价值得以充分实现。

1）货物储存的种类

按照货物储存的目的和作用，货物储存可分为季节性储存、周转性储存和储备性储存。

（1）季节性储存。根据货物季节性生产、消费的时间差异，为实现货物的常年供应而实施的货物储存称为季节性储存。例如，夏装和冬装均属季节性消费商品，为保证旺季消费的供应，必须在淡季储存。又如，水果在旺季生产，全年消费，因此必须保证淡季储存。

（2）周转性储存。由于货物生产和消费的异地性，以及货物运输的间歇性，为实现商品消费，完成货物空间位置的转移，保证商品市场均衡供应，在流通领域实施的商品储存称为周转性储存。

（3）储备性储存。为适应战备、自然灾害和应急需要物资而实施的商品储存称为储备性储存。储备性储存的物资大都是关系国计民生的重要物资，如粮食、化肥、棉花等。

2）货物储存的原则

（1）减少货物损耗、确保货物安全的原则。货物储存的根本目的是保证货物安全，防止货物在外界条件的作用下发生霉腐、变质、锈蚀、老化；防止鼠咬、虫蛀等情况的发生，力求减少货物损耗。

（2）简化手续、出入库方便的原则。货物储存要求堆码整齐、排列有序、标志明显、出入库手续简便，以提高周转效率，同时依据“先进先出”原则，保证货物质量。

（3）贯彻节约、降低储存费用的原则。在货物储存过程中应牢记成本概念，合理利用库房空间，有效利用设备设施，最大限度地提高资源利用率，减少人力、物力、财力的消耗，努力降低储存费用，提高储存的经济效益。

2. 货物存储的条件

1）仓库建筑的基本条件

仓库建筑应按储存货物的种类，依据其性能、特点及储存的条件要求进行设计。通用仓库用来储存工业品、农副产品等一般商品；专用仓库用来储存条件要求较高、不宜与其他类货物混合存放的货物，如茶叶、卷烟、果品、肉食品等；特种仓库则用来储存具有特殊性质和要求的货物，如石油、危险品等。

2）仓库的卫生条件

仓库的卫生条件也会影响储存货物的质量。仓库环境中的有害物一般包括有害生物（仓虫、老鼠等）、化学活性物质（有害气体，如二氧化硫、硫化氢、一氧化氮等）和机械活性颗粒（如灰尘、工业粉尘），还有垃圾、杂草等。这些有害物往往是菌类微生物和害虫滋生与繁殖的温床。所有这些都可能导致仓储货物发生霉烂、变质、污染、虫蛀、鼠咬等情况。因此，仓库必须保持清洁卫生，除做好日常清洁工作外，还必须定期进行大扫除，铲除有害动植物的滋生地，净化库内环境，保证货物储存安全。

3）实行分区、分类、定位保管

分区就是按照库房、货场条件将仓库分为若干货区；分类就是按照货物的不同属性将储存货物划分为若干大类；定位就是在分区、分类的基础上固定每种货物在仓库中的存放位置。实行分区、分类、定位保管的主要目的是使不同性质的货物分别储存在不同保管条件下的仓库或货场中，以便在储存过程中有针对性地进行保管和养护。严禁将危险品和一般货物，有毒品和食品，性质相互抵触、互相串味、互相污染，以及养护、灭火方法相抵触的货物混合存放。总之，实行分区、分类、定位保管处理货物的基本原则是“三个一致”，即货物基本性质一致、消防方法一致、养护措施一致。

二、货物储存的温度、湿度

1. 空气温度和湿度的含义

1）空气温度

空气温度是表示空气冷热程度的物理量，简称气温。气温的热源主要来自太阳的热能。太阳是一个炽热的球体，它的表面温度高达 6 000℃，每时每刻都在不断地向四周散发热量。太阳通过光辐射把热量传送到地球表面，地球表面又把热量传到近地面的空气中，使近地面的气温上升，由于冷、热空气的对流，使整个大气获得热量，从而升高温度。但因空气的导热性很小，所以只有接近地面的气层的温度比较高一些，一般离地面越近，气温越高；离地面越远，气温越低，高度每上升 100 米，气温就下降 0.65℃左右。

2）表示气温的方法

衡量气温高低的尺度称为温标。常用的温标有摄氏温标和华氏温标两种。

（1）摄氏温标是以纯水在标准大气压下的冰点为 0 度，沸点为 100 度，中间划分为 100 等分，每等分为 1 度，用符号℃表示。

（2）华氏温标是以纯水在标准大气压下的冰点为 32 度，沸点为 212 度，中间划分为 180 等分，每等分为 1 度，用符号℉表示。

摄氏温标和华氏温标可以互相换算，公式如下：

$$℃=\frac{5}{9}℉-32$$

$$℉=\frac{9}{5}℃+32$$

3）气温的变化

由于地球的自转和公转，同一地区太阳照射的高度角随昼夜和季节的不同而变化，导致气温出现年变化和日变化，仓库温度也随之变化。

（1）气温的年变化。气温的年变化是指气温在一年之中有规律的变化。在我国，一年之中，气温最高的月份，内陆地区一般为 7 月，沿海地区为 8 月；气温最低的月份，内陆地区一般为 1 月，沿海地区为 2 月。每年的平均气温大约出现在 4 月底和 10 月底。

（2）气温的日变化。气温的日变化是指气温在一昼夜之中的变化。从每天来看，气温的日变化是很复杂的，但从常年平均来看，还是有规律可循的。夜间，由于地面得不到阳光的照射，再加上不断地散热，因而气温不断下降。在一天之中，日出前气温最低，日出以后气温逐渐上升，到下午 2、3 时，气温达到最高值，随着太阳西移，气温逐渐降低，直至次日日出前，气温又降到最低点。

（3）仓库温度的变化。仓库温度的变化，不论是日变化还是年变化，都与库外气温的变化大致相同。但库外温度对库内温度的影响有一个时间过程，所以仓库温度的变化一般稍晚于库外，变化的幅度也比库外小。通常库内最高温度要比库外低一些，最低温度要比库外高一些。

仓库温度的变化受到库外气温的影响，但这种影响随着仓库的坐落方位、建筑条件、库房部位和储存商品等情况的不同而有所差异。一般来说，仓库坐落在空旷的地方，则受外界气温的影响较小；仓库坐落在周围有建筑物的地方，则受外界气温的影响较大。在建筑条件方面，铁皮和木结构的仓库受外界气温的影响最大，石墙次之，砖墙又次之。同时，深色调外墙比浅色调外墙的仓库温度更易受外界温度的影响。

在同一仓库的不同部位，温度也不同。一般而言，越接近库顶，温度越高，越接近地面，温度越低；向阳面的温度高于背阴面的温度；靠近门窗等通风部位的温度变化要大于其他部位。此外，库存商品的种类、性质及商品码垛的形式，都会对温度有一定影响。

4）空气湿度

空气湿度是指空气中水汽含量的多少或空气的干湿程度。空气中水汽含量的变化主要受气温冷热变化的影响。

5）空气湿度的表示方法

（1）绝对湿度。绝对湿度是指单位体积的空气中实际所含的水汽量，单位为克/立方米。气温对绝对湿度有直接影响。一般情况下，气温越高，蒸发到空气中的水汽量就越多，绝对湿度就越大；反之，绝对湿度越小。

（2）饱和湿度。饱和湿度是指在一定的气温下，单位体积的空气中所能容纳的最大水汽量，单位为克/立方米。饱和湿度随着气温的变化而变化，气温越高，水汽分子的动能越大，越不容易凝结，饱和湿度越大；反之，饱和湿度越小。

（3）相对湿度。相对湿度是指在同一气温下，空气的绝对湿度与饱和湿度的百分比。它表示空气中实际含有的水汽量距离饱和状态的程度。相对湿度用百分率表示。公式如下：

$$相对湿度 =（绝对湿度 \div 饱和湿度）\times 100\%$$

由上述 3 种湿度之间的关系，可以得出以下结论。

- 在饱和湿度不变的情况下，空气的绝对湿度越大，相对湿度越大；反之，相对湿度就越小。
- 在绝对湿度不变的情况下，即空气中水汽含量不变时，气温越高，相对湿度就越小；反之，相对湿度就越大。
- 在相对湿度不变的情况下，气温度越高，饱和湿度越大，绝对湿度就越大；反之，绝对湿度就越小。

（4）露点。露点是指含有一定水汽量的空气，当气温下降到一定程度时，所含的水汽量就会达到饱和状态，并开始液化成水，这种现象叫作结露。水汽开始液化成水时的温度叫“露点温度”，简称“露点”。如果温度继续下降到露点以下，空气中超饱和的水汽就会凝结在商品或其他物体的表面，结成水滴，这种现象称为“水淞”，俗称“出汗”。这种现象对怕潮湿的商品危害极大。

6）空气湿度的变化

空气湿度的变化可分为年变化和日变化。随着空气湿度的变化，仓库湿度也会发生变化。

（1）空气湿度的年变化。由于受地区性季风气候的影响，我国内陆地区，夏季多偏南风，将海洋潮湿空气带入，致使空气比较湿润，因而夏季空气相对湿度偏高；冬季多偏北风，将西伯利亚、蒙古国的干燥空气带入，致使空气干燥寒冷，因而冬季和初春季节的空气相对湿度偏低。我国沿海地区由于受海洋季风的影响，夏季和冬季的空气相对湿度较内陆地区偏高。

（2）空气湿度的日变化。空气相对湿度的日变化与气温的日变化情况相反。内陆地区一般是日出之前，相对湿度出现最高值，下午 2、3 时，相对湿度出现最低值。对于海洋附近地区，在温度最高时其海风风力最大，因此在下午 2、3 时，其相对湿度也最高。

（3）仓库湿度的变化。仓库湿度的变化和仓库温度一样，一般也是随库外湿度的变化而变化，但是密封条件较好的仓库受到的影响会小一些。

在同一仓库内，空气湿度也会因情况不同而有所差异。例如，仓库的上部因气温较高，所以空气相对湿度较小；底部因接近地面，气温较低，空气相对湿度较大。仓库向阳部位气温较高，空气相对湿度较小；反之，背阴部位的空气相对湿度就较大。仓库的四角、垛下由于空气淤积而不易流通，空气相对湿度就较大。

2. 温度、湿度对货物的影响

大多数货物都含有水分，各种货物对温湿度的适应也是有一定限度的，如果长期超过或低于这个限度，货物质量就会发生变化。

在一定的空气相对湿度范围内，货物变质的速度较慢，而当空气相对湿度达到某一数值时，变质速度就会突然加快，这一数值称为临界湿度。货物的临界湿度因货物的种类、性质及空气等因素的不同而有所不同。为了使货物的含水量保持在安全范围之内，就要把储存环境的空气相对湿度控制在一定范围内，这个范围就是货物的安全相对湿度。各种货物的安全相对湿度不是固定不变的，而是随气温的变化而变化的。当气温高时，货物的安全相对湿度就小；反之，安全相对湿度就大。

气温的变化和空气相对湿度的变化一样，与货物中的含水量密切相关，同时对货物质量的影响也很大。在空气绝对湿度不变的情况下，气温的变化可以提高或降低货物的含水量；同时，气温的变化对某些易溶、易熔、易挥发及动植物性货物等，将引起物理、化学和生理生化变化，使货物在质量和数量上受到损失。

货物在储存保管中，为了保证其质量安全而对储存环境所要求的温度界限，就是货物的安全温度。不同的货物，安全温度也不一样。对于一般货物只要求最高温度界限，但对一些怕冻货物则要求最低温度限制。

3. 温度、湿度的控制和调节

货物在储存期间要保持质量的稳定，要求仓库经常保持在一定的温湿度范围内。因此，应根据货物的特性、特征和质量变化规律，采取切实可行的措施控制仓库的温湿度，目前主要采用密封、通风、吸潮、保温等措施。

1）密封

密封就是利用一些导热性差、隔潮性好或透气性较小的材料，将仓库、货垛或货物尽可能严密地封闭起来，以防止或减弱外界空气的影响，达到货物安全保管的目的。密封措施应用得当，可以收到防潮、防霉、防溶化、防热、防冻、防干裂、防虫、防锈等效果。

（1）仓库密封的形式。仓库密封可以采取整库密封、库内小室密封、货垛密封、货位密封、按件密封等方法。上述各种密封形式可以单独使用，也可以结合使用。在实际工作中，应根据货物的性质、仓库的条件及各地气候特点，因地制宜，就地取材，灵活地运用。

（2）影响密封效果的因素。密封的最终目的是控制和调节仓库的温湿度，为保证密封的效果，必须研究以下因素。

- 检查货物和货物包装水分含量是否符合质量要求和储存条件的要求；检查货物是否有虫、霉、锈等异常现象。
- 科学选择密封时间。应根据货物的性质和当地气候变化来确定密封时间。对受潮易溶、易霉的货物，应在雨季到来之前密封；对怕热、怕冻的货物应分别在夏季、冬季到来之前密封。
- 密封后的效果检查。密封后，要定期或不定期地对货物进行检查，如发现货物、包装有破损，或者温度变化不正常时，都要及时采取措施，进行调节和处理。

2）通风

通风就是根据空气自然流动的规律，使库内外的空气进行交换，以达到调节库内温湿度的目的。

（1）通风原理。通风是利用气压的压力差的作用，使空气从气压高的地方向气压低的地方流动。由于库内外的气温高低不同，致使库内外的空气密度、空气压力不同，形成了压力差，空气就能够开始流动。

（2）通风时间的选择。仓库通风必须根据库存货物的性质，以及它们对温湿度的具体要求，认真对比、分析库内外温湿度情况，并参考当时的天气、风力、风向等因素，选择适宜的时机进行通风。利用通风来降低库内相对湿度时，必须以绝对湿度为依据来对比库内外情况。只有当库外绝对湿度低于库内时，才能进行通风；否则不但不能降低库内相对湿度，反而会增加库内相对湿度。

（3）通风方法。仓库通风多采用自然通风方法，根据气候和仓库条件具体确定。但自然通风由于受到条件限制，不一定能完全达到满意的通风效果，因此在条件比较好的仓库中，都采用机械通风的方法进行通风，可以达到理想的通风效果。

3）吸潮

吸潮是指在梅雨季节或在库内外湿度较大，不宜进行通风防潮时，可在密封库内利用机械或吸潮剂降低库内湿度的方法。

（1）去湿机排潮。去湿机是机械排潮的主要机械，适用于空气水分过多、仓库湿度过大条件下的排潮，速度快、效果好。其对仓库不仅有排湿效果，同时有降低库温的作用。

（2）吸湿剂吸潮。吸湿剂有吸附剂和吸收剂两种。吸附剂本身有大量的毛细管，具有较好的吸附作用。在同等温度下，吸附剂表面水汽分压力比空气分压力低，故有吸附空气中水汽的能力，使空气中的水汽向毛细管空腔中扩散、凝聚，从而达到降湿作用。吸附剂主要有硅胶、铝胶、分子筛、活性炭等。

吸收剂表面水汽压比空气水汽压低，因此具有吸收空气中水汽的能力。吸收剂吸收水汽后其表面会生成更多结晶体的水化物，由固体变成液体，最后失去吸潮能力。目前吸收剂主要有氧化钙、氯化钙等。

（3）气幕。气幕俗称风帘、风幕，是目前保温、保湿、隔热、隔凉普遍应用的简单机械设备。它利用机械鼓风产生的强气流，在仓库门口形成一道气帘，阻止库内外空气自由流动，从而达到阻止冷暖空气和干湿空气自动交换的目的。

4）保温

保温是利用各种措施，保证仓储的温度维持在所需要的范围内。

4. 货物的养护技术

1）合理安排存储库位

- 根据储存货物的性质和仓库的条件，进行分区、分类和定位保管。
- 坚持货物基本性质一致、消防方法一致、养护措施一致的原则，使货物在储存过程中能够有针对性地进行保管和养护。

2）选择科学的堆码、苫垫方法

为维护货物质量，必须根据货物性质、包装情况及仓库设备条件，实施科学的堆码、苫垫方法，维护货物安全。

（1）堆码。货物堆码的方式有散堆方式、垛堆方式、架堆方式和集合方式。

- 散堆方式适用于存放不怕摔碰的颗粒状、块状大宗货物，如矿石、煤炭、食盐、建材等。这种堆码方式作业简便、装卸迅速、节省费用，缺点是不利于通风、散热，容易造成货物变质或引起火灾。
- 垛堆方式是指直接利用商品或其包装外形进行堆码的方法。这种堆码方式能够增加货垛高度，提高仓容利用率。采用该方法时应保持适当的高度，注意货垛的稳固性，防止压坏货物。垛堆方式的主要样式有重叠式、压缝式、通风式、缩脚式等。
- 架堆方式是指使用通用和专用货垛进行货物堆码的方法，适用于存放不宜堆高、需特殊保管养护的零星小件包装货物，以及怕压的货物，如小百货、小五金、药品等。
- 集合方式是指利用托盘、集装袋、集装箱等各种可以反复使用的货物运输工具进行货物堆码的方法。该方法适用于易损、贵重、中小仓装的各种货物的堆码，能够减少运杂费用，提高劳动效率，降低货物破损率。

（2）苫垫。货物苫垫是指利用物料对货垛进行苫盖和铺垫的操作及其方式的总称。货物苫垫应做到以下几个方面。

- 适应货物性能的要求，使货物能够达到避光、隔热、隔潮、防冻、防风等要求。
- 适应季节性气候的要求，如雨季苫盖要严密，覆盖面中间不可凹陷，以免雨水渗入垛内。篷布苫盖应根据季节风向，顺风相压，防止被风刮开。
- 适应货物管理的要求，货物苫垫后应能方便地进行检查和作业，分批进出货时，应使拆垛翻盖的面积比较小。

3）加强储存货物的日常养护工作

仓库的基本业务包括货物入库、货物在库保管和货物出库。习惯上把这三者中的入库验收、在库管理、出库复核工作称为“三关”，把住这三关，也就掌握了储存货物的日常养护工作的关键。入库验收的主要内容是检查货物包装和货物质量；在库管理的主要内容是库房的温湿度控制和在库检查；出库复核的主要内容是单证复核和实物复核。

第二节　国际货物的包装

一、货物包装概述

1. 包装的定义及其在物流中的地位

1）包装的定义

我国国家标准 GB/T 4122.1—2008《包装术语　第 1 部分：基础》中将包装定义为：“为在流通过程中保护产品，方便储运，促进销售，按一定的技术方法而采用的容器、材料及辅助物等的总体名称。也指为了达到上述目的而采用容器、材料和辅助物的过程中施加一定方法等的操作活动。”

包装按照目的的不同可以分为销售包装（商业包装）和物流包装（工业包装）。

（1）销售包装：是指以促进销售为主要目的的包装。这种包装的特点是外形美观，有必要的装潢，包装单位适应顾客的购买量和商店陈设的要求。在流通过程中，商品越接近顾客，越要求包装有促进销售的效果。

（2）物流包装：是指以强化输送、保护商品为目的的包装。物流包装的重要特点是在满足物流要求的基础上使包装费用最低。为此，必须在包装费用和物流绩效要求两者之间寻找最优。

货物学中所说的包装是指物流包装，即工业包装。

2）包装在物流中的地位

在社会再生产过程中，包装处于生产过程的末尾和物流过程的开头，既是生产的终点，又是物流的始点。

在现代物流观念形成以前，包装被天经地义地看成生产的终点，因而一直是生产领域的活动，包装的设计往往主要从生产终结的要求出发，因而常常不能满足流通的要求。物流研究认为，包装与物流的关系，比其与生产的关系要密切得多，其作为物流始点的意义比其作为生产终点的意义要大得多。因此，包装应纳入物流系统之中，这是现代物流的一个新观念。

2. 包装在物流中的作用

1）保护作用

包装的保护作用主要是保证商品在复杂的运输、装卸、仓储条件下的安全，以及质量和数量不受到损失，具体体现在以下几个方面。

（1）防止商品发生破损变形。商品在流通过程中要承受各种冲击、震动、颠簸、摩擦、外力重压等作用，所以包装具备相应的强度，对商品能起到一定的保护作用。

（2）防止商品发生化学变化。通过包装可以隔离水分、霉菌、溶液、潮气、光线及空气中的有害气体等，达到防霉、防腐、防变质、防生锈、防老化等目的。

（3）防止有害生物对商品的影响。包装具有阻隔老鼠、虫子、细菌、白蚁等有害生物对商品的破坏和侵蚀的作用。

（4）防止异物混入，使商品受到污染，发生失散。

2）方便、加快流通的作用

（1）包装有利于提高运输工具的装载能力，减少运输难度，提高运输效率。

（2）包装有利于采用机械化、自动化的装卸搬运作业，降低劳动强度和难度，加快装卸搬运速度。

（3）包装在仓储作业中可以加快计数，方便交接验收，缩短接收、发放时间，提高速度和效率，同时利于商品的码放。

3）促进销售的作用

在商品贸易中促进销售的手段有很多，其中包装的装潢设计是重要的手段之一。优美的包装是对商品的良好宣传，能够吸引人们的视线，唤起人们的购买欲望。

3. 包装的分类

在具体的流通活动中，包装所起的作用不同，包装的类别也会不同。对物流包装进行合理科学的分类，有利于充分发挥包装的作用，有利于包装的标准化、规格化和系列化，有利于物流作业的机械化、自动化，也有利于物流管理水平的提高。根据不同的分类标准，包装可以分为不同的类型。

1）按照包装保护功能的顺序分类

（1）单个包装。单个包装是直接盛放商品的最基本的包装形式。单个包装的标志和图案、文字可以起到直接指导消费、便于流通的作用。

（2）内包装。它是单个包装的组合形式，在流通中可以起到保护商品、简化计量和方便销售的作用。

（3）外包装，也称运输包装。它是商品的外层包装，可以起到保护商品、简化物流环节的作用。

2）按照包装的使用范围分类

（1）专业包装。这是针对被包装物品的特点专门设计、专门制造，只适用于某一专一物品的包装。

（2）通用包装。这是根据包装标准系列尺寸制造的包装容器，用于无特殊要求的或符合标准尺寸的物品。

3）按照包装容器分类

（1）按照包装容器的变形能力，可将包装分为软包装和硬包装。

（2）按照包装容器的形状，可将包装分为包装袋、包装箱、包装瓶、包装罐、包装盒等。

（3）按照包装容器的结构形式，可将包装分为固定式包装、折叠式包装、拆解式包装。

4）按照包装容器使用的次数分类

按照包装容器使用的次数，可将包装分为一次性使用包装、多次性使用包装、固定周转使用包装。

二、货物运输包装

1. 货物运输包装的目的

（1）保护商品。只有有效地保护商品，才能使商品不受损失地完成流通过程，实现所有权的转移。

（2）单元化。包装具有将商品以某种单位集中的功能，包装单位的大小视消费及商品种类、特征、物流方式而定。单元化一方面方便物流，另一方面也方便商流。

（3）识别商品。包装上用图形、文字、数字、指定记号和说明事项等注明商品内容，以方便运输、装卸搬运、仓储、检验和交接等工作的进行，保证货物安全、迅速地交给收货人。

（4）方便。主要是方便流通过程中的装卸搬运，使货物在不同运输工具之间迅速交接，利于仓储时的堆码和防止不良条件对商品的影响。

2. 货物运输包装的分类

1）单件包装

单件包装是根据商品的形态或特征将一件或数件商品装入一个较小容器的包装方法。单件包装的种类很多，常见的有包、箱、桶、袋等。

2）集合包装

集合包装是将一定数量的单件包装组合成一件大的包装或装入一个大的包装容器内。集合运输包装的种类包括集装箱、集装袋、托盘等。集合包装的出现，一方面提高了物流速度和物流服务水平，另一方面也是对传统储运的变革。集合包装的主要作用有以下几点。

（1）有利于装卸搬运的机械化、自动化。将零散的小包装集合成大的包装单元，在装卸搬运时可以采用叉车等机械设备，提高作业效率，降低劳动强度，节省劳动力，为装卸搬运自动化创造条件。

（2）提高物流效率和服务水平。集合包装能够从发货单位直接运到收货单位，减少物流环节，提高物流水平，实现“门到门”服务，提高服务水平。

（3）确保物品在物流过程中的安全。集合包装将物品包装在一个大的外包装里面，在储运、装卸搬运过程中不需要拆箱、拆包，可以有效保护商品，减少货损和丢失。

（4）节约包装材料、降低物流成本。集装箱、托盘可以反复周转使用，原有的外包装可以降低用料标准，而且集合包装利于联运，简化运输手续，提高运输工具的利用率，降低运输费用。

（5）利于包装规格标准化。集合包装要求单件包装的外包装尺寸必须适合集装箱或托盘等集合包装容器的尺寸，否则集合包装内会出现空位，这就促进了包装的标准化、规格化、系列化。

3. 货物运输包装的基本要求

为了保证货物运输的质量，货物运输包装必须遵守“坚固、经济、适用、可行”的原则，具体要求如下。

（1）根据货物的物理、化学性质，以及货物的结构形态，选择合适的包装材料和包装尺寸，确保包装和被包装物品没有性质上的互抵，以及大小合适。

（2）包装要有足够的强度，能够经受震动、冲击、长途颠簸，保护被包装物安全无损。

（3）包装内要有适当的衬垫，以缓冲外力的冲击，而且根据物品的化学性质、物理性质，选择能够起到防潮、防震作用的衬垫物，同时衬垫物和货品不会发生化学作用。

（4）包装在经济上要合理，不要盲目追求高技术、高级材料，即所谓的过强包装；也不能为了节约费用而使包装起不到保护商品的作用，即所谓的过弱包装。应该在满足保护商品和方便流通的前提下，尽量用经济的材料代替高成本的材料，同时减轻包装的重量。

（5）包装应该符合当地的流通条件。例如，集装箱是一种先进的包装形式，但是集装箱的使用需要有相应的集装箱码头和集装箱站场，如果一个地区没有这种流通条件，集装箱就没有办法在当地使用。

（6）物流包装的标志应该清楚、正确、完整、不容易褪色，符合国际上的规定。

4. 货物运输包装的验收

产品生产过程中会受到各种因素的影响，有可能出现各种缺陷和质量不过关的产品。物流包装作为一种产品也是如此。而且物流包装在经过运输、装卸搬运等物流环节之后，可能会产生外包装或内包装的破损，不足以再起到保护商品的作用，所以在包装产品出生产线进行包装之前，以及货物到达目的地进行交接或入库时，都要对物流包装进行检验。

1）包装检验的原则

（1）加强检验的原则。无论工业生产如何发展，科学技术如何先进，检验工作都是必不可少的。检验形式自动化、现代化的发展使检验工作越来越精细，检验职能的不断加强也是企业生命力的关键所在。

（2）错漏检验减少到最低程度的原则。检验时要有足够的具有相应专业素质的工作人员，要有可靠的精密度高的仪器，要有明确合理的检验程序和操作标准，还要有符合条件的检验环境。如果这些基本条件得不到满足，往往就会出现错漏检验的情况。因此，在货物检验时必须严格控制影响检验的各种因素，最大限度地减少错漏检验。

（3）经济的原则。进行检测、检查、试验、计算等工作，需要大量工作人员、设备、技术，所以要以最经济的手段，把劳动消耗减少到最低，取得成本和效益的最佳统一。

2）物流包装验收的方式

- 全数检验：对同一批货物所有的单件进行逐一检验，准确率高。
- 抽样检验：从同一批货物中随机抽取适当数量的样品进行检验。

3）物流包装验收的要点

（1）承运人和收货人必须按照国家主管部门规定的不同包装种类验收标准，对货物的包装进行检查，如国家标准 GB/T 3199—2007《铝及铝合金加工产品包装、标志、运输、贮存》。如果某种货物包装没有在国家统一规定的范围之内，则按照交通行业标准 JT/T 385—2008《水路、公路运输货物包装基本要求》进行验收。对于不符合规范的包装，承运人可以拒收。

（2）一批货物中如果有个别包装不符合标准，则交还给托运人进行返修或换包装。需要附带备用包装的商品，托运人应该准备好足够的备用包装。

（3）包装外面必须有清晰的标志。如果是裸装货物，如电线杆、汽车等，在货物表面要标明运输标志和发货符号。

三、货物运输包装标志

包装标志是为了便于交接货物，防止错发错运，便于识别，便于运输、仓储和海关等有关部门进行检验，也便于收货人提取货物，在货物的外包装上标明的记号。包装标志主要有运输标志、指示标志和危险货物标志（警告标志）等。

1. 运输标志

运输标志也叫唛头，它是贸易合同、发货单据中有关标志事项的基本部分。它一般由简单的几何图形及字母、数字等组成。唛头的内容主要包括：

- 目的地名称或代号。
- 收货人或发货人的代号。
- 件号（每件标明该批货物的总件数）。
- 体积（长×宽×高）。
- 重量（毛重、净重、皮重）。

对于进口货物，原外经贸部（现商务部）还规定了统一向国外订货的代号，称为收货人唛头，这种标志主要有 3 方面的作用：加强保密性，有利于物流中商品的安全；减少签订合同和运输过程中的翻译工作；在运输中起导向作用，可减少错发、错运事故。

例如，收货人唛头：

<u>21EKH–47001CF</u>

SHANGHAI CHINA

该唛头所示的内容包括：

（1）订货年度代号，如 2021 年签订的进口合同，就用“21”为年度代号。

（2）承办订货进出口公司代号，如“E”代表中国五金矿产进出口总公司。

（3）收货人代号，如“KH”代表水电部。

（4）间隔号，外贸单位用“–”表示，工贸单位用“/”表示。

（5）商品类别代号，如“47”表示计算机的代号。

（6）合同编号，采用进口合同所编写的序号码，如“001”为第 1 号文件。

（7）贸易国别号，如“CF”代表法国。

（8）到达国家和港口或车站，如“SHANGHAI CHINA”表示中国上海港。

2. 指示标志

包装储运指示标志，简称指示标志。按国内或国际的相关规定，指示标志以特定的图案或简短说明文字表示。其作用是反映货件特点，提醒人们在装卸、保管等过程中应注意的事项，以确保货物的安全，故又称注意标志。

指示标志应按有关规定（如包装要求）使用，防止乱用，乱用指示标志会带来极其恶劣的影响。同样，对于有指示标志的货物，装卸人员应充分重视，认真按所贴标志进行操作。

国家标准 GB/T 191—2008《包装储运图示标志》中的指示标志名称和图形如表 5-1 所示。在外贸进出口货物中，这些指示标志早已普遍通用。图形符号外框的尺寸如表 5-2 所示。

表 5-1　指示标志名称和图形

序号	标志名称	图形符号	含　义	使用示例
1	易碎物品		运输包装件内装易碎品，因此搬运时应小心轻放	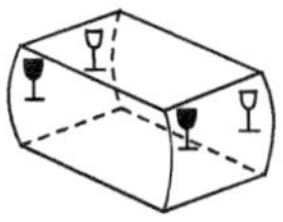
2	禁用手钩		搬运运输包装件时禁用手钩	
3	向上		表明运输包装件的正确位置是竖直向上	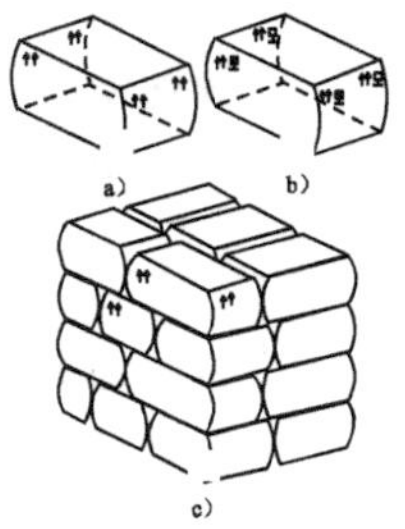

（续表）

序号	标志名称	图形符号	含　义	使用示例
4	怕晒		表明运输包装件不能直接照晒	
5	怕辐射		包装物品一旦受到辐射便会完全变质或损坏	
6	怕雨		包装件怕雨淋	
7	重心		表明一个单元货物的重心	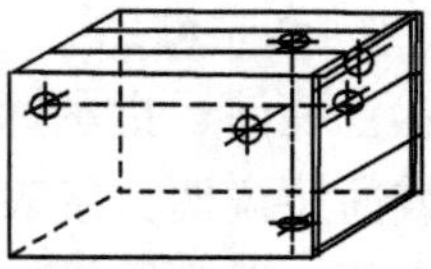 （本标志应标在实际的重心位置上）
8	禁止翻滚		不能翻滚运输包装	
9	此面禁放手推车		搬运货物时此面禁放手推车	
10	禁用叉车		不能用升降叉车搬运包装件	
11	由此夹起		表明装运货物时夹钳放置的位置	
12	此处不能卡夹		表明装卸货物时此处不能用夹钳夹持	
13	堆码重量极限		表明该运输包装件所能承受的最大重量极限	
14	堆码层数极限		相同包装的最大堆码层数，n 表示层数极限	

（续表）

序号	标志名称	图形符号	含　义	使用示例
15	禁止堆码	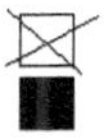	该包装件不能堆码并且其上也不能放置其他负载	
16	由此吊起		起吊货物时挂链条的位置	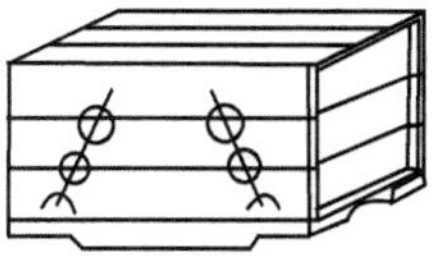 （本标志应标在实际的起吊位置上）
17	温度极限		表明运输包装件应该保持的温度极限	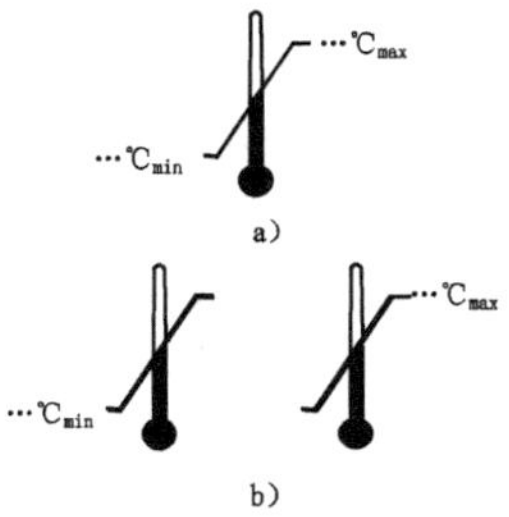

表 5-2　图形符号外框的尺寸

单位：mm

序　号	尺　寸
1	50×50
2	100×100
3	150×150
4	200×200

注：如遇特大或特小的运输包装件，尺寸可以等比例放大或缩小。

3. 危险货物标志

对于危险物品，如易燃品、有毒品或易爆炸物品等，在外包装上必须醒目标明，以示警告。

1）危险货物标志的图形和名称

危险货物标志的图形共 21 种，共 19 个名称，分别标示了 9 类危险货物的主要特性。危险货物的标志如表 5-3 所示，标志图形须符合该表中标志 1 ~ 标志 21 的规定。

表 5-3 危险货物的标志

标 志 号	标 志 名 称	标 志 图 形	危险货物类项号
标志 1	爆炸品	 （符号：黑色 底色：橙红色）	1.1 1.2 1.3
标志 2	爆炸品	 （符号：黑色 底色：橙红色）	1.4
标志 3	爆炸品	 （符号：黑色 底色：橙红色）	1.5
标志 4	易燃气体	 （符号：黑色或白色 底色：正红色）	2.1
标志 5	不燃气体	 （符号：黑色或白色 底色：绿色）	2.2
标志 6	有毒气体	 （符号：黑色 底色：白色）	2.3

（续表）

标 志 号	标 志 名 称	标 志 图 形	危险货物类项号
标志 7	易燃液体	（符号：黑色或白色　底色：正红色）	3
标志 8	易燃固体	（符号：黑色　底色：白色红条）	4.1
标志 9	自燃物品	（符号：黑色　底色：上白下红）	4.2
标志 10	遇湿易燃物品	（符号：黑色或白色　底色：蓝色）	4.3
标志 11	氧化剂	（符号：黑色　底色：柠檬黄色）	5.1
标志 12	有机过氧化物	（符号：黑色　底色：柠檬黄色）	5.2
标志 13	剧毒品	（符号：黑色　底色：白色）	6.1

（续表）

标 志 号	标 志 名 称	标 志 图 形	危险货物类项号
标志 14	有毒品	 （符号：黑色　底色：白色）	6.1
标志 15	有害品 （远离食品）	 （符号：黑色　底色：白色）	6.1
标志 16	感染性物品	 （符号：黑色　底色：白色）	6.2
标志 17	一级 放射性物品	 （符号：黑色　底色：白色，附一条红竖条）	7
标志 18	二级 放射性物品	 （符号：黑色　底色：上黄下白，附两条红竖条）	7
标志 19	三级 放射性物品	 （符号：黑色　底色：上黄下白，附三条红竖条）	7

（续表）

标 志 号	标 志 名 称	标 志 图 形	危险货物类项号
标志 20	腐蚀品	 （符号：上黑下白　底色：上白下黑）	8
标志 21	杂类	 （符号：黑色　底色：白色）	9

注：表中对应的危险货物类项号及各标志角号是按 GB 6944—2012《危险货物分类和品名编号》的规定编写的。

2）危险货物标志的尺寸

危险货物标志的尺寸一般分为 4 种，如表 5-4 所示。

表 5-4　危险货物标志的尺寸

单位：mm

序　　号	长	宽
1	50	50
2	100	100
3	150	150
4	250	250

注：如遇特大或特小的运输包装件，标志的尺寸可按规定适当扩大或缩小。

4. 货物原产国标志

原产国标志是国际贸易中普遍采用的一种维护国家利益、促进贸易发展的做法。原产国标志在一定程度上代表了商品的质量和信誉，是产品来源的重要证据之一，也就是产品的国籍，有效地限制了一国的货物进口及仿冒，同时具有促销、识别、广告的功能。

原产国标志将制造国的名称标注在货物包装上，必要时还同时提供产地证明书。我国出口的商品一般在包装上注明“中华人民共和国制造”或“中国制造”，也有的加注企业名称，如“中国粮油进出口公司”或“中国五金矿产进出口公司”等。

5. 标志的使用方法

（1）标志的标打，可采用粘贴、钉附和喷涂等方法。

（2）标志的位置规定如下。

- 箱状包装：位于包装端面或侧面的明显处。
- 袋、捆包装：位于包装明显处。
- 桶形包装：位于桶身或桶盖。

• 集装箱、成组货物：粘贴在 4 个侧面。

（3）每种危险品包装件应按其类别粘贴相应的标志。但如果某种物质或物品还有属于其他类别的危险性质，包装上除粘贴该类标志作为主标志外，还应粘贴表明其他危险性的标志作为副标志，副标志图形的下角不应标有危险货物的类项号。

（4）储运的各种危险货物性质的区分及其应标打的标志，应按国家标准 GB 6944—2012《危险货物分类和品名编号》、GB 12268—2012《危险货物品名表》及有关国家运输主管部门规定的危险货物安全运输管理的具体办法执行，出口货物的标志应按我国执行的有关国际公约（规则）办理。

（5）标志应清晰，并保证在货物储运期内不会脱落。

（6）标志应由生产单位在货物出厂前标打，出厂后如改换包装，其标志由改换包装单位标打。

知识链接

我国危险品出口注意事项

（1）危险品出口之前，向货代提供危险品说明书（危险品说明书中必须包括中英文品名、危险品级别、危规页码、联合国编号），由货代向海关询问港口是否接受此种危险品。

（2）如果港口接收此种危险品，可着手安排订舱事宜。

（3）订舱之前，公司须填写一份出入境检验检疫报检单位登记申报表和包装鉴定申报表，如果公司已在港口所在的出入境检验检疫局注册，就不必填写出入境检验检疫报检单位登记申报表，但需在包装鉴定申报表上加盖公司公章，将两份文件交给工厂，由工厂向当地商检局进行申报，办理海运出口危险货物的包装鉴定。

（4）订舱时，除正常的单据外，还须提供以下单据：危险品货物中英文说明书（副本）、海运出口危险货物包装容器使用鉴定结果单、海运出口危险货物包装容器性能鉴定结果单（有时需提供装箱证明）。

（5）订舱时如果危险品不同类，则危险货物的订舱必须按各类危险品的不同危险特性分别办理订舱配船，以便船方将各种不同特性的危险货物按照《国际海上危险货物运输规则》的隔离要求分别堆装和运输，以利安全。例如，一份信用证和合同中同时出运氧化剂、易燃液体和腐蚀品 3 种不同性质的货物，托运时必须按 3 种不同性质的危险货物分别缮制 3 份托运单，切不能一份托运单同时托运 3 种性质互不相容的危险货物；否则，船方就会将 3 种性质互不相容的危险货物装在一起，3 种性质互不相容的货物接触后极易产生化学反应，引起燃烧、爆炸，造成事故。如是集装箱运输，切忌将性质互不相容的危险货物装在同一个集装箱内。

第三节　国际货物的装卸搬运

一、装卸搬运概述

1）装卸搬运的含义

在同一地域范围内（如车站范围、工厂范围、仓库内部等），为改变“物”的存放、支撑状态进行的活动称为装卸，为改变“物”的空间位置进行的活动称为搬运，两者共称装卸搬运。在特定场合，单称装卸或搬运也包含了装卸搬运的完整含义。

在习惯使用中，物流领域（如铁路运输）常将装卸搬运这一整体活动称作货物装卸；生产领域常将这一整体活动称作物料搬运。

在实际操作中，装卸搬运是密不可分的，因此，本书并不过分强调两者的差别，而是作为一种活动来对待。

搬运的“运”与运输的“运”的区别之处在于，搬运是在同一地域的小范围内发生的，而运输则是在较大范围内发生的，两者是量变到质变的关系，中间并无绝对的界限。

2）装卸搬运的地位

在物流过程中，装卸搬运活动是不断出现和反复进行的。它出现的频率高于其他各项物流活动，每次装卸搬运活动都要花费很长时间，所以往往成为决定物流速度的关键。装卸搬运活动所消耗的人力很多，所以装卸搬运费用在物流成本中所占的比重也较高。以我国为例，铁路运输的始发和到达的装卸搬运作业费大致占运费的20%，船运占40%。

此外，进行装卸搬运操作时往往需要接触货物，因此装卸搬运是在物流过程中造成货物破损、散失、损耗、混合等损失的主要环节。

3）装卸搬运的特点

（1）装卸搬运是附属性、伴生性的活动。装卸搬运是物流每项活动开始和结束时必然发生的活动，因而常被人忽视，有时被看作其他操作不可缺少的组成部分。例如，一般而言的汽车运输，实际就包含了相随的装卸搬运；仓库中泛指的保管活动，也含有装卸搬运活动。

（2）装卸搬运是支持性、保障性的活动。装卸搬运的附属性不能理解成被动的，实际上，装卸搬运对其他物流活动有一定的决定性。装卸搬运会影响其他物流活动的质量和速度。例如，装车不当，会引起运输过程中的损失；卸放不当，会引起货物转换下一步时运动困难。许多物流活动必须在有效的装卸搬运的支持下才能实现高水平。

（3）装卸搬运是衔接性的活动。货物在任何其他物流活动中的过渡，都是以装卸搬运来衔接的，因而，装卸搬运往往成为整个物流活动的关键一步，是物流各功能之间能否形成有机联系和紧密衔接的关键，而这又是一个系统的关键。建立一个有效的物流系统，关键要看这一衔接是否有效。比较先进的系统物流方式——联合运输方式就是着力解决这种衔接而出现的。

（4）装卸搬运是增加物流成本的活动。尤其对传统物流而言，物流过程中多次的装卸搬运活动，不仅延长了物流时间，而且要投入大量的活劳动和物化劳动，这些劳动不能给物流对象带来附加价值，只会增加物流的成本。由于装卸搬运反复进行的次数多，累计成本不可忽视。

二、装卸搬运的分类

1. 按装卸搬运施行的物流设施、设备对象分类

（1）仓库装卸。这种装卸配合出库、入库、维护保养等活动进行，并以堆垛、上架、取货等操作为主。

（2）铁路装卸。这种装卸是对火车车皮的装进和卸出，特点是一次作业就需实现一车皮的装进或卸出，很少有像仓库装卸时出现的整装零卸或零装整卸的情况。

（3）港口装卸。这种装卸包括码头前沿的卸装卸船，也包括后方的支持性装卸搬运，有的港口装卸还采用小船在码头与大船之间过驳的办法，因而其装卸的流程较为复杂，往往要经过几次装卸搬运作业才能最后实现船与陆地之间货物过渡的目的。

（4）汽车装卸。这种装卸一般一次装卸批量不大，由于汽车的灵活性，可以减少或根本减去搬运环节，而直接、单纯利用装卸作业达到车与物流设施之间货物过渡的目的。

（5）飞机装卸。飞机装卸就是利用各种设备对飞机货舱内的货物进行装进和卸出。其特点是要求装卸速度快，所装卸的货物货值高。

2. 按装卸搬运的作业方式分类

（1）吊上吊下方式。该方式采用各种起重机械从货物上部起吊，依靠起吊装置的垂直移动实现装卸，并在吊车运行的范围内或回转的范围内实现搬运，或者依靠搬运车辆实现小范围搬运。由于吊起和放下属于垂直运动，所以这种装卸方式属于垂直装卸。

（2）叉上叉下方式。该方式采用叉车从货物底部托起货物，并依靠叉车的运动进行货物位移，搬运完全靠叉车本身，货物可不经中途落地直接放置到目的处。这种方式垂直运动不大，主要是水平运动，属于水平装卸方式。

（3）滚上滚下方式（滚装方式）。该方式主要是指港口装卸的一种水平装卸方式。它是利用叉车或半挂车、汽车承载货物，连同车辆一起开上船，到达目的地后再从船上开下。利用叉车的滚上滚下方式，在船上卸货后，叉车必须离船；利用半挂车、平车或汽车的滚上滚下方式，则拖车将半挂车、平车、汽车拖拉至船上后，拖车离船而载货车辆连同货物一起运到目的地，再原车开下，或者拖车上船拖拉半挂车、平车、汽车开下。滚上滚下方式需要有专门的船舶，对码头也有不同的要求，这种专门的船舶称为滚装船。滚装方式在铁路运输领域也有采用，货运汽车或集装箱直接开上或吊运至火车车皮进行运输，到达目的地后再从车皮上开下或卸下，又称为驮背运输。

（4）移上移下方式。该方式是在两车之间（如火车和汽车之间）进行靠接，然后利用各种方式，不使货物垂直运动，而靠水平地从一个车辆推移到另一个车辆上。移上移下方式需要使两种车辆水平靠接，因此需对站台或车辆货台进行改造，并配合移动工具实现这种装卸。

（5）散装散卸方式。该方式是指对散装货物进行装卸。一般从装点直到卸点，中间货物不再落地，这是集装卸和搬运于一体的装卸方式。

3. 按被装物的主要运动形式分类

（1）垂直装卸。垂直装卸是指采取提升和降落的方式进行装卸，需要消耗较大的能量。垂直装卸是采用比较多的一种装卸形式，所用的机械通用性较强，应用领域较广，如吊车、叉车等。

（2）水平装卸。水平装卸是指对装卸物采取平移的方式实现装卸目的。这种装卸方式不改变被装物的势能，因此比较节能，但是需要有专门的设施，如和汽车水平接靠的高站台、汽车与火车车皮之间的平移工具等。

4. 按装卸搬运对象分类

按装卸搬运对象不同，装卸可分为散装货物装卸、单件货物装卸和集装货物装卸等。

5. 按装卸搬运的作业特点分类

（1）连续装卸。连续装卸主要是指同种大批量散装或小件杂货通过连续输送机械，连续不断地进行作业，中间无停顿，货间无间隔或少间隔。在装卸量较大、装卸对象固定、货物对象不易形成大包装的情况下适合采取这一方式。

（2）间歇装卸。这种方式有较强的机动性，装卸地点可在较大范围内变动，主要适用于货流不固定的各种货物，尤其适用于包装货物、大件货物，散粒货物也可采取此种方式。

三、装卸搬运的合理化

1. 防止无效装卸

无效装卸是指消耗于有用货物必要装卸劳动之外的多余装卸劳动。它具体表现在以下几个方面。

1）过多的装卸次数

在物流过程中，货损发生的主要环节是装卸，而在整个物流过程中，装卸作业又是反复进行的，从发生的频率来讲，装卸超过任何其他物流活动，过多的装卸次数必然导致损失的增加。从发生的费用来看，一次装卸的费用相当于几十千米的运输费用，因此，每增加一次装卸，费用就会有较大比例的增加。此外，装卸又会大大减缓整个物流的速度，因此它是降低物流速度的重要因素。

在物流过程中，对每件货物都进行单件处理，也是形成多次反复装卸搬运的主要原因。

采用集装方式进行多式联运，能够有效地避免对单件货物的反复装卸搬运处理，是防止无效装卸的有效办法。

2）过大的包装装卸

包装过大过重，在装卸时，会反复在包装上消耗较大的劳动，这一消耗不是必需的，因而形成无效劳动。

3）无效物质的装卸

进入物流过程的货物，有时混杂着没有使用价值或对用户来讲使用价值不对路的各种掺杂物，如煤炭中的矸石、矿石中的水分、石灰中的未烧熟石灰及过烧石灰等。在反复装卸时，这些无效物质反复消耗劳动，从而形成无效装卸。

由此可见，装卸搬运如能防止上述无效装卸，就可以大大节省装卸劳动，使装卸合理化。

2. 充分利用重力和消除重力影响，进行少消耗的装卸

在装卸时应尽量考虑重力因素，可以利用货物本身的重量，进行有一定落差的装卸，以减少或根本不消耗装卸的动力，这是使装卸搬运合理化的重要方式。例如，从卡车、铁路货车上卸物时，可以利用卡车与地面或小搬运车之间的高度差，使用溜槽、溜板之类的简单工具，依靠货物本身的重量，从高处自动滑到低处，这就不用消耗装卸的动力。

在装卸时还要尽量消除或削弱重力的影响，以求得减轻体力劳动及其他劳动消耗的合理性。使货物从甲工具转移到乙工具上，就能有效地消除重力影响，实现装卸搬运的合理化。

在利用人力装卸时，负重行走要持续抵抗重力的影响，同时还要行进，因而体力消耗很大。因此，人力装卸如果能配合简单的机具，做到持物不步行，则可以大大减轻劳动量，做到装卸搬运的合理化。

3. 充分利用机械，实现规模装卸

规模效益早已是人们公认的。在装卸时也存在规模效益问题，主要表现在一次装卸量或连续装卸量要达到充分发挥机械最优效率的水准。装卸机械的能力只有达到一定规模，才会有最优效率。追求规模效益的方法，主要是通过各种集装实现间断装卸时一次操作的最合理装卸量，从而使单位装卸成本降低，也通过散装实现连续装卸的规模效益。

4. 提高“物”的装卸搬运活性

“物”的装卸搬运活性是指将物从静止状态转变为装卸搬运运动状态的难易程度。如果很容易就转变为下一步的装卸搬运而不需过多地做装卸搬运前的准备工作，活性就高；如果难以转变为下一步的装卸搬运，活性就低。

为了对活性有所区别，并能有计划地提出活性要求，使每步装卸搬运都能按一定的活性要求进行操作，人们对不同放置状态的货物做出了不同的活性规定，活性指数就是标定活性的一种方法。

第四节　国际货物的流通加工

一、流通加工的含义

流通加工是物品在从生产地到使用地的过程中，根据需要施加包装、分割、计量、分拣、刷标志、拴标签、组装等简单作业的总称。

流通加工是流通中的一种特殊形式。它的特殊性在于它的加工过程不在生产环节，而在流通环节，并服务于流通，服务于最终消费者，实现价值增值。

二、流通加工的作用

在物品从生产领域向消费领域流动的过程中，流通加工的主要作用是促进销售、维护产品质量和提高物流效率。通过对物品的加工，使物品发生物理、化学或形状的变化。

例如，流通加工可以提高原材料的利用率，弥补生产加工的不足，进行初级加工，方便用户使用。此外，流通加工还可以实现物流服务增值。

三、流通加工与一般生产加工的不同之处

流通加工与一般生产加工在加工方法、加工组织、生产管理方面并无显著区别，但在加工对象、加工程度方面差别较大。流通加工的对象是进入流通过程的商品，而不是最终产品；流通加工大多是简单加工，是对生产加工的辅助和补充；流通加工的目的不在于创

造使用价值，而在于完善商品的使用价值，并在不做大的改变的情况下实现价值增值。例如，中性包装的贴牌加工，现在已经成为物流增值服务的重要形式。流通加工的组织者是商业或物资流通企业。

知识链接

中性包装是指商品和内外包装上均无生产国别和生产厂商名称的包装。中性包装主要是为了适应国外市场的特殊要求（如转口销售，有可能你的买家不是最终的买家，只是一个中间商，所以要使用中性包装），或者为了打破某些进口国家的关税和非关税壁垒。

常用的中性包装有两种：

（1）无牌中性包装，这种包装既无生产国别、地名、厂名，也无商标牌号。

（2）有牌中性包装，这种包装不注明商品生产国别、地名、厂名，但要注明买方指定商标或牌号。

中性包装的做法是国际贸易中常见的方式，在买方的要求下，可酌情采用。对于我国和其他国家签订有出口配额协定的商品，则应从严掌握，因为万一发生进口商将商品转口至有关配额国，将对我国产生不利影响。出口商千万不能因图一己之利而损害国家的声誉和利益。

四、流通加工的类型

1. 按加工目的不同分类

按加工目的不同，流通加工可分为：为弥补生产领域加工不足的深加工；圆木或初钢的进一步下料、切裁；为满足需求多样化进行的服务性加工；为保护产品所进行的加工；为提高物流效率、方便物流的加工；为促进销售的流通加工；为提高加工效率的流通加工；为提高原材料利用率的流通加工；衔接不同运输方式、使物流合理化的流通加工；生产-流通一体化的流通加工等。

2. 按加工产品不同分类

按加工产品不同，流通加工可分为：钢板剪板及下料加工；水泥熟料输送至使用地磨制水泥；集中搅拌供应混凝土；木材的流通加工；平板玻璃的流通加工；煤炭及其他燃料的流通加工；去除矸石、煤浆加工、配煤加工、天然气液化；集中套裁、开片供应；生鲜食品的流通加工；机械产品及零配件的流通加工，等等。各种产品的流通加工是物流企业充分利用物流功能实现价值增值的有效途径。

知识链接

欧浦钢材（国际物流）交易中心

欧浦钢材（国际物流）交易中心坐落在广东省佛山市，该交易中心建立了综合性的钢材国际物流交易系统。该交易中心在进行钢材市场交易的同时，还进行钢材的流通精加工增值服务。除了配有银行、宾馆服务设施、保税仓、现代化的钢材加工设备和设施，该交易中心还配有大屏幕的交易平台，形成了我国现代化的集钢材交易、流通加工、物流服务于一体的钢材（国际物流）综合交易平台和系统，这在全国乃至全世界都是一流的现代物流大平台。

第五节　国际货物的理货

一、理货的含义和意义

1. 理货的含义

理货是随着水上贸易运输的出现而产生的，英文叫 Tally，其含义原本为计数用的筹码。最早的理货工作就是计数，但现在理货的工作范围已经有所变化。理货是指船方或货主根据运输合同在装运港和卸货港收受和交付货物时，委托港口的理货机构代理完成的在港口对货物进行计数、检查货物残损、指导装舱积载、制作有关单证等工作。

2. 理货的意义

（1）外轮理货是对外贸易和国际海上货物运输中不可缺少的一项工作。它履行判断货物交接数字和状态的职能，对承、托双方履行运输契约，以及帮助船方保质、保量地完成运输任务，都具有重要意义。

（2）外轮理货在一定程度上能够影响船舶和货物的安全。在装船过程中，理货人员对货物积载负有监督指导的责任，而且要准确地反映在货物积载图上，因此理货工作的好坏对保障航行安全和货物在运输途中的安全具有十分重要的意义。

（3）外轮理货是国家对外的一个窗口。理货人员在外轮上，工作时间长，接触船员广，他们的言行和工作代表了一个国家理货人员的素质，反映了一个国家和民族的精神面貌。

（4）外轮理货在一定程度上能够影响国家对外贸易的顺利进行和发展。对于出口货物，理货把最后一道关；对于进口货物，理货把第一道关。因此，理货对买卖双方履行贸易合同、按质按量地交易货物、促进贸易双方的相互信任，以及提高船运公司经营航线的积极性，都具有重要意义。

二、理货工作的内容

1. 出具理货单证

1）理货单证的含义

理货单证是指理货机构在理货业务中使用和出具的单证。

理货单证是反映船舶载运货物在港口交接当时的数量和状态实际情况的原始记录，因此它具有凭证和证据的性质。理货机构一般是公正性或证明性机构，理货人员编制的理货单证，其凭据或证据具有法律效力。

2）理货单证的作用

（1）作为承运人与托运人或提单持有人之间办理货物的数量和外表状态交接的证明。

（2）作为承运人、托运人、提单持有人及港方、保险人之间处理货物索赔案件的凭证。

（3）作为船舶发生海事时，处理海事案件的主要资料，这里主要是指货物积载图的作用。

（4）作为港口安排作业、收货人安排提货的主要依据，这里主要是指货物实际积载图和分舱单的作用。

（5）作为船舶在航行途中，保管、照料货物的主要依据。

（6）作为买卖双方履行合同情况的主要凭证。

（7）作为理货机构处理日常业务往来的主要依据。

3）理货单证的种类

理货单证主要有以下几种。

（1）理货委托书。

（2）计数单，是理货员理货计数的原始记录。

（3）现场记录，是理货员记载货物异常状态和现场情况的原始凭证。

（4）日报单，是理货员向船方报告各舱货物装卸进度的单证。

（5）待时记录，是记载由于船方原因造成理货员停工待时的证明。

（6）货物溢短单，是记载进口货物件数溢出或短少的证明。

（7）货物残损单，是记载进口货物原残损情况的证明。

（8）货物积载图，是出口货物实际装舱部位的示意图。

除上述种类外，还有分港卸货单、货物分舱单、复查单、更正单、分标志单、查询单、货物丈量单或证明书等理货单证。

2. 分票、理数及溢短货物

（1）分票。分票是理货员的一项基本工作，就是依据出口装货单或进口舱单分清货物的主标志或归属，分清混票和隔票不清货物的归属。分票是理货工作的起点，理货员在理数之前，首先要按出口装货单或进口舱单分清货物的主标志，以明确货物的归属，然后才能根据理货数字，确定货物是否有溢短、残损，进行处理。分票也是提高货物运输质量的重要保障。

卸船时，如理货员发现舱内货物混票或隔票不清，应及时通知船方人员验看，并编制现场记录取得船方签认，然后指导装卸工组按票分批装卸。

（2）理数。理数是理货员最基本的工作，是理货工作的核心内容，也是鉴定理货质量的主要尺度。理数就是在船舶装卸货物的过程中，记录起吊货物的钩数，点清钩内货物细数，计算装卸货物的数字，又称作计数。

理数的方法有发筹理数、划钩理数、挂牌理数、点垛理数、抄号理数、自动理数等。其中，自动理数是一种用科学仪器作为理数工具的理数方法。目前世界上普遍使用的理数工具，是在运输带上安装一个自动计数器。这将给理货工作带来极大的方便，是理货工作朝着科学化、现代化方向迈出的一大步。

（3）溢短货物。溢短货物是指船舶承运的货物，在装运港以出口装货单上记载的数字为准，在卸货港以进口舱单出口数字为准，当理货数字比出口装货单或进口舱单上记载的数字溢出时，称为溢货；短少时，称为短货。在船舶装卸货物时，出口装货单和进口舱单是理货的唯一凭证和依据，也是船舶承运货物的凭证和依据。理货结果就是通过与出口装货单和进口舱单进行对照，来确定货物是否溢出或短少。货物装（卸）船后，由理货长根据计数单核对出口装货单或进口舱单，确定实际装卸货物是否有溢短。

3. 理残

凡货物包装或外表出现破损、污损、水湿、锈蚀、异常变化等现象，可能危及货物质量或数量的，称为残损。理残是理货员的一项主要工作，其工作内容主要是对船舶承运货物在装卸时，检查货物包装或外表是否有异常状况。理货员为了确保出口货物完整无损，将进口货物分清原残和工残，需要在船舶装卸过程中，剔除残损货物，记载原残货物的积载部位、残损情况和数字，也称为分残。

意外事故残损是指在装（卸）船过程中，因各种潜在因素造成意外事故导致的货物残损。这类残损责任比较难以判断，容易发生争执，对此理货员不要轻易判断责任方。

自然灾害事故残损是指在装（卸）船过程中，由于不可抗拒因素造成的自然灾害给货物带来的残损，如突降暴雨、水湿货物，对此理货员要慎重判断责任方。

4. 绘制实际货物积载图

装船前，理货机构要从船方或其代理人处取得配载图，理货员根据配载图来指导和监督工人装舱积载。但是由于各种原因，在装船过程中经常会发生调整和变更配载的情况，因此理货长必须参与配载图的调整和变更事宜，在装船结束时，理货长还要绘制实际装船位置的示意图，即实际货物积载图。

5. 签证和批注

1）签证

理货机构为船方办理货物交接手续，一般是要取得船方签认的，同时承运人也有义务对托运人和收货人履行货物收受和交付签证。当然，如果理货机构是个公证机构，那么它的理货结果就可不经船方签证而生效，但目前我国还没有这样做。因此，在我国，船方为办理货物收受和交付手续，需要在理货单证上签字，主要是在货物残损单、货物溢短单、大副收据和理货证明书上签字，这称为签证。签证是船方对理货结果的确认，是承运人对托运人履行义务，划分承、托运双方责任的依据，是一项政策性和实践性较强的业务。它关系到船运公司、托运人和收货人的经济责任和经济利益，也关系到理货机构的声誉和影响。签证并不仅仅是要求船方在理货单证上签字，而是要在理货结果准确无误的前提下，提请船方签字。签证工作一般在船舶装卸货物结束后、开船之前完成。我国港口规定，一般在船舶装卸货物结束后两小时内完成签证。

2）批注

在理货或货运单证上书写对货物数字或状态的意见，称为批注。按加批注的对象不同，批注可分为船方批注和理货批注两类。

船方批注是船方加的批注，一般加在理货单证和大副收据上。理货批注一般可分两种情况。一种是在装货时，理货员发现货物外表状况有问题，发货人不能进行处理，而又要坚持装船，这时理货员就需将问题如实批注在大副收据上；或者理货员发现货物数字不符，而发货人坚持按出口装货单上记载的数字装船，理货员也应在出口装货单上按理货数字批注；有时还要如实批注货物的装船日期等内容。另一种是在卸货时，理货长对船方加在理货单证上的批注内容有不同意见，经协商后，船方仍坚持不改变批注内容。这时，理货长可在理货单证上加上不同意船方批注内容的反批注意见。

批注的目的和作用：一是为了说明货物的数字和状态情况；二是为了说明货物的责任关系。

6. 复查和查询

1）复查

当卸港理货数字与进口舱单上记载的货物数字不一致时，国际航运的习惯做法是，船方在理货单上批注“复查”方面的内容，即要求理货机构对理货数字进行重新核查。理货机构采取各种方式对所理货物数字进行核查，以证实其准确性，称为复查。复查还包括理货机构主动进行的复查，即当理货数字与进口舱单上记载的货物数字差异比较大时，为确保理货数字的准确性，在提请船方签证之前，往往要对所理货物进行复核。复查的方式有重理、复查、查单、查账、调查、询问。

2）查询

船舶卸货发生溢出或短少时，理货机构为查清货物溢短情况，会向装港理货机构发出查询文件或电报，请求进行调查，且予以答复；或者在船舶装货后，发现理货、装舱、制单有误或有疑问，理货机构向卸港理货机构发出查询文件或电报，请求卸货时予以注意、澄清，且予以答复；或者船公司向理货机构发出查询文件或电报，请求予以澄清货物有关情况，且予以答复。以上情况统称为查询。

第六节　国际货物的配送

一、配送的定义

配送，从字面来理解，有分配和送达的意思。各种文献对这一定义的理解也不尽相同，有的强调送货，有的强调运送范围。我国国家标准《物流术语》中对配送的定义是：“在经济合理区域范围内，根据客户要求，对物品进行拣选、加工、包装、分割、组配等作业，并按时送达指定地点的物流活动。”

二、配送的性质

通过对配送定义的理解，可以看出配送具有以下性质。

（1）规模性。配送利用有效的分拣、配货、理货工作，使各种货物都达到一定的存量，从而使送货量达到一定的规模，有利于整车运输，减少拆箱、拼箱的次数。

（2）经济性。配送活动的目的就是通过整合和协调各种资源，利用规模优势取得较低的送货成本，从而促进物流资源的合理配置，继而降低物流成本，取得最大的经济效益。

（3）组织性。配送的实质是送货，但有一种固定的形态，甚至是一种有确定组织、渠道，有一套装备和管理力量、技术力量，有一套制度的体制形式，是“配”和“送”有机结合的形式。

（4）时效性。在定义中可以看到，配送强调“按时送达”。只有根据客户的需求，把需要的货物按时送到指定地点，才能为客户的生产或销售活动给予支持。

（5）分销性。配送有着很好的分销功能，实现了从整点运输到散点运输的转换。配送活动将货物集中进行再分配，使各种资源都得到合理的利用。

三、配送的特点

基于配送不同于普通送货的特殊性，可以总结出配送具有以下几个特点。

（1）配送是从物流据点到客户的一种送货形式。这一特点体现了配送和送货定义上的区别：配送不是一般概念的送货，也不是生产企业推销产品时直接从事的销售性送货，而是从物流据点到客户的一种特殊送货形式。在配送中从事送货的是专职流通企业，而不是生产企业，配送是“中转”性送货；不同于一般送货的“生产什么送什么”，配送是“需要什么送什么”。所以说，配送是一项个性化的物流活动。

（2）配送不是单纯的运输或输送，而是运输和其他活动共同构成的组合体。配送中所包含的那一部分运输活动在整个输送过程中处于“二次输送”“支线输送”“末端输送”的位置。而对物品进行的拣选、加工、包装、分割、组配工作也是配送过程的重要组成部分。配送是物流的一个缩影，是小范围内物流活动的综合体现。所以说，配送具有综合性和复杂性。

（3）配送不是广义上的组织物资订货、签约及对物资处理分配的供货，而是供货者送货到客户的服务性供应。在配送的定义中可以看到，配送强调“根据客户要求”，这就说明配送是从客户的利益出发、按客户要求进行的一种活动。因此，在观念上必须明确“客户第一”“质量第一”，力求达到最高的客户满意度。

（4）配送是一种强调准确的物流活动。按照客户需求，准时、准确地将货物送到是配送的要求。这就需要有一个完整的物流信息系统、现代化的技术设备和先进的管理理念，使配送活动可以为客户降低运作成本，在客户满意的基础上使配送中心获利。

（5）配送的存在完善了供应链的缺陷。供应链的上下游之间如果只使用传统的运输模式，将产生很大的消耗和浪费。而配送所提供的点对点的精益运输，使供应链更加精益化。在一个系统的规划下，配送节约了供应链中的资源消耗。可以说，在供应链的上下游之间有了完整的配送体系，将大大提高供应链的整体竞争力。

四、配送的几种模式

按照不同的标准，配送可以区分为多种模式。

1. 按配送组织者不同区分

（1）配送中心配送。配送中心是从事配送业务的物流场所或组织。它主要为特定的用户服务，规模较大，配送功能健全，储存量也较大。配送中心专业性强，有自己完善的信息网络，但其辐射范围受限于它的经济合理区域。配送中心的配送能力大，配送距离远、品种多、数量大。配送中心配送是配送的重要形式。

（2）商店配送。这种配送的组织者是商业或物资的门市网点。在日常零售业务之外，商店可以根据客户的需求将经营的商品和代客户订购的一部分平时不经营的商品一起配齐送达客户。商店网点数量较多，配送半径较短，所以更加灵活机动，它们对配送系统的完善起着较重要的作用。这种配送是配送中心配送的辅助和补充形式。

2. 按配送商品种类和数量不同区分

（1）少品种大批量配送。它是指一个或少数品种就可达到较大输送量，可实行整车运输，也可由专业性很强的配送中心实行这种配送。由于配送量大，可使车辆满载并使用大吨位车辆，组织、计划等工作也较简单，因而配送成本较低。

（2）多品种小批量配送。多品种小批量配送是指按客户要求，将所需的各种物品配备齐全，凑整装车后由配送据点送达客户。这种配送对配货作业的水平要求较高，配送中心设备较复杂，配送计划较困难，要有高水平的组织工作保证和配合。配送的综合性成效在多品种小批量的配送模式中得以体现，这种方式也符合现代“消费多样化”“需求多样化”的新观念，所以是许多发达国家特别推崇的方式。

3. 按配送时间及数量不同区分

（1）定时配送（准时配送）。这种配送是指按规定的时间间隔进行配送，如几天一次、几小时一次等，每次配送的品种及数量可以事前拟订长期计划，规定配送品种及数量。

（2）定量配送。这种配送是指按规定的批量进行配送，但不严格确定时间，只是规定在一个指定的时间范围内配送。这种方式的配送效率较高，而且可以较好地利用运力。

（3）定时定量配送。这种配送是指规定准确的配送时间和固定的配送数量进行配送。在客户较为固定，又都有长期的稳定计划时，采用这种方式有较大的优势。

（4）定时、定路线配送。这种配送是指在确定的运行路线上制定到达时间表，按运行时间表进行配送。客户可在规定路线的站点和规定时间接货，也可按规定路线和时间表提出配送要求，进行合理选择。但这种方式的应用领域是有限的，不是一种可普遍采用的方式。

（5）即时配送。这种配送是指完全按客户要求的时间、数量进行配送。它是以某天的任务为目标，在充分掌握了这一天的需要地、需要量及种类的前提下，即时安排最优的配送路线并安排相应的配送车辆，实施配送。

4. 其他配送方式

（1）共同配送。这是指几个配送中心联合起来，共同制订计划，共同对某地区客户进行配送，具体执行时共同使用配送车辆。

（2）加工配送。这是指在配送中心进行必要的加工，这种加工可使配送工作更主动、更完善。加工配送将流通加工和配送一体化，使加工更有针对性，配送服务更趋完善。

第七节　跨境电商物流新模式——海外仓

随着跨境电商的迅猛发展，以及消费者对购物体验要求的日益严苛，出口物流瓶颈的制约日益严峻。跨境电商操作具有多功能、多频次、综合性的特征，要求其物流服务敏捷化、高时效、低成本、可视化。我国现有跨境电商物流模式存在成本高、时效慢、仓储配送协作差、信息共享度不足、供应链高端能力不达等问题，尤其是高端服务能力不足，严重制约了我国跨境电商的快速、可持续发展。近年来，迅速兴起的海外仓物流模式使跨境电商在海外市场提供本土服务成为可能，并将成为推动跨境零售出口加速发展的新动力。跨境电商创新发展的关键是，进行现代物流节点的变革，构建全球一体化现代仓储系统，形成海外仓网络体系。

一、海外仓的定义、业务流程及应用价值

1. 海外仓的定义

海外仓是从事出口跨境电商的企业在国外自建或租用仓库，将货物批量发送至国外仓库，实现国外销售、配送的跨国物流形式。其实质是以海外现代仓储为核心形成综合物流配套体系，是一个进行全球供应链服务的一体化现代仓储体系，包括大宗货物运输、海内外贸易清关、精细化仓储管理、个性化订单管理、现代分拣、合理配送及综合信息管理等。

根据运营主体的不同，海外仓分为自营海外仓和第三方公共服务海外仓两种模式。自营海外仓模式是指由出口跨境电商企业建设并运营的海外仓库，仅为本企业销售的商品提供仓储、配送等物流服务的物流模式。该模式下整个跨境电商物流体系都是由出口跨境电商企业自己控制的，类似国内电商物流中的京东物流体系、苏宁物流体系。例如，外贸电商企业兰亭集势自 2014 年起相继在欧洲、北美设立海外仓，实现中国商品在海外本土发货，其采取的就是自营海外仓模式。

第三方公共海外仓模式是指由第三方物流企业建设并运营的海外仓库，可以为众多的出口跨境电商企业提供清关、入库质检、接收订单、订单分拣、多渠道发货、后续运输等物流服务的物流模式。该模式下整个跨境电商物流体系是由第三方物流企业控制的，类似国内电商物流中的淘宝物流体系。例如，成立于 2012 年 11 月的万邑通信息科技有限公司，目前已在中国、美国、英国、德国和澳大利亚拥有全球自营仓库，2013 年以来，该公司针对 eBay 卖家推出了澳大利亚、美国、英国、德国四大公共海外仓服务，为包括中国的卖家提供国际物流管理、国内外仓储管理、“最后一公里”派送管理、数据分析等多项服务，是中国最著名的跨境电商物流整体解决方案提供商之一。

2. 海外仓的业务流程

出口跨境电商将货物存储到国外仓库，当国外买家有需求时，出口跨境电商可以第一时间做出快速响应，及时通知国外仓库进行货物的分拣、包装，并且将货物从该仓库运送到其他地区或国家，提升了物流响应时间。同时，结合国外仓库当地的物流特点，可以确保货物安全、准确、及时、低成本地到达终端买家手中。具体业务流程如下。

1）自营海外仓的业务流程

出口跨境电商通过海运、空运或快递等方式将货物集中运往企业经营的海外仓进行存储，并通过本企业的库存管理系统下达操作指令。

步骤一：出口跨境电商将货物运至自营海外仓，或者委托物流承运人将货物发至自营海外仓。这段国际货运可采取海运、空运或快递方式到达仓库。

步骤二：出口跨境电商使用本企业的物流信息系统，远程操作海外仓储的货物，并且保持实时更新。

步骤三：出口跨境电商物流部门根据出口跨境电商的指令对货物进行存储、分拣、包装、配送等操作。

步骤四：系统信息实时更新。发货完成后，出口跨境电商的物流系统会及时更新以显示库存状况，让出口跨境电商实时掌握。

2）公共海外仓的业务流程

出口跨境电商通过海运、空运或快递等方式将货物集中运往第三方物流企业经营的海外仓进行存储，并通过第三方物流企业的库存管理系统下达操作指令。

步骤一：出口跨境电商将货物运至，或者委托物流承运人将货物发至第三方物流企业经营的海外仓。这段国际货运可采取海运、空运或快递方式到达仓库。

步骤二：出口跨境电商通过第三方物流企业的物流信息系统，远程操作海外仓储的货物，并且保持实时更新。

步骤三：第三方物流企业根据出口跨境电商的指令对货物进行存储、分拣、包装、配送等操作。

步骤四：发货完成后，第三方物流企业的物流系统会及时更新以显示库存状况，出口跨境电商可实时掌握。

3. 海外仓的应用价值

对从事跨境零售出口的跨境电商来说，以往大多通过类似国际小包、国际快递的方式将货物送达国外消费者，这两种方式的缺点非常明显：费用贵、物流周期长、退换货麻烦，还有各种海关查扣、快递拒收等不确定因素，由此造成客户体验差，长此以往还会限制出口跨境电商扩张品类。

解决跨境电商物流成本高昂、配送周期漫长问题的有效方案，就是采用海外仓物流模式。卖家将货物提前存储到当地仓库，当海外买家有需求时，直接从当地仓库进行货物分拣、包装和递送等，从而缩短物流时间，提升用户购物体验。

这种“先发货、后销售”的海外仓模式颠覆了传统跨境电商物流的供应链，不仅能保障商品的稳定供应，而且可以大大提高跨境电商物流的适配性，满足消费者差异化的需求。因此，海外仓是跨境电商物流模式的重大创新。

二、海外仓的优势、不足及适用范围

1. 海外仓的优势

海外仓的本质就是将跨境贸易实现本地化，提升消费者购物体验，从而提高出口跨境电商企业在出口目的地市场的竞争力。海外仓对出口跨境电商企业、买家和海外仓物流经营方都有多重好处。

1）对出口跨境电商企业的好处

对出口跨境电商企业而言，海外仓的好处是显而易见的。

（1）提高商品价格，实现更高的利润。eBay 数据显示，存储在海外仓中的商品平均售价比直邮的同类商品高 30%，有助于提高单件商品利润率。

（2）稳定的供应链有助于增加商品销量。在同类商品中，从海外仓发货的商品销量平均是从中国本土直接发货的商品销量的 3.4 倍。

（3）有效减少订单响应时间，提高物流配送时效，而且降低人工成本。

（4）批量地将商品运至海外，有效降低物流成本。海外仓所采取的集中海运方式大幅降低了单件商品的平均运费，尤其在商品重量大于 400 克时，采用海外仓的费用优势更加明显。

（5）海外仓采取的集中运输模式突破了商品重量、体积和价格的限制，有助于扩大销售品类。

（6）迅速地退换货服务，提高客户满意度。

总之，对跨境电商而言，使用海外仓既能提升商品售价，又能提高销量，更能提高客户满意度。

2）对买家的好处

海外仓物流模式对买家的好处主要体现在以下几个方面。

（1）可以使买家消费更多的海外商品品类。以往跨境电商采取国际小包快递的物流解决方式，适合小件商品、快速消费品的跨境零售出口，对体积较大、重量较重的商品不适合。采用海外仓物流模式，扩大了跨境零售出口商品的品种范围。

（2）可以使买家获得更快捷、更便利的海外商品网上购物体验。海外仓能让海外网购买家的收货时间大大缩短，更便利、更快捷的退货和售后服务功能也可以大大提升买家的购物体验。在时效性和售后这两点上，跨境电商通过海外仓逐步逼近线下购物体验。

3）对海外仓物流经营方的好处

对海外仓的物流经营方来说，这一物流模式的好处主要有以下几个。

（1）简化了跨境电商物流的业务流程。海外仓的出现，将原本复杂的跨境电商物流流程简化为分拣和投递两个环节。由于运转流程少，包裹的破损和丢失率大大减少，并实现了配送进度的实时跟踪查询，为商品的安全送达提供了切实的保障。

（2）海外仓可以有效地规避物流高峰塞车。如同国内“双十一”电商狂欢一样，在圣诞节、万圣节等国外传统节假日，跨境电商由于销量激增，往往会出现快递爆仓的现象，使跨境电商物流企业的物流能力备受质疑。如果采用海外仓，就可以按往年同期销售或销售预期来测算未来一段时间内的销售量，将部分货品提前发至海外仓，有效规避因物流“塞车”带来的种种恶性循环，提高客户对跨境电商物流服务的满意度。

2. 海外仓的不足

1）跨境电子商务更容易受到进口国贸易保护者的抵制

由于跨境电商的快速发展会威胁到进口国很大一部分传统商业的利益，很容易受到进口国传统商业的利益相关者的抵制，可以预计，由跨境电商所引起的贸易纠纷会大量产生。

2）出口跨境电商承担的外贸、货物清关任务增多

在一般贸易方式下，目的地国的进口文件都由海外进口商办理。现在出口跨境电商采取海外仓物流模式，目的地国的进口手续需要由出口跨境电商一并办理，业务流程发生了重要变化。另外，以前走邮政小包是邮政的清关方式，借用海外仓批量发货走海运是大宗货物清关方式，清关手续比以前更严格，要求提供相关证明，如欧盟 CE 认证等。这对刚刚开始采取海外仓物流模式的出口跨境电商来说是一个不小的挑战。

3）对出口跨境电商的能力、素质提出了更高要求

海外仓储意味着出口跨境电商将货物全部发到海外仓运营主体的仓库，由后者进行仓储、配送，甚至库存管理。这需要两者之间的密切沟通和协调，包括库存的明细、货物的种类、

SKU 条码的类别、结算费用的基准等。出口跨境电商每次发货都要预报一遍。如果出口跨境电商在自己的货物库存管理、信息技术应用等方面做得不够好，就不太适合做海外仓储。

3. 海外仓的适用范围

随着跨境电商的品类逐渐增多和升级，以家居产品为代表的大货、重货越来越多，而且难以通过空运配送，原来多用传统海运，由于传统海运运送时间过长，很多出口跨境电商都开始采用海外仓进行配送，缩短商品到达客户的时间以吸引更多买家。海外仓的建设及运营成本较高，主要适用于货价较高、货运周期长、对物流成本承担能力较强且市场销量较大的商品。另外，使用海外仓的产品最好是热销单品，因为库存周转快，以便卖家控制成本。

1）自营海外仓的适用范围

自营海外仓是由出口跨境电商建立（或租赁）和运营的，由出口跨境电商在国外新建的一个全新物流体系，需要投入大量的资金，需要出口跨境电商具有较强的海外物流体系控制、运营能力，所以，自营海外仓适用于市场份额较大、实力较强的出口跨境电商。

2）公共海外仓的适用范围

公共海外仓是由第三方物流企业建立、运营的仓库，出口跨境电商是物流需求方，第三方物流企业是物流供给方，由第三方物流企业为出口跨境电商提供仓储、分拣、包装、派送等项目的一站式服务。与自营海外仓相比，公共海外仓适用于市场份额相对较小、实力相对较弱的出口跨境电商。

三、海外仓的若干关键问题分析

1. 海外仓的运营管理问题

不管是采取自营海外仓还是公共海外仓，要真正发挥海外仓的使用价值，必须解决好海外仓在运营管理中出现的问题。有些跨境电商物流企业的海外仓，货物转仓、越仓后信息登记不及时，客户查看不便，客服应答敷衍；当客户寻求解决方案时，在问题申报与方案解决之间，跨境电商物流企业为自保利益，不断要求客户支付解决成本，导致客户解决问题的支出越来越大。还有一些跨境电商物流企业，丢包事件时常发生，买家申请退款赔偿的周期十分漫长。此外，还有虚假发货、买家地址发错、仓库与客服信息衔接不畅等一系列问题。跨境电商物流企业出现的服务事故之多，解决之麻烦，已经严重影响了海外仓这种物流模式在客户心中的选择价值。

因此，跨境电商物流企业在海外仓运营管理上，一是建立一套科学的海外仓仓储管理办法，优化业务流程，对海外仓进行标准化管理；二是应用海外仓仓储管理信息系统，让出口跨境电商可以方便地管理库存，使出口跨境电商与跨境电商物流企业的沟通更顺畅，实现信息流、物流的无缝对接；三是提高海外仓的自动化水平，使货物入库、货物转仓、订单接收、订单分拣、多渠道发货、货物配送及客户退换货等所有物流环节的操作更加智能化，减少货差货损现象的发生。

2. 海外仓的物流成本控制问题

海外仓物流配送费用由三部分构成：头程费用、仓储及处理费用、本地配送费用。其中，头程费用是指货物从中国到海外仓库产生的运费；仓储及处理费用是指客户货物存储在海外仓库和处理当地配送时产生的费用；本地配送费用是指在目标市场对客户商品进行配送产生的本地快递费用。海外仓采取集中运输的方式，批量将商品运往海外仓库，大大降低了单件商品的头程费用。另外，货物从海外仓库配送到买家手中，部分费用与目标市场国内网购的配送费用相当，主要取决于出口跨境电商的销量及议价能力。因此，海外仓物流成本控制的关键在于海外仓的仓储及处理费用控制，海外建仓必定带来仓库的租赁或建设、人工等固定成本。同时，前期对商品库存量的预测非常困难。货物进多了，积压仓库，占用库存，库存商品的维护费用将大幅度提高，若销售不佳，需支付调配其他市场或退库存的额外运费；货物进少了，不能给消费者带来海外建仓快速配送的优质体验，达不到建仓的效果。

为最大化发挥海外仓的优势，跨境电商平台企业应当利用大数据技术为出口跨境电商提供市场和产品分析，实现精选品类和准确预测补货周期，更准确地预估海外消费者的需求，从而有效降低出口跨境电商库存和供应链管理上的风险，优化流动资金利用率。

3. 海外仓的风险控制

虽然国内政策红利为海外仓的建设带来了利好，但海外仓在前期租赁搭建、后期运营等方面仍然存在不少风险因素。一是对风口下的跨境电商来说，海外建仓并不存在土地或建设成本过高等问题，目前主要问题在于缺乏通晓国内、国外市场的国际化人才。中国企业在国外寻找专业人才、团队，让其按照中国企业的管理方法做海外仓的搭建是有困难的。二是个别政府在政策、用工、商业服务等方面的规定加大了海外仓在建设、运营中的风险。部分国家政府效率低下也会导致海外仓建设进程过慢，风险增大。三是海外仓还面临着空置风险。海外建仓可以帮助出口企业抢占市场，提升中国企业的竞争实力，提高流通性，但跨境电商大规模兴建海外仓存在空置风险。

为了防控海外仓建设、运营的风险，一是要加快跨境电商物流人才的培养。国内高校、职业院校在开发跨境电商人才培养方案时，应适度跨界，优化课程设置，增开跨境电商物流课程，与国外院校合作办学，加快跨境电商物流人才的培养。二是跨境电商企业和跨境电商物流企业应加强对海外仓建设意向国的政策研究，做好海外仓建设的可行性研究，使外部风险处在可控范围内。三是跨境电商海外建仓需根据自身规模、特点、需要等多重因素来搭建，利用大数据技术对仓库的选址、规模进行分析，绝不可盲目投入。

综上，在“电子商务 4.0”时代，跨境电商继续保持快速增长势头，消费者比以往任何时候都更注重购物体验——希望在打破语言、地域和时间限制的同时，让购物变成随时、随地、随心的享受体验。在跨境电商供应链上，“最后一公里”才是王道。物流配送一直是跨境电商的核心竞争力，同时也是消费者对购物体验满意与否的关键。海外仓被视为跨境电商的一个突破，可以解决很多传统跨境物流无法解决的痛点，如时效、成本、清关及本土化问题，并且随着跨境电商的迅猛发展，市场体量将越来越大。

本章小结

本章主要介绍了国际物流的各项功能业务，包括货物的储存保管、包装、装卸搬运、流通加工、理货、配送、海外仓等。

货物储存是指货物在流通领域暂时滞留的存放工作。货物储存是商品流通过程中的必要条件，是调节市场供求、保证市场供应、满足消费者需要的必要手段。按照货物储存的目的和作用，货物储存可分为季节性储存、周转性储存和储备性储存。货物储存应注意空气温湿度的变化及影响，并选择合理的养护手段。

货物的包装是指为在流通过程中保护产品、方便储运、促进销售，按一定的技术方法而采用的容器、材料及辅助物等的总体名称，也指为了达到上述目的而采用容器、材料和辅助物的过程中施加一定方法等的操作活动。货物的包装按照目的不同可以分为销售包装（商业包装）和物流包装（工业包装）。

在同一地域范围内（如车站范围、工厂范围、仓库内部等），为改变“物”的存放、支撑状态进行的活动称为装卸，为改变“物”的空间位置进行的活动称为搬运，两者共称装卸搬运。在特定场合，单称装卸或搬运也包含了装卸搬运的完整含义。

流通加工是物品在从生产地到使用地的过程中，根据需要施加包装、分割、计量、分拣、刷标志、拴标签、组装等简单作业的总称。在物品从生产领域向消费领域流动的过程中，流通加工的主要作用是促进销售、维护产品质量和提高物流效率。通过对物品的加工，使物品发生物理、化学或形状的变化。

理货是指船方或货主根据运输合同在装运港和卸货港收受和交付货物时，委托港口的理货机构代理完成的在港口对货物进行计数、检查货物残损、指导装舱积载、制作有关单证等工作。理货的内容包括：出具理货单证；分票、理数及溢短货物；理残；绘制实际货物积载图；签证和批注；复查和查询。

配送是指在经济合理区域范围内，根据客户要求，对物品进行拣选、加工、包装、分割、组配等作业，并按时送达指定地点的物流活动。配送具有规模性、经济性、组织性、时效性、分销性的性质。

海外仓是从事出口跨境电商的企业在国外自建或租用仓库，将货物批量发送至国外仓库，实现国外销售、配送的跨国物流形式。其实质是以海外现代仓储为核心形成综合物流配套体系，是一个进行全球供应链服务的一体化现代仓储体系，包括大宗货物运输、海内外贸易清关、精细化仓储管理、个性化订单管理、现代分拣、合理配送及综合信息管理等。根据运营主体的不同，海外仓分为自营海外仓和第三方公共服务海外仓两种模式。在实际业务中，特别需要充分把握、运用好海外仓对促进跨境电商发展的特殊作用，把政府促进跨境电商发展和海外仓发展的政策措施有效地运用起来，开阔宏观视野、国际视野，把握政府有关网站、有关协会网站和大型跨境电商企业、大型跨境物流企业网站的信息和动态。

案例讨论

仓储经营人越权放货

中国台湾一家公司（以下称为“委托方”）与德国一家公司订立了 1 000 吨桶装化学原

料的买卖合同。该批货物于2021年3月上旬运抵上海后，委托方与上海一家物流公司（以下称为“被委托方”）订立了1 000吨桶装化学原料的委托代理协议。协议规定：

（1）委托方与被委托方订立1 000吨桶装化学原料的仓储协议，仓储时间不超过90天。

（2）仓储费用以该批货物进入仓储存放之日作为起算时间。

（3）委托方与被委托方可共同在市场上寻找买方，在合适的时机将该批货物销售。

（4）该批货物进仓储存之前，委托方必须将有关货物提单、发票、装箱单等寄送给被委托方。

（5）被委托方在放货前必须征得委托方的书面确认。

当年5月21日，委托方与厦门一家公司（以下称为“买方”）订立了该批货物的销售合同，合同规定“款到放货”。为防止意外，委托方再次电告被委托方必须凭委托方的书面确认放货。当年6月12日委托方收到被委托方的传真，称该批货物已由买方在出具了与委托方订立的书面销售合同和保函的情况下放货，有关付款事宜由委托方直接与买方商议。收到被委托方的传真，委托方即与买方商议付款，但买方公司已于2021年6月10日关闭，公司主要负责人也去向不明。委托方随即向法院对被委托方提出诉讼。

法院审理时认定：

（1）被委托方违背了与委托方订立的委托代理协议，在委托方没有书面确认的情况下擅自将货交由买方，已构成越权放货。

（2）买方出具的保函不能证明买方对该批货物拥有所有权，保函对委托方没有任何法律效力。

（3）买方出具的与委托方订立的书面销售合同，并不代表该批货物的物权凭证，不能作为货物所有权转移的依据。

思考问题

1. 仓储经营人的职责范围有哪些？
2. 如何在物流活动的组织中进行风险防范和规避？

课后练习

一、单项选择题

1. 下列不属于储运指示标志的是（　　）。

　A. 请勿斜放　B. 勿近锅炉　C. 请勿倒置　D. 易燃易爆

2. 下列不属于危险标志的是（　　）。

　A. 有毒标志　B. 自然物品标志　C. 重心点标志　D. 氧化剂标志

3. 下列不属于识别标志的是（　　）。

　A. 批件与件数号码标志　B. 体积标志

　C. 附加标志　D. 小心轻放标志

4. 唛头是运输标志中的（　　）。

A. 主要标志　B. 目的地标志　C. 原产地包装　D. 件号包装

5. 按配送组织者进行分类，配送可分为（　　）。

A. 配送中心配送与商店配送　B. 定时配送与准时制物流配送

C. 定量配送与定路线配送　D. 共同配送与加工配送

6. （　　）是运输包装的同义词。

A. 大包装　B. 集合包装　C. 外包装　D. 工业包装

7. 海外仓包括（　　）。

A. 自营海外仓　B. 公共海外仓　C. 保税仓　D. 以上都不对

二、多项选择题

1. 传统标志与识别标准化是将包装标记分为几类，下列属于其分类范围的是（　　）。

A. 识别标志　B. 储运指示标志

C. 危险货物标志　D. 放射性物品标志

2. 包装合理化的要点有（　　）。

A. 防止包装不足　B. 吸引顾客的装潢设计

C. 防止包装过剩　D. 确定最优包装

3. 国际理货业务的内容和种类包括（　　）。

A. 国际理货公司为客户提供的出单服务

B. 理货公司代表船方办理的理货业务

C. 收发货人委托理货公司办理的理货业务

D. 集装箱装拆箱理货业务

4. 一般情况下，对仓储货物的盘点方法主要有（　　）。

A. 定期盘点　B. 临时盘点　C. 动态盘点　D. 循环盘点

E. 重点盘点

5. 在配货中一般要执行（　　）的发货原则。

A. 先进先出　B. 易坏先出　C. 不利保管先出　D. 后进先出

E. 容易先出

三、判断题

1. 进出口商品的装卸搬运作业实现的是物流的空间效益。（　　）

2. 仓储具有调节商品价格的作用。（　　）

3. 包装费用一般包括在货价之中，不单独计收。（　　）

4. 跨境电商发展中出现的海外仓是跨境电商物流发展中的创新模式。（　　）

四、简答题

1. 简述货物储存的种类。

2. 简述空气温度和湿度的含义。

3. 简述绝对湿度、饱和湿度、相对湿度的区别和联系。

4. 简述温湿度控制与调节的主要方法。

5. 什么是包装？包装在物流中都有什么作用？

6. 你认为包装标准化都应涉及哪些工作？物流企业在其中起到了什么作用？

7. 包装的检验要注意什么内容？

8. 包装标志的分类有哪些？运输标志和储运指示标志的区别在哪里？

9. 对物流企业来说，贯彻包装和包装标志的标准化的意义有哪些？

10. 你对国际货物流通加工的价值增值服务功能怎么理解？试就中性包装货物的贴牌加工进行分析和讨论。

11. 什么是海外仓？阐述其优势和不足。

任务实训

实训内容：

1. 到有关企业了解国际商品包装与储存的特点。
2. 到港口了解理货的有关业务。
3. 到仓库实际了解叉车装卸作业活动。

实训目的：

1. 了解包装的特点及其在国际物流中的作用。
2. 了解国际商品储存的特点。

实训要求：

1. 了解不同国家对包装的不同要求。
2. 了解仓储、包装有关设备。
3. 熟悉理货的有关内容和理货单证。
4. 熟悉国际仓储作业、包装作业、装卸作业和配送作业的基本流程和单据。
5. 掌握叉车装卸作业有关过程，能够实际进行叉车的基本操作。
6. 完成一份国际货物的储存保管、包装、装卸、流通加工、理货或配送的实训报告。

实训操作与规范：

1. 有组织地到国际仓储企业、国际包装企业、流通加工企业、国际货物配送中心进行参观活动。
2. 注意安全。
3. 听从有关人员安排。
4. 在仓储企业、流通加工企业、配送中心，实际进行叉车、堆垛机的装卸作业操作练习。
5. 在企业的指导下，以小组为单位进行国际仓储、国际货物包装、国际货物配送的实训操作。

第六章

国际海洋运输

学 习 目 标

1. 了解国际海洋运输的含义和特点。
2. 掌握国际海洋运输船舶的特征和货物的分类。
3. 掌握国际海洋运输的经营方式，包括班轮运输方式和租船运输方式。

知识要点

国际海洋运输　货物运输包装　班轮运输　海洋运输提单　租船运输　程租船　期租船　光船租船　租船合同　程租船合同　租船市场　船舶

场景导入

2018 年 5 月 18 日，中远海运港口宣布与普洛斯中国控股有限公司（以下简称普洛斯）和深圳一海通全球供应链管理有限公司（以下简称一海通）组成战略联盟并签署战略合作框架协议。三方将以国内合作为起点，逐步扩展至全球。中远海运港口是全球最大的集装箱码头运营商之一；普洛斯在全球拥有并管理超过 6200 万平方米的物流和工业基础设施；一海通是中远海运集团旗下的一站式供应链服务平台。三方无论是在全球的物流基础设施投资开发与运营，还是在供应链整体解决方案上，都拥有极强的互补优势。

一、中远海运港口加码全程供应链竞争力

中远海运港口是全球领先的港口运营商，码头组合分布于中国沿海五大港口群、东南亚、中东、欧洲和地中海等地区。截至 2019 年 6 月底，中远海运港口在全球 37 个港口营运和管理 288 个泊位，其中 197 个为集装箱泊位，年处理量能力超过 1.2 亿 TEU。中远海运港口以“The Ports for All”为发展理念，努力打造一个能够为航运上下游产业创造最大价值的共赢共享平台。接通全球航线，致力成为“大家的港口”，是中远海运港口的承诺和愿景。

一海通是中远海运集团旗下专注于供应链资源整合的服务平台，致力于整合物流、金融、贸易等市场资源，为跨境电商平台和商家提供海陆空专线、海内外仓储、选品和贸易采购等一站式供应链服务。

随着大型集装箱船陆续投入使用，中远海运港口科技创新发展步伐持续加快。为应对全球环保标准的日趋严格，以及市场准入和竞争门槛的不断抬高，中远海运港口市场联盟化运营持续拓展。班轮公司之间的竞争将逐步从海运段进一步扩大至全程供应链，班轮公司的经营策略将逐步从相对单一和标准化的海上运输服务，向更多元和定制化的全程运输服务发展。因此，中远海运港口的全球布局及其在物流端的服务能力，将成为其在全程供应链服务竞争中的重要砝码。

随着全球互联网、数字化的发展，班轮公司从过去的港到港、门到门的服务，发展成为端到端的服务。在数字化的年代，大型班轮公司提供全程物流服务，这与整个社会和行业的趋势相同。随着社会的发展，行业间的界限会越来越模糊，跨界服务也会越来越普遍。

二、普洛斯打造全新物流生态体系

普洛斯是全球领先的不动产基金管理者和工业、物流解决方案提供商，也是中国市场最早启动智能物流和相关产业生态系统的打造者和促进者。普洛斯在中国、美国、日本、巴西和欧洲市场拥有和管理 6 200 万平方米的工业、物流设施，基金管理总资产达 520 亿美元。

普洛斯将企业的发展愿景和战略规划定为：利用最新的技术、大数据和服务能力，打造全新的物流生态体系，从而提升普洛斯在全球化运营、园区开发和基金管理方面的能力，继续稳居行业一流水平，为客户创造最大的价值。

此番携手中远海运港口和一海通，也是普洛斯打造物流生态体系的重要一环，意味着普洛斯加强了在海运与港口端的物流供应能力。普洛斯中国区副董事长表示："我们非常高兴与中远海运港口和一海通建立全面的战略合作关系。我们期待三方通过发挥各自的优势，共同打造战略合作平台，在港口的投资与运营、物流基础设施的开发与管理、供应链整体解决方案和供应链金融服务等领域开展全方位合作，实现强强联合，三方的优势资源形成互补，发挥协同效应，为整个物流生态体系创造更大的价值。"

思考问题

1. 现代海洋运输有何特点？
2. 海上运输的发展趋势是什么？

按运输通道的不同，运输可以分为水上运输、陆上运输、航空运输和管道运输等。其中，水上运输又可分为国际海洋运输（也称国际海上运输）和内河运输。而在国际海洋运输中，根据其活动范围，又有远洋运输和沿海洋运输之分。陆上运输可分为铁路运输、公路运输。

第一节　国际海洋运输概述

一、国际海洋运输的含义

国际海洋运输是水上运输的构成部分，也是运输的一部分。从狭义的角度来看，它是指以船舶为运输工具，以海洋为运输通道，从事有关跨越海洋运送货物和旅客的运输经营活动；或者说，它是以船舶为工具，从事本国港口与外国港口之间，或者完全从事外国港口之间的货物和旅客的运输，即国与国之间的海洋运输。换句话说，国际海洋运输是船舶经营人以船舶为运输工具，以海洋为通道，从事国与国之间货物和旅客的运输并收取运费的经营行为。由于国与国之间的海洋运输有时并不一定需要跨越海洋进行长距离的海上航行来实现，而只需沿海航行即可，所以国际海洋运输还包括部分沿海洋运输。不过，需要跨越海洋、做长距离海上航行的运输是国际海洋运输的主要部分。

从广义的角度来看，国际海洋运输所包括的内容要广泛得多。除了上述内容，国际海洋运输还包括那些为完成国际海洋运输所从事的各种辅助业务或服务工作，如对所承运货物的装卸、理货、代理等业务，都属于国际海洋运输的范畴。

二、国际海洋运输的特点

国际海洋运输主要从事国际间的运输，通常都要远涉重洋，不但活动范围广阔、航行距离长、运输风险大，而且其活动受有关国际规范的约束，从而使国际海洋运输表现出如下几个明显的特点。

1）政策性强

国际海洋运输是国际性经济活动，涉及国家间的经济利益和政治利益，其活动当然要受到有关国家的法令、法规或国际公约的约束，政策性比较强，法律的约束性比较规范。

2）运输线长、涉及面广、环节多、情况复杂

国际间的运输，通常都要远涉重洋，航行距离长，涉及面非常广泛，涉及的环节很多，情况自然比较复杂，而且环境多变，对船货的环境适应性要求比较高。

3）海上风险较大

由于国际海洋运输船舶经常是长时间远离海岸在海洋上航行，而且海洋环境复杂，气象多变，随时都可能遇上狂风巨浪、暴雨雪、雷电、海啸、浮冰等人力不可抵御的海洋自然灾害的袭击，从而使国际海洋运输船舶在从事运输活动的过程中遭遇海上危险的可能性大大增加。

4）海洋运输主要货运单证的通用性

海洋运输的货运单证繁多，作用各异。虽然各个国家、港口或船运公司所使用的货运单证并不完全一致，但因为国际海洋运输船舶航行于不同国家的港口之间，作为划分各方责任和业务联系主要依据的货运单证，当然要能适用于不同国家和港口的各个有关方面。所以，就一些主要的货运单证而言，其名称、作用和记载的内容常常大同小异，甚至完全一致，可以在国际上通用。

第二节　国际海洋运输船舶及货物的基础知识

一、国际海洋运输船舶

1）船舶的含义

《中华人民共和国海商法》规定："本法所称船舶，是指海船和其他海上移动式装置，但是用于军事的、政府公务的船舶和 20 总吨以下的小型船艇除外。"此外，还规定"前款所称船舶，包括船舶属具”。

2）船舶的性质

（1）船舶是一个整体。船舶是由船体及各种附件和属具构成的，它是一种合成物。因此，船舶作为一个整体，它的抵押、转让、继承、保险委付等，都需把船舶各部分视为船舶的有机整体来处理。

（2）船舶兼有动产和不动产的性质。船舶从本质上来说是可以移动的财产，但在实际的处理中，各国的有关法律一般都把它作为不动产对待。

（3）船舶的人格化性质。西方国家的法律对船舶实行拟人化，即把船舶视同自然人。船舶有它的出生日（下水日），还要上户籍（登记注册），有自己的姓名（船名）、国籍（船籍和船旗）、年龄（船龄）和体重（船的吨位）。因此，在英美法律中，可以对船舶本身进行诉讼。

（4）船舶的领土属性。按照国际法规规定，船舶是船籍国浮动的领土，受船籍国法律的管辖和保护。因此，船舶具有领土属性。

3）船舶的特征和规范

（1）船籍与船旗。船籍是指船舶的国籍。船舶所有人向本国或外国有关管理船舶的行政机关办理所有权登记后，取得本国或登记国国籍和船籍证书，才能够悬挂该国国旗，习惯上称为船旗。

船舶有义务遵守船籍国的法律和法令规定，并享受其法律保护。船籍和船旗是船舶非常重要的社会属性和特征，其重要性在于它们是解决船货等海事纠纷时，适用何国法律的重要依据；在战时则是区分交战国、同盟国和中立国的标志。

按照国际法规的规定，商船是船旗国浮动的领土，无论是在公海还是在其他海域航行，均需悬挂船籍国国旗，否则是违反国际法的，其行为可与海盗船等同处理。

（2）开放登记国与方便旗船。允许其他国家的船舶在本国进行登记的国家称为开放登记国，如巴拿马、利比里亚、巴哈马、百慕大、索马里、新加坡和洪都拉斯等国家和地区。这种在外国登记，悬挂外国国旗的商船，叫作“方便旗船”。

（3）船级。船级是船舶质量的技术、性能指标，用以表示船舶航行安全和适于装货的程度，因而是船舶具有适航性的重要条件。

船级鉴定是由专门的船级检验机构按照船舶检验标准对船舶进行检验后所做出的鉴定结论。船舶经检验鉴定后确定其一定等级，并发给船舶所有人船级证书，有效期一般为 4 年，期满后重新鉴定。

船级鉴定检验机构在西方国家一般称为船级社，它是专门核定船级的组织。世界上比较著名的船级社有：

- 英国的劳氏船级社。
- 美国船级社。
- 法国船级社。
- 德国劳氏船级社。
- 挪威船级社。

在我国，船级由船舶检验局根据船舶入级规范进行监造检验确定。

船级在国际海洋运输中具有重要意义：通过船级，货方可以了解船方承运货物的安全程度和船舶的技术性能；租船人和托运人可以根据需要选择不同船级的船舶；船级是保险人确定承接保险和确定保费的依据；船级是国家对船舶进行技术监督的方法之一。

4）船舶的类型

常用的国际海洋运输船舶主要有以下几种。

（1）杂货船。杂货船一般用于装载包装的零星杂货。其吨位大小根据航线、港口及货源不同而不同。这种船舶本身有各种不同的货舱及装卸设备，能适应装载种类繁多的货物，而且航速较快，一般为 20 节以上。

（2）散装货船。散装货船是指供装运无包装的大宗货物（如粮食、煤炭、矿砂等）的船舶。这种船舶一般舱容较大，舱内不设支柱，而且大都是单甲板，为防止货物在舱内移动而设有挡板，以保持船身平衡。这种船舶本身一般不带有装卸设备，机舱设于尾部，以便装卸操作。

（3）冷藏船。冷藏船专门用于装载冷藏货物，船上有制冷装置和适合冷藏货物的冷藏舱。

（4）木材船。木材船用于装载原木，常在船舱设置 1 米左右的“舱墙”，以防木材滑出舱外，同时可以提高装载能力。

（5）油轮。油轮又称油槽船，是指以散装方式运送原油和燃料的专用货船。油轮将船本身分隔成若干个储油舱，并有油管贯通各油舱，同时设有空气压缩装备，在装卸油料时，以空气压力将油料通过管道推送至各储油舱。油轮的油舱大多采取纵向结构，并设纵向舱壁，以防未满载时，舱内液体随船倾侧而产生不平衡。

（6）集装箱船。集装箱船是指专用于装运集装箱货物的货船。其本身一般无装卸设备，装卸作业全凭码头专门设施操作。集装箱船航速较快，一般在 20～26 节，有的高达 33 节。集装箱船可分为全集装箱船、半集装箱船和可变换集装箱船等。

（7）滚装船。这种船舶可直接承接码头货物，无须吊机，船无货舱，只有纵贯全船的甲板，每层甲板间都有梯子上下装卸货物（滚装滚卸）。船本身无装卸设备，船尾或船侧有大的桥板连接码头，货车可以直接进入船上甲板。这种船舶最适宜运载车辆和大型机械，也适宜装载集装箱。其优点是不依赖码头机械，可快速装卸，大大缩短装卸时间，灵活性大；缺点是亏舱较大，容易造成浪费。

（8）载驳船。载驳船又称母子船，是指在母船上搭载子船，子船内装载货物的船舶。这种船舶上设有巨型门吊或船尾升降平台，船到港口后利用这些设施，把所载的驳船降入水中，驳船即可自行开抵或被拖至指定地点。载驳船不靠码头即可进行装卸，使营运效率大为提高。但这种船利用率相对较低，适用范围比较窄。

（9）沥青船。沥青船属于特种船，是专门用来装载大宗沥青货物的专用船舶。它的有关技术要求和性能都比较高，需要配备专门的沥青装载机械和技术设备。

二、国际海洋运输货物及分类

货物是国际海洋运输的对象，可按不同的方式进行分类。

1. 货物按含水量划分，可分为干货和湿货

- 干货是指基本上不含水分或含水很少的货物。有包装的件杂货物大都属于此类。
- 湿货是指散装液体货物，如石油及液化制品、植物油、液体化学品等，还有如金属桶和塑料桶装运的流质货物等都属于此类。

2. 货物按包装形式和有无包装划分，可分为包装货、裸装货和散装货

- 包装货，如件杂货物。
- 裸装货，如钢板、钢材等。
- 散装货，如粮食、煤炭、矿石等。

3. 货物按是否分件划分，可分为件杂货和大宗货

- 件杂货，指有包装的、可分件的、数量比较小的货物。
- 大宗货，是指数量比较大、规格比较一致的初级产品。

4. 货物按价值划分，可分为高值货和低值货

- 高值货，指高价、贵重货物，如金、银、古董、艺术品、精密仪器等。
- 低值货，指价值比较低的货物。大宗货物多属于此类。

区分高值货与低值货没有严格的界限，主要是根据货物运费率的高低决定的，一般以班轮运费率 8 级为标准，1 ~ 8 级货物为低值货，9 ~ 20 级货物为高值货。

5. 货物按重量和体积比率划分，可分为重货和轻泡货

- 重货，也称重量货物，是指每立方米体积重量超过 1 吨的货物。
- 轻泡货，也称体积货物或尺码货物，是指每立方米体积重量小于 1 吨的货物。

区分重货和轻货是现代海上运输制度的要求。海上货物的运费以 1 立方米为计算标准，凡 1 吨货物体积大于 1 立方米的，按货物体积计收运费；否则，按货物的重量计收运费。

由于货物有重货和轻货之分，因此货物在积载、装卸时，必须充分考虑货物的积载因素。货物的积载因素是指货物的重量与体积之间的比率。它的计算公式是：

$$货物的积载因素 = 货物的立方体积 \div 货物的公吨重量$$

6. 货物按长度和重量划分，可分为超长货、超重货、超重超长货

货物是否为超长货、超重货或超重超长货，没有严格的界限。一般超过 9 米的货物为超长货，超过 2 吨的货物为超重货，超重、超长货要收附加费。

7. 货物按其物化性质划分，可分为普通货物和特殊货物

- 普通货物是指没有特殊化学性能的一般货物。
- 特殊货物是指具有某种特殊化学性能的特质货物。

8. 货物按集装箱划分，可分为整箱货和拼箱货

- 整箱货，是指托运人的货物能够装满一个整箱、按照一个单位进行托运的集装箱货物。整箱货通常由托运人自己装满整箱交运。

- 拼箱货，是指托运人的货物不能够装满一个整箱，但货物交由承运人后，由承运人将货物与其他货主的货物拼装于一个集装箱成为一个托运单位，进行交运的集装箱货物。

9. 危险货

危险货是指具有燃烧、爆炸、腐蚀、毒害、放射性、感染性等性质，在运输过程中可能会引起人身伤害和财产损失的货物。凡运输危险货物必须严格按照国际统一海上危险货物运输规则和我国的危险货物运输管理规定办理。

三、海洋运输货物包装及标志

这里关注的是国际海洋运输货物的包装及标志，它有自身的特殊要求。

1）货物包装分类

货物包装分为运输包装（也称外包装）和销售包装（也称内包装）。国际海洋运输所涉及的包装是指货物的运输包装。货物运输包装是在运输过程中，为便于装卸、搬运、堆放、运输和理货等作业而进行的包装，同时也可保护货物本身质量和数量上的完整无损。国际海洋运输货物的运输包装为了能够保护货物，必须具有坚固结实，能够承受一定的压力、碰撞和震动的能力。

2）货物包装形式

（1）箱装，包括木箱装、纸箱装，还有铁箱、柳条箱、纸板箱、胶合板箱装等。

（2）捆装，包括麻布包、布包、草包装等。

（3）袋装，包括麻袋、布袋和草袋装等。

（4）桶装，包括木桶、铁桶、琵琶桶装等。

此外还有如罐装、钢瓶装、坛装、卷装、篓装、块装和扎装等包装形式。

3）货物包装标志

（1）运输标志。它也称唛头，是货主的代号，一般以图形和文字表示，其内容包括收货人名称的缩写、目的港名称和货物合同编号、件号。

（2）指示标志。它是货物运输过程中的注意标志，一般以图形和文字表示，用于提醒人们在储运过程中的注意事项，如“小心轻放”“谨防潮湿”“切勿倒置”等。

（3）危险货物标志。它是表明货物危险特性的标志，一般都用统一规定的图形和文字表示。国际上对危险货物运输有统一规定的图形和文字表示，我国根据国情也制定有统一的危险货物运输标志，运输危险货物时都必须遵照执行。

第三节　国际海洋运输的经营方式

海洋运输是随着海上贸易的发展而产生和发展起来的。所以，海洋运输船舶的经营方式必须与贸易对运输的要求相适应。为了适应不同货物和不同贸易合同对运输的不同需要，也为了合理地利用远洋运输船舶的运输能力，并获得最佳的营运经济效益，当前国际上普遍采用的远洋船舶的营运方式可分为两大类，即班轮运输和租船运输。

一、班轮运输

1. 班轮运输的含义

班轮运输，又称定期船运输，是指船舶按事先制定的船期表（时间表）在特定的航线上，以既定的挂靠港口顺序，经常性地从事航线上各港口间的船舶运输。班轮运输是在工农业生产发展、产品的品种和数量增多、运输量激增的条件下，为适应批量小、收发货人（单位）多、市场性强、要求能以较高的运达速度和有规律地运送市场所需要的工业制成品、半制成品、生鲜食品，以及各种高价货物对运输的需求而发展起来的船舶营运方式。

2. 班轮运输的出现

19 世纪以前的航运业，是以木制帆船运输为主的。国与国之间的贸易规模也较小，贸易与航运合为一体，很难分开。通常船长既是船东，又是贸易商，即使是作为雇员的船长也常是船舶所运载货物的合伙经营人。在这种情况下，货主用自己的船舶将属于自己的货物从起运地运至目的地出售后，再购买当地的物产运回原地或其他地点销售。直到 18 世纪末，因人口和工厂数量的增加、农业生产技术的改进，以及煤炭用于工业燃料等原因所导致运量的急速增加，才使贸易与航海相脱离，出现了专门以承运属于他人的货物为主要经营业务的公共承运人。到 1818 年，第一次出现了班轮运输的经营方式。班轮运输的出现和发展，与经济的发展、技术的进步，以及国内和国际运河的开通有着密切的关系。

3. 组织班轮运输必须具备的条件

船运公司在组织班轮运输时，除航线上要备有足够且稳定的货源外，还必须具备其他一些条件，主要有以下几点。

1）要有技术性能较高、设备齐全的船舶

为了保证船期，经营班轮运输时，需要有一些质量较好、航速较高的船舶；为了便于不同港口各种货物的装载与分隔，保证货物的运输质量，船舶的货舱应有多层甲板，以适应各种货物对运输的要求。

2）需要为船舶配备技术和业务水平较高的船员

为了安全地积载、保管和照料货物，船运公司需要为船舶配备受过专门训练、货运技术和业务水平较高的船员，特别是需要配有经验丰富的船长和大副。

3）要有一套适于小批量接收货物运送的货运程序

由于班轮所承运的货物种类多、批量小，而且分属于许多不同的货主，因此班轮要建立一套相应的货运程序，以保证这些货物的有效运输。

4. 班轮运输的特点

（1）固定开航日期，船期表预先公布。

（2）固定航线和固定港口，顺序装载和卸载，不受货种和货量的限制。必要时，可由船方负责转船。班轮运输中固定航线上固定挂靠的港口称为基本港。它一般具有效率高、装备全、费用低的特点。

（3）固定的运费率。班轮运价是相对固定的，一般包括货物的装卸费、理舱费，它不是竞争性运价，而是垄断性运价，一般由班轮公会或公司制定。班轮运价的计算一般以班轮运价表为基础，这一点与不定期船有很大的不同。由于班轮运价是以班轮运价表为基础计算的，所以它一般不能讨价还价。

（4）固定的责任。班轮运输以班轮提单条款为依据，明确船货双方的权利和义务，处理货运纠纷。班轮运输中船货双方不再另外签订合同，班轮提单成为船货双方运输合同的证明文件，双方的权利和义务以船方或船务代理签发的班轮提单为依据。

知识链接

班轮公会

班轮公会是指在同一航线上或相关航线上经营班轮运输的两家以上运输企业，为了避免相互之间的激烈竞争，通过制定统一的费率或最低费率，以及因经营活动而签订协议，而建立的联合经营组织，也称班轮航运公会、运价协会。世界上第一个班轮公会于1875年在英国至加尔各答航线上诞生，然后迅速发展并遍及全世界，到20世纪70年代初，全世界共有360多家班轮公会。

班轮公会的业务活动有两种：一种是为了限制和调节班轮公会内部会员相互竞争的业务活动；另一种是为了防止或对付来自公会外部的竞争，从而达到垄断航线货载目的的业务活动。前者主要有统一安排营运、统筹分配收入、统一经营、协定费率等；后者主要有延期回扣制、合同费率制、联运协定、派出“战斗船”等。

综观国际班轮运输市场的现状及其存在的问题，最终都聚焦在垄断或竞争的问题上。航线上的垄断或过度竞争，对市场发展、船东及货主均不利。要想获得一个健康、有序的国际航运市场，除利用市场自发调节和船东自律等手段外，政府对航运市场的监管也是不可缺少的。而从国际社会对班轮运输管理的趋势来看，在放松管制的时代，政府对市场的干预越来越少，能够由市场解决的问题，政府一般不再干预。从管制成本及可能被认为是政府对市场的一种干预的角度来考虑，是否全面实施运价报备制度成为一个需要谨慎选择的问题。

5. 班轮运输的优点

班轮运输方式出现得比较晚，但发展迅速，很快便成为国际海洋运输的一种主要营运方式。这是因为班轮运输对货主来说有如下一些优点。

（1）能及时、迅速地将货物发送并运达目的港。由于班轮运输是按照预先公布的船期和在固定的航线上营运的，而且船舶的航速较快，所以能够及时、迅速地将货物发送和运至目的港，并且能预知货物运抵目的港的时间，这样能保障市场对货物的需要，减少资金的积压，加速资金的周转。这一点对货主来说是非常有利的。

（2）特别适应零星小批量的件杂货对运输的需要。因为班轮船舶是经常在固定航线上有规则地从事运输的，所以即使是零星小批货物，货主也能随时向船公司托运，而不需要集中成大批量的货物后再交付运输。这样，货主能节省货物等待集中的时间和仓储费用。

（3）能满足各种货物对运输的要求，并能较好地保证货运质量。由于用于班轮运输的船舶技术性能较好，设备较齐全，船员的技术业务水平也较高，所以既能满足各种货物对运输的要求，又能对货运质量有所保障。

（4）通常班轮公司都负责转运工作，以满足对外贸易的特殊需要。这是经营班轮运输的船公司为了揽到更多的货载，提高经营效益，为货主提供方便的运输服务所采取的重要措施。

6. 班轮货运的主要单据

1）托运单

托运单是货主或货代向班轮公司或其代理提出要约的单证。

2）装货单

装货单，也叫装运单，它的作用主要有以下几个。

（1）装货单是船公司承诺运载货物的证明文件。装运单一经签发，作为船方或船代对货方的承诺，运输合同即告达成，船、货双方都应受到约束。

（2）装运单是货主向海关办理报关的单据之一，所以也叫“关单”。

（3）装运单是船方对船长下达接收货物装船的命令。

3）收货单（M/R）

收货单即“大副收据”。收货单签发，表明货物已装船。收货单的作用主要有以下几个。

（1）它证明承运人已经收到货物，而且已经装船。它是划分船、货双方责任的重要依据。

（2）它是托运人据以向船方代理人或船长换取“已装船提单”正本的凭证。

4）提单

提单是一种用以证明海上货物运输合同和货物已由承运人接管或装船，以及承运人据以保证运至目的港交付货物的单证。

提单有清洁提单和不清洁提单之分。当托运人向船方代理人或船长换取提单时，船代或船长会将收货单上大副对货物装载所做的记载（如果有的话）转记到提单上去，如果货物包装表面有缺损，船方或船代将如实转记，这样，提单将成为不清洁提单。银行对不清洁提单一般是不接受的。

为了取得船方的清洁提单，货方一般会向船方出具保函换取清洁提单。货方保函的内容主要是：收货人因货损向船方索赔致使船方受损的损失由发货人承担，即货方对船方不能转记收货单记载招致的损失由货方承担。

5）提货单（D/O）

提货单是目的港的船代向持有提单的货主签发的提货单据，也叫小提单。提货单签发，表明收货人可凭此提货。

提货单是运输合同的证明文件，但不是合同本身。而装货单是运输合同的重要组成部分，托运单也是运输合同的重要组成部分，它们缺一不可。

6）理货单

理货单是指在装/卸船时，理货员根据船方或托运人的委托对货物进行理货点数后所出具的明细单。如发现货物外包装表面有残损、破裂、渗漏等缺陷、瑕疵或标志不清等，理货员在理货单上均需详细加以批注。

7. 班轮运输托运程序

班轮运输的托运程序一般可分为 4 步：订舱—配载—装船—获取提单。

1）订舱

订舱是指托运人根据信用证的要求和实际载货数量，以托运单的形式，通过货代向船东或船代具体洽谈预订某一艘船舶的部分或全部舱位。

2）配载

配载是指外运公司根据货运需要、船舶航线、载货数量、卸货港口和开航日期等具体情况和要求，在与外运代理协商一致的基础上，将货物确定分配给具体船只承运并指定载货的舱位。

3）装船

货物配载后，船方应签发一份装货单给货方。

装货单在不同的港口叫法也不同：广州叫"九联单"；天津叫"下货单"；上海叫"装货单"等。它在九联单中是第二联，由海关签章放行货物后装船。

4）获取提单

货物装船完毕后，应由船上大副代表船方签发一份"大副收据"给托运人，作为换取提单的凭证。

此外，如果由出口方支付运费，在支付船方运费后，托运人凭运费收据，连同"大副收据"，向船东、船代或船长换取提单。

8. 班轮运费的构成及其计算

1）班轮运费的构成

班轮运费包括基本运费和附加运费两部分。

（1）基本运费。基本运费是指对运输每批货物所应收取的最基本的运费。它根据基本运价和计费吨计算得出。基本运价按航线上基本港之间的运价给出，是计算班轮基本运费的基础。

（2）附加运费。运输中经常有一些特殊情况导致货物运输成本的差异。这会使班轮公司在运营中支付额外的费用。为了使这些增加的开支得到一定的补偿，需要在基本运费的基础上，在计算全程运费时计收一定的追加额。这一追加额就是班轮运费的另一组成部分——附加运费。它主要有港口附加费、港口拥挤附加费、转船附加费、超重附加费、直航附加费、选港附加费、燃油附加费等。附加运费可以按绝对金额加收，也可按基本运费率的一定比例计收。

2）班轮运费的计费标准

班轮运费的计费标准，也称为计算标准，是指计算运费时使用的计算单位。

班轮运输中使用的计费标准，主要是按容积和重量计算运费；但对于贵重商品，则按货物价格的某一百分比计算运费；对于一些特定的商品，也可能按其某种包装状态的件数计算运费；某些商品按实体个数或件数计算运费，如活牲畜按"每头"计收，车辆按"每辆"计收；还有的按承运人与托运人双方临时议定的费率计收运费。按临时议定的费率计收运费多用于低价商品的运输。

船公司公布的运价表中一般都规定了不同商品的运费计算标准。

（1）按“W”（Weight）计收，表示该种货物应按其毛重计算运费。

（2）按“M”（Measurement）计收，表示该种货物应按其尺码或体积计算运费。某些国家对运输木材按“板尺”和“霍普斯尺”计算运费（12 板尺=0.785 霍普斯尺=1 立方英尺）。

（3）按“W/M”计收，表示该货物应分别按其毛重和体积计算运费，并选择其中运费较高者。

（4）按“Ad.Val.”计收，表示该种货物应按其 FOB 价格的某一百分比计算运费。由于运价是根据货物的价格确定的，所以又称为从价运费。

（5）按“Ad.Val.or W/M”计收，表示该种货物应分别按其 FOB 价格的某一百分比和毛重、体积计算运费，并选择其中运费较高者。

（6）按“W/M plus Ad.Val.”计收，表示该种货物除应分别按其毛重和体积计算运费，并选择其中运费较高者外，还要加收按货物 FOB 价格的某一百分比计算的运费。

我国的法定计量单位采用“米制”。在运费计算中，重量单位用“吨”；体积单位用“立方米”，以 1 吨或 1 立方米为一计费吨。

3）班轮运费计算

班轮运费的计算公式为：

运费总额 = 基本运费 + 附加费 = ［基本运费率 ×（1+ 各种附加费率）］×总运费吨

或

$$F = F_b + \sum S$$

式中，F——运费总额；F_b——基本运费额；S——某项附加费。

例： 某班轮从上海港装运 10 吨、共计 11 立方米的蛋制品去英国普利茅斯港，要求直航，求全部运费。

解：（1）查中远货物分级表知蛋制品为 12 级，计算标准为 W/M。

由已知条件可知，该货物为轻货，运费吨应为 11 吨，即按尺码吨计算。

（2）再从中国到欧洲地中海航线分级费率表查出 12 级货物的基本费率为 116 元/运费吨。

（3）另从附加费率表中查知，普利茅斯港直航附加费为每运费吨 18 元；燃油附加费为 35%，代入运费计算公式得

$$总运费额 = [116 \times (1 + 35\%) + 18] \times 11 = 1\,920.60（元）$$

二、租船运输

1. 租船运输的含义

租船运输，又称不定期船运输，是相对于班轮运输（即定期船运输）而言的另一种远洋船舶营运方式。它和班轮运输不同，没有预先制定的船期表、航线，停靠港口也不固定，具有漂泊流浪的特点。船舶的营运是根据船舶所有人（或船舶经营人）与需要船舶运输的货主双方事先签订的租船合同来安排的，故称为租船运输。

2. 租船运输的基本特点

（1）租船运输是根据租船合同组织运输的。船舶所有人（出租人）与承租人双方首先

要签订租船合同才能安排船舶营运，合同中除规定船舶就航的航线、载运的货物种类及停靠港口外，还具体订明双方应承担的责任、义务和享有的权利。租船合同中的条款是解决双方在履行合同过程中发生的争议的依据。

（2）租船运输的运费或租金水平的高低，直接受签订租船合同时国际租船市场行情波动的影响。世界的经济状况、船舶运力供求关系的变化、季节性气候条件的不同，以及国际政治形势等，都是影响租船运输运费或租金水平的主要因素。

（3）船舶营运中有关费用的支出，取决于不同的租船方式，由船舶所有人（出租人）和承租人分担，并在租船合同中订明。

（4）租船运输主要从事大宗货物的运输，如谷物、油类、矿石、煤炭、木材、砂糖、化肥、磷灰土、水泥等，它们一般都是整船装运的。

3. 租船方式

如前所述，租船运输是根据承租人对运输的要求而安排的船舶营运方式。因此，根据承租人不同的营运需要，就有不同的租船方式，其中最主要的是航次租船和定期租船。随着国际经济贸易和海上运输的发展变化，又出现了包运租船、航次期租船和光船租船等不同的租船方式。

1）航次租船

航次租船又称航程租船或程租船，是指船舶所有人（出租人）提供一艘特定的船舶，在指定的港口之间进行一个或数个航次运输指定货物的租船方式。承租人所租用的船舶，其航次可以是单程的，也可以是来回程的，由承租人根据需要而定。如果签订一份租船合同时，规定船舶被租用数个航次，则称为连续航次租船。

2）定期租船

定期租船又称期租船，是指船舶所有人（出租人）提供一艘特定的船舶给承租人使用一个时期的租船方式。租期的长短主要由承租人根据其需要使用的时间及其对租船市场船舶供求关系和租金水平的变化趋势的分析结果而定。

3）包运租船

包运租船是 20 世纪 70 年代国际上发展起来的一种租船方式。这种租船方式所签订的合同称为包运租船合同（COA 合同）。所谓包运租船，是指船舶所有人（出租人）提供给承租人一定的运力（船舶载重吨），在确定的港口之间，在事先约定的时间内，以约定的航次周期和每航次较均等的货运量完成合同规定的总运量的租船方式。承租人支付的运费根据双方商定的运费率和完成的总运量计算。船舶所承运的货物主要是货运量大的干散货或液体散装货。由于这种合同的性质，有关费用和风险的划分基本上与航次租船方式相同，因此，国际上一些航运界认为包运租船是航次租船派生出来的一种租船方式。

4）航次期租船

航次期租船是目前国际上以定期租船为基础的航次租船方式，即船舶按航次整船租赁，但租金按实际使用的天数计算，故又称“日租租船”，也有的把它叫作期租航次租船。

5）光船租船

光船租船也是一种定期租船，是船舶所有人（出租人）将一艘特定的船舶提供给承租人使用一个时期的租船。但是，船舶所有人所提供的这艘特定的船舶是一艘没有配备船员的空船。承租人接受了这艘船舶后，还要为船舶配备船员才能使用，而且船员的给养、船舶的营运管理及一切费用都由承租人负责。严格地说，光船租船不属于承揽运输方式，而是一种财产的租赁，是承租人从船舶所有人那里租用船舶这一运输工具。

4. 租船市场

1）租船市场的含义

狭义的租船市场是指船舶所有人（船东）与租船人根据货物运输的需要和可能，相互洽商船舶租赁交易的场所。广义的租船市场则是船租双方洽商船舶租赁交易形成的社会生产关系的总和。

2）租船市场的特点

（1）租船市场不一定有固定的场所，其业务活动是通过电信业务来完成的。

（2）在租船市场，有船东、船东代理人、租船人代理人、租船人等当事人。船舶租赁一般通过租船代理来进行。

（3）根据国际惯例，代表船方的船舶租赁经纪人和代表货方的租船代理人的佣金，都由船公司支付，一般为运费的2.5%，经纪人和代理人各拿1.25%。

3）国际主要租船市场

（1）英国伦敦租船市场。伦敦的波罗的海航运交易所是世界最大的散杂货租船市场，主要从事杂货船租赁。伦敦租赁市场的行情是其他租船市场的“晴雨表”。

（2）美国纽约租船市场。纽约租船市场是世界第二大租船市场，主要从事油轮和干散货船租赁。它没有统一固定的场所，主要使用电信方式进行业务活动。

（3）奥斯陆、斯德哥尔摩和汉堡租船市场，主要是租赁一些特殊船舶，如冷藏船、液化石油气船、滚装船等，以期租船租赁为主。

（4）东京和香港远东租船市场，主要从事短程近洋船的租赁，也是世界最大的拆船市场。

知识链接

中远海控2021年上半年实现净利润371亿元

2021年上半年，世界经济逐步复苏，但全球物流供应链受到港口拥堵、集装箱短缺、内陆运输迟滞等多重因素的挑战和冲击，集装箱航运市场供求关系趋紧，主要航线运价上升。中远海运控股股份有限公司（以下简称中远海控）始终秉持“以客户为中心”的服务理念，坚守航运服务本质，践行企业责任，通过增运力、保供箱、优服务等措施全力保障全球集装箱物流供应链稳定。

2021年上半年，中远海控实现归属于上市公司股东的净利润370.98亿元，较2020年同期的11.37亿元大幅增加。公司2021年上半年的营业收入达到1 392.64亿元，同比增加88.1%。其中，集装箱航运业务板块收入达到1 364.38亿元，同比增加90.6%；码头业务板块收入达到37.17亿元，同比增加15.3%。

发挥产业链经营优势，打造客户服务新模式

报告期内，中远海控充分发挥产业链经营优势，持续优化全球运力资源配置，通过租入船舶、开辟专班等举措，合理调整运力投入比例，全力缓解集装箱运输市场供需矛盾。截至报告期末，公司经营的集装箱船舶达到526艘，约303万标准箱，运力规模较去年同期增长3.7%。其中，跨太平洋航线、亚欧航线运力同比增幅分别达到12%和13%。此外，公司通过内外贸运力联动、外贸航线运力优化配置，实现了运力和舱位的运营效率最大化。上半年，公司双品牌船队携手海洋联盟各成员，正式推出DAY5产品，涉及联盟40条航线、412万标准箱运力，航线覆盖面、交付时效得到进一步提升，取得了良好的市场反响。

面对市场运输需求激增、集装箱物流供应链不畅等多重因素的叠加影响，中远海控努力创新打造与客户需求相契合的运输服务模式。2021年上半年，公司通过加强空箱调运、提升集装箱周转效率、向市场投放新箱等举措，有效缓解了客户用箱问题，集装箱保有量比2020年增长7.2%。公司还在欧线、墨西哥线、澳新线等主干航线相继推出12班中小直客专班，为广大客户解了燃眉之急，在助力国家"六稳、六保"的同时，赢得了客户的普遍好评。

公司积极打造陆海一体化运营模式，继续为客户提供可靠的出运渠道和有力的服务保障。2021年上半年，公司中欧铁路班列、西部陆海新通道、中欧陆海快线箱量规模快速增长，同比增幅分别达到54%、79%和20%。

发挥双品牌协同优势，构建全球化发展新格局

报告期内，在全球新冠肺炎疫情等多重因素的叠加影响下，中远海控致力于为全球客户构建更加稳定的供应链体系，通过充分发挥旗下"中远海运集运"与"东方海外货柜"双品牌船队协同与规模优势，在持续优化全球航线网络布局的同时，加大了全球运力投入与灵活调配力度。

报告期内，中远海控双品牌集装箱船队完成货运量1 384.09万标准箱，同比上升16.84%。其中，中远海运集运完成货运量991.41万标准箱，同比上升15.83%；东方海外货柜完成货运量392.68万标准箱，同比上升19.48%；中远海运港口完成总吞吐量6 271.07万标准箱，同比上升8.81%。

集装箱航运业务方面，中远海控积极响应国家"一带一路"倡议、把握RCEP协定机遇，主动强化东南亚、南亚、拉美、非洲等新兴市场、区域市场和第三国市场的资源配置。

2021年上半年，中远海控双品牌在新兴市场的箱量同比增幅达24%，第三国市场箱量占外贸总箱量的比例达38%。

码头业务方面，中远海控旗下中远海运港口作为全球领先的港口运营商，持续深化"精益运营"理念，不断提高码头运营质量和服务水平。依托公司双品牌船队与海洋联盟成员货量支持。2021年上半年，西班牙码头、比利时泽布吕赫码头、厦门远海码头等吞吐量显著提升，公司港航业务板块协同优势进一步增强。

发挥信息化技术优势，赋能数字化生态新体系

报告期内，中远海控积极践行"数字赋能、智慧航运"理念，依托数字化先进技术，在信息化、智能化业务领域展开了成功的探索和实践，对多维度业务进行了快速整合。

报告期内，由公司旗下的中远海运集运、东方海外货柜、中远海运港口及其他 5 家国际知名班轮公司和港口运营方共同发起的全球航运商业网络（Global Shipping Business Network，GSBN）在中国香港宣告实现实体化运作。经过多方联手，进口电子提箱服务在中国地区全面上线，区块链电子提单服务在马来西亚成功落地，有力提升了集装箱供应链上下游运营效率。近日，GSBN 首个应用产品“无纸化放货”在中国及东南亚正式上线，为客户提供了无纸化、高效和透明的解决方案，大大简化了数据交换方式，确保了客户服务体验，稳步提升了行业影响力。

中远海控充分发挥电商平台技术优势，持续增强产品的吸引力、集聚力和创新力。公司旗下中远海运集运通过 SynconHub 电商平台推出美线、欧线、拉非线等中小客户专线产品，利用数字化平台为广大客户提供安全可靠的出运渠道、舱位供应和服务保障。2021 年上半年，外贸电商平台成交量同比增长 280%。

继将厦门远海码头成功升级改造成国内首个 5G 全场景应用智慧港口后，中远海控旗下中远海运港口在阿联酋阿布扎比码头、武汉阳逻码头持续推进“智慧港口”建设。凭借无人驾驶集装箱卡车、中央集成的指挥系统、5G 网络覆盖等先进数字化技术，中远海控在有效降低作业能耗与运营成本的同时，为客户提供了操作效率更高、响应需求更快、综合物流成本更优的供应链增值服务。

5. 租船的一般程序

租船的一般程序分为 5 个环节：询盘—发盘—还盘—接受—签约。

6. 租船合同的性质与类型

1）租船合同的性质

租船合同是海上运输合同的一种。它是船舶出租人与租船人按照契约自由原则达成的租赁船舶的协议，是船、租双方权利、义务与责任豁免的依据。

2）租船合同的类型

航次租船合同主要分为标准航次租船合同和非标准航次租船合同；定期租船合同可分为标准定期租船合同和非标准定期租船合同。

7. 标准租船合同

标准租船合同是租船市场上使用的租船合同范本，经由国际上各航运组织或各种大宗货物贸易商会，根据本行业、本航运组织的特点，结合货物种类、运输航线及习惯做法而制定的租船合同。

常用的标准租船合同有：

- 标准杂货程租船合同（简称“金康”，记作 GENCON）。它是由波罗的海国际航运公会制定的杂货程租船合同。
- 标准期租船合同（简称“巴尔的摩”合同，记作 BALTIME）。它是由波罗的海国际航运公会制定的期租船合同。
- 中租期租船合同（简称“SINO-TIME1980”）。
- 纽约土产交易所定期租船合同（简称 NYPE Time Charter Party）。

本章小结

本章介绍了国际海洋运输的基本知识和基本理论，包括国际海洋运输概述、船货基础知识、海洋运输的主要经营方式、班轮运输的组织和托运程序、班轮运输的有关单据、班轮运费的计算、租船运输的特点、租船市场和租船合同及种类。

国际海洋运输是船舶经营人以船舶为运输工具，以海洋为通道，从事国与国之间货物和旅客的运输并收取运费的经营行为。当前国际上普遍采用的远洋船舶的营运方式可分为两大类，即班轮运输和租船运输。

班轮运输，又称定期船运输，是指船舶按事先制定的船期表（时间表）在特定的航线上，以既定的挂靠港口顺序，经常性地从事航线上各港间的船舶运输。班轮运输的托运流程一般可分为四步：订舱—配载—装船—获取提单。其主要单据包括托运单、装货单、收货单、提单、提货单和理货单。

租船运输，又称不定期船运输，是相对于班轮运输（即定期船运输）而言的另一种远洋船舶营运方式。它和班轮运输不同，没有预先制定的船期表、航线，停靠港口也不固定，具有漂泊流浪的特点。船舶的营运是根据船舶所有人（或船舶经营人）与需要船舶运输的货主双方事先签订的租船合同来安排的，故称为租船运输。根据承租人不同的营运需要，有不同的租船方式，其中最主要的是航次租船和定期租船。

案例讨论

中远集团21世纪的战略任务——向现代综合物流方向转变

我国外贸运输量的90%以上都是依靠航运来完成的。将航运作为主业的中远集团，以占全国远洋运力75%的船队规模和覆盖全球的营销网络，成为我国外贸运输的主力。作为全球承运人，中远集团在进一步确立航运业在现代物流业中主干地位的同时，正努力向现代综合物流方向转变，从而实现物流、商流、信息流的一体化，使物流成为中远集团新的利润区域。这是中远集团在21世纪的一项新的战略任务。

1. 从客户需要出发，以客户满意为中心，达到与客户的“双赢”目标

我国现阶段的物流产业，受国民经济总体发展水平、“小而全”的传统观念，以及企业自身人才资源匮乏、投资能力不强等诸多因素的制约，物流市场尚处于孕育和培养阶段，因此，目标市场的定位至关重要。由于不同类型的客户所采用的生产经营方式有着巨大的差异，也就决定了他们的产品和原材料在流通过程中的需求千差万别。

一方面，客户对象主要集中在外资企业、高附加值产品、国家重点建设项目和国家支柱产业，其产品档次和价值相对比较高，也有能力支付高额的物流费用，但往往要求服务具备个性化、专业化的特点。

另一方面，在客户眼里，是按不同航运需求区分物流服务的。这就要求必须以客户满意为中心，真正地领会客户的生产经营意图，一切从客户的需要出发，针对客户供应链的

各环节，紧密地配合客户生产的需求，以提高客户生产效率、降低客户物流费用、提高客户整体效益和竞争力为目的，拟订一个整体解决方案，并以此整合包括航运在内的所有业务。这是中远集团总结以往经验得出的航运企业发展物流业的关键所在。

例如，在上海最大的蔬菜出口基地，中远集团通过调查得知，客户对蔬菜的运输、包装等业务知之甚少，就与客户洽谈以劳务输出的方式，派出储运管理人员，直接进入客户的生产活动中，与客户真正融为一体。在总结这一经验的基础上，中远集团推出了“绿色服务”这一物流品牌。“绿色服务”是从公司派出优秀的业务人员，进驻客户单位进行联合办公这一形式开始的，整个出运业务流程的运转全部由高素质、高效率的业务人员来完成。这样，业务人员就直接参与了客户的经营活动，在与客户的伙伴关系中，直接为客户创造价值，同时向客户出具书面承诺。该承诺意味着从接受委托这一刻起，公司将承担出货过程中所遇到的一切风险，从而使客户摆脱了出运过程中诸多业务上的细节，远离风险。而客户满意的最终结果，就是中远集团通过物流的增值服务，获得了应有的回报，树立了自己的品牌形象，达到了与客户的“双赢”目标。

2. 把航运企业建立全球营销一体化网络紧密结合起来

全球经济一体化和跨国公司的日益扩张，促使航运企业内部资源的配置模式由航线型资源配置模式转向全球承运的资源配置模式，并逐渐遍布于全球各地的人员、设备、信息、知识和网络等资源，进行全方位、一体化的协调和整合，形成全球一体化的营销体系。物流服务涵盖的范围是航运业向客户方向进一步延伸。它连接了生产、流通、消费、交换等诸多环节，包括加工、包装、订单处理、需求预测、采购、仓库选址、零部件及服务支持等。

因此，全球承运人必须积极发展现代物流，使业已形成的全球营销网络的触角，更加深入客户内部的生产经营领域。这极大地丰富了航运企业全球营销体系的内涵和外延，也在一定程度上使全球承运人日益向针对客户全面解决问题的综合服务商方向转变。

3. 加快服务体系的建设，不断完善信息系统，形成全球物流综合网络

现代物流服务体系由三大块组成：运输系统、配送系统（包括装卸搬运、包装、保管发送、流通加工）和信息服务系统。在中远集团的运输系统中，外贸运输具有传统优势，内贸运输和配送业务则刚刚起步。为逐步提高综合物流服务能力，中远集团将更多地介入内贸运输，以完善运输功能；同时发展国内货物配送，积极尝试在海外为大客户开展配送分拨服务；并在此基础上，为客户提供增值服务，以强化服务优势；还将投入资金，不断完善信息系统，最后形成全球物流综合网络。

思考问题

中远集团为什么要向现代综合物流方向转变？如何实现这一转变？

课后练习

一、单项选择题

1. 下列（　　）不属于国际海上货物运输的特点。

A. 通过能力大　　B. 运量大

C. 运费高　　D. 易受自然条件的影响

2. 船舶按照规定的时间表（船期表）在一定的航线上，以既定的挂靠港口顺序，经常性地从事航线上各港间的船舶运输是指（　　）。

A. 不定期运输　　B. 航次租船　　C. 班轮运输　　D. 光船运输

3. 下列不属于识别标志的是（　　）。

A. 批件与件数号码标志　　B. 体积标志

C. 附加标志　　D. 小心轻放标志

4. 租船经纪人以中间人身份促成租船合同订立，他的佣金通常由（　　）支付。

A. 承租人　　B. 货主　　C. 船东　　D. 大副

二、判断题

1. 包运合同不属于航次租船。（　　）

2. 光船租船是一种财产租赁方式，并不具有运输承揽的性质。（　　）

3. 凡 1 吨重量的货物，体积小于 1 立方米，则称体积货物。（　　）

4. 凡 1 吨重量的货物，体积小于 1 立方米，则称重量货物。（　　）

5. M/R 签收表明货物已装船。（　　）

6. D/O 签发表明收货人有权提货。（　　）

7. 定期租船的租船人对所租船舶运营过程中产生的港口费、装卸费等不负责支付。（　　）

三、简答题

1. 什么是班轮运输？它有什么特点？

2. 什么是航次租船？什么是定期租船？它们有什么区别？

3. 租船市场有何特点？国际上有哪些主要租船市场？

四、计算题

1. 某出口公司向马来西亚出口大型机床 1 台，毛重为 7.5 公吨，目的港为巴生港或槟城。运送机床去新马航线的基本费率每 1 运费吨为 1 500 港元，另加收超重附加费每运费吨为 28 港元，选港费为 20 港元。该机床的运费为多少？

2. 我国上海某出口商出口电风扇 500 台到纽约，共装 50 箱，每箱体积 60cm×55cm×120cm，毛重每箱 125 千克，查运费表可知该批电风扇按 W/M12 级计费，并且 W/M12 级从上海到纽约每运费吨运价为人民币 94 元，燃油附加费 28%，港口附加费 10%，则该批电风扇从上海运输到纽约应付运费多少？

任务实训

实训内容：

到航运企业了解国际海洋班轮运输或航次租船运输的业务流程。

实训目的：

1. 了解货物的特点、分类。
2. 了解船舶的种类、特点与适用性。
3. 了解海上班轮托运或航次租船运输的基本业务流程。
4. 了解海洋运输班轮有关单证的流转或航次租船运输合同的订立过程及当事人。

实训要求：

1. 熟悉船舶的特征。
2. 熟悉海洋运输的基本业务流程。
3. 熟悉海洋运输有关单证的制作及其流转过程。
4. 掌握运费计算方法。
5. 完成一份班轮托运或航次租船运输实训报告。

实训操作与规范：

1. 有组织地到船公司或国际海洋运输货代企业进行参观活动。
2. 注意安全。
3. 听从有关人员安排。
4. 根据国际海洋运输有关单证格式，尝试相关单据的制作或实际操作练习。
5. 在船公司或国际货代企业进行计收运费的实际操作练习。
6. 在船公司或货代企业的指导下，以小组为单位进行办理国际班轮运输托运的实际操作训练。
7. 在船公司或货代企业的指导下，以小组为单位进行远洋航次租船运输的租船实际操作练习。

第七章

集装箱运输与国际多式联运

学 习 目 标

1. 掌握集装箱和集装箱运输的定义，了解集装箱货物的分类。
2. 掌握集装箱运输方式的选择，能区分各种不同国际标准的集装箱，能按货物的种类选择集装箱。
3. 掌握国际多式联运的含义与特征，掌握国际多式联运业务的组织方法。
4. 了解大陆桥运输及 OCP 运输的相关知识。

知识要点

集装箱　整箱货　拼箱货　多式联运　多式联运经营人　大陆桥运输　标准集装箱　集装箱堆场　集装箱货运站

场景导入

国外某 A 公司向我国 B 公司订购了 4 000 套液晶显示器组件，该订单下货物分 8 票运往国外。B 公司向 C 公司订舱，委托其运输其中一票货物，C 公司收取运费并签发了抬头 D 公司的提单，提单显示货物交接方式是 CY TO DOOR。货物从上海港通过海运方式运至美国西雅图港，再经西雅图港由铁路和陆路运至最终交货地纽约。但在 B 公司仍持有正本提单的情况下，货物被 D 公司国外公司无单放行，造成 B 公司经济损失 5 万美元。

思考问题

1. 本案是否是多式联运？为什么？
2. CY TO DOOR 的含义是什么？
3. 本案中，A、B、C、D 4 个当事人分别是什么身份？
4. 本案属于海运哪条航线？该航线一般会有哪些附加费？
5. 本案适用什么法律？为什么？
6. 什么是无单放货？发生无单放货，承运人是否有抗辩可能？
7. 如何看待多式联运提单？它和提单有怎样的区别？

集装箱运输是 20 世纪 50 年代以来发展迅猛的一种运输方式，20 世纪 70 年代初进入我国，随后在我国的一些主要对外口岸迅速发展，20 世纪 80 年代后期我国开始引入多式联运。近年来，集装箱运输已成为国际贸易中一种主要的运输方式。

第一节　集装箱的含义及标准

一、集装箱的含义

集装箱是在我国内地的称谓，香港称为货箱，台湾称为货柜。关于它的定义，在各国的国家标准、各种国际公约和文件中，都有具体规定，其内容不尽一致。不同的定义在处理业务问题时，可能有不同的解释，这里不一一叙述。下面仅列举国际标准化组织的定义。

1968 年，国际标准化组织第 104 技术委员会起草的国际标准《集装箱术语》（ISO/R830—1968）中，对集装箱就下了定义。该标准后来又做了多次修改。根据国际标准 ISO 830—1981《集装箱名词术语》的定义，集装箱是一种运输设备，应满足下列要求：①具有足够的强度，可长期反复使用；②适于一种或多种运输方式的运送，途中转运时箱内货物不需换装；③具有快速装卸和搬运的装置，特别便于从一种运输方式转移到另一种运输方式；④便于货物的装满和卸空；⑤具有不小于 1 立方米的容积。集装箱这一术语的含义不包括车辆和一般包装。

目前，许多国家制定标准（如日本工业标准 JISZ 1613—72《国际大型集装箱术语说明》、法国国家标准 NFH 190—001—70《集装箱的术语》和我国国家标准 GB/T 1992—2006《集装箱术语》）时都引用了这一定义。

二、国际标准集装箱

国际标准化组织 104 技术委员会自 1961 年成立至今，先后制定和颁布了 3 种标准集装箱规格系列，因不断发展和淘汰，ISO 668 现只有第 1 系列共 13 种集装箱标准规格作为国际标准，如表 7-1 所示。

表 7-1　国际标准集装箱

规　格	箱　型	长度（L）		宽度（W）		高度（H）		最大总重量	
		mm	ft/in	mm	ft	mm	ft/in	kg	lb
10	1D	2 991	9'9 3/4"	2 438	8'	2 438	8'	10 160	22 400
	1DX					<2 438	<8'		
20	1CC	6 058	19'10 1/2"	2 438	8'	2 591	8'6"	24 000	52 900
	1C					2 438	8'		
	1CX					<2 438	<8'		
30	1BBB	9 125	29'11 1/4"	2 438	8'	2 896	9'6"	25 400	56 000
	1BB					2 591	8'6"		
	1B					2 438	8'		
	1BX					<2 438	<8'		

（续表）

规　格	箱　型	长度（L）		宽度（W）		高度（H）		最大总重量	
		mm	ft/in	mm	ft	mm	ft/in	kg	lb
40	1AAA	12 192	40'	2 438	8'	2 896	9'6"	30 480	67 200
	1AA					2 591	8'6"		
	1A					2 438	8'		
	1AX					<2 438	<8'		

目前，在集装箱海运操作中，最常见的是 A 型和 C 型集装箱，即我们常说的 40ft 集装箱和 20ft 集装箱，以及以这两个标准为基础的变形扩展集装箱。集装箱企业的绝大多数集装箱设施和设备都是按照这两个系列的集装箱来配备的。

为方便统计集装箱船舶的载运量、集装箱码头吞吐量、集装箱装卸机械的机械效率等，国际上通常以一个 20ft 集装箱作为一个当量箱来统计或换算，并用 TEU 来表示。国际标准集装箱换算单位如下：

1TEU=1 个 20 ft 集装箱；

2TEU=2 个 20 ft 集装箱=1 个 40 ft 集装箱。

在业务操作中，需按照自然箱（UNIT）来统计作业量，即无论何种型号的集装箱，每个集装箱都被记为 1 个自然箱。

由于在火车、卡车的同一车皮、堆场的同一箱位、可装载（堆存）一个 40ft 集装箱的位置，必须可同时装载（堆存）两个 20ft 集装箱或一个 30ft 集装箱和一个 10ft 集装箱，因此，实际上除 40ft 集装箱的长度允许正好为 40ft 外，30ft、20ft、10ft 的集装箱的长度均须小于其公称长度。国际标准规定其长度之间的距离，必须为 3 in（76mm）。集装箱箱型尺寸关系如图 7-1 所示。

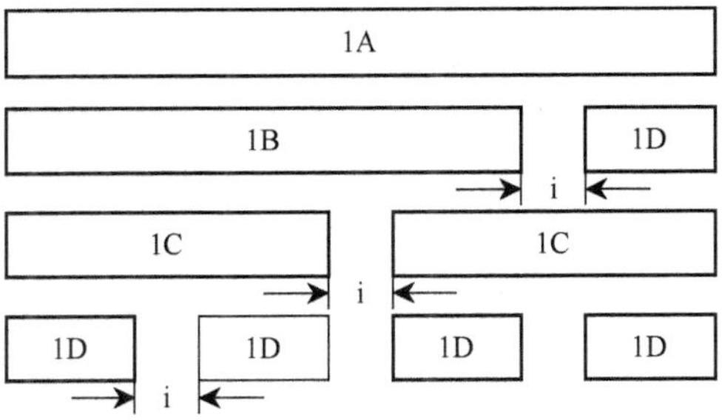

图 7-1　集装箱箱型尺寸关系

在图 7-1 中：

A=1B+1D+i=9 125mm+2 991mm+76mm=12 192mm；

1B=3D+2i=3 × 2 991mm+2 × 76mm=9 125mm；

1C=2D+i=2 × 2 991mm+76mm=6 058mm。

第二节　集装箱运输概述

集装箱运输，是指货物装在集装箱内进行运送的运输方式。它冲破了过去交通运输中一切陈旧的规章制度和管理体制，形成了一套独立的规章制度和管理体制，是目前最先进的现代化运输方式。它具有安全、迅速、简便、价廉的特点，有利于减少运输环节，还可以通过综合利用铁路、公路、水路和航空等各种运输方式，进行多式联运，以实现“门到门”运输。因此，集装箱运输一出现，就深受各方面的欢迎，显示出了强大的生命力和广阔的发展前景。

一、集装箱运输的优越性与特点

自 20 世纪 50 年代以来，集装箱运输之所以能在全世界范围内迅猛发展，是因为这种运输方式具有突出的优越性和鲜明的特点。

1. 集装箱运输的优越性

1）扩大成组单元，提高装卸效率，降低劳动强度

在装卸作业中，装卸成组单元越大，装卸效率越高。托盘成组化与单件货物相比，装卸单元扩大了 20～40 倍；而集装箱与托盘成组化相比，装卸单元又扩大了 15～30 倍。所以集装箱化对装卸效率的提高是不争的事实。

2）减少货损、货差，提高货物运输的安全与质量水平

集装箱是一个坚固密封的箱体，集装箱本身就是一个坚固的包装。货物装入集装箱并铅封后，途中无须拆箱倒载，一票到底，即使经过长途运输或多次换装，也不易损坏箱内货物，从而大大减少了货损、货差，提高了货物的安全和质量水平。根据我国的统计，用火车装运玻璃器皿，一般破损率在 30%左右，改用集装箱运输后，破损率下降到 5%以下；而在美国，类似运输破损率不到 0.01%，日本小于 0.03%。

3）缩短货物在途时间，降低物流成本

集装箱化给港口和场站的货物装卸、堆码的全机械化和自动化创造了条件。标准化货物单元的加大，提高了装卸效率，缩短了车船在港口和场站停留的时间。据航运部门统计，一般普通货船在港停留时间约占整个营运时间的 56%；而采用集装箱运输，在港时间可缩短到仅占营运时间的 22%。这一时间的缩短，对货主而言意味着资金占用的大幅下降，可以很大限度地降低物流成本。

4）节省货物运输包装费用，简化理货工作

集装箱是坚固的金属（或非金属）箱子。集装箱化后，货物自身的包装强度可减弱，包装费用下降。据统计，用集装箱方式运输电视机，本身的包装费用可节约 50%。同时，由于集装箱装箱通关后，一次性铅封，在到达目的地前不再开启，也简化了理货工作，降低了相关费用。

5）减少货物运输费用

集装箱可节省船舶运费，节省运输环节的货物装卸费用。由于货物安全性提高，运输中保险费用也相应下降。据英国有关方面的统计，该国在大西洋航线上开展集装箱运输后，运输成本仅为普通件杂货运输的 1/9。

知识链接

集装箱水运现状

受全球经贸环境影响，全球集装箱运输市场需求波动，2019 年，全球集装箱运量增速约为 2.2%，同比回落 1.9 个百分点。其中，远东—欧洲西行航线运输需求预计为 1 680 万 TEU，上升 3.9%；泛太平洋东行航线运输需求预计为 1 890 万 TEU，下降 1.7%；亚洲区域内运输需求量预计为 6 030 万 TEU，上升 3.4%。

贸易同比下降，箱量吞吐放缓。据我国海关统计数据显示，2019 年我国外贸进出口总值约为 41 426.9 亿美元，同比下降 2.2%。2019 年，我国港口集装箱吞吐量继续保持平稳增长，但增速略有回落。2019 年 1～11 月，全国规模以上港口完成集装箱吞吐量超 2.4 亿 TEU，同比增长 4.5%，增速放缓 0.8 个百分点，其中规模以上沿海港口集装箱吞吐量近 2.1 亿 TEU，同比增长 4.0%，增速略有回落。

2. 集装箱运输的特点

1）集装箱运输使“门到门”运输成为可能

这里的“门到门”，一端是指制造企业的“门”，另一端是指市场的“门”。所谓“门到门”，就是从制造企业将最终产品生产完毕，装入集装箱后，不管进行多长距离、多么复杂的运输，箱内货物在中途不再进行任何装卸与配载，一直到市场的“门”，才卸下直接进入商场或交给客户。这既是集装箱运输方式的特点，又是采用这种运输方式所要达到的目标。凡使用集装箱运输的货物，都应尽量不在运输中途进行拆箱和装卸。

2）集装箱运输使多式联运成为可能

由于集装箱是一种封闭式装载工具，在海关的监督下装货铅封以后，可以一票到底，直达收货人处。在不同运输方式之间换装时，海关及有关监管单位只需加封或验封转关放行，无须搬运箱内货物而只需换装集装箱，这就提高了换装作业效率和运输效率，适于不同运输方式之间的联合运输。

3）集装箱运输是一种高效率的运输方式

这种高效率包含两方面的含义。一是时间上的高效率：由于集装箱在结构上是高度标准化的，与之配合的装卸机具、运输工具（船舶、卡车、火车等）也是高度标准化的，因此在各种运输工具之间换装与紧固均极迅捷，大大节省了运输时间。二是经济上的高效率：集装箱运输可以在多方面节省装卸搬运费用、包装费用、理货费用、保险费用等，并大幅降低货物破损损失。这些都决定了集装箱是一种高效率的运输方式。

4）集装箱运输是一种高投资的运输方式

集装箱运输是一个资本高度密集的行业。首先，船公司必须对船舶和集装箱进行巨额投资。资料表明，集装箱船每立方英尺的造价约为普通货船的 3.7～4 倍，开展集装箱运输所需的高额投资，使船公司的总成本中固定成本高达 2/3 以上。其次，集装箱运输中港口的投资也相当大。专用集装箱泊位的码头设施包括码头岸线和前沿、货场、货运站，以及集装箱装卸机械等，耗资巨大。最后，为开展集装箱多式联运，还需有相应的内陆设施及货运站等，这方面的投资更是巨大。

5）集装箱运输是一种高协作的运输方式

集装箱运输涉及面广、环节多、影响大，是一个复杂的运输系统工程。集装箱运输系统包括海运、陆运、空运、港口、货运站及与集装箱运输有关的海关、商检、船舶代理公司、货运代理公司等单位和部门。如果各单位和部门互相配合不当，就会影响整个运输系统功能的发挥，如果某一环节失误，必将影响全局，甚至导致运输生产停顿和中断。因此，集装箱运输要求整个运输系统各环节、各部门之间高度协作。

6）集装箱运输是一种消除了所运货物外形差异的运输方式

在件杂货运输方式中，所运货物不管采用什么样的外包装，其物理、化学特性上的差异都比较明显，可以通过视觉、触觉和嗅觉加以区别。而集装箱则不然，货物装入集装箱之后，其物理、化学特性全部被掩盖了，变成了千篇一律的标准尺寸、标准外形的金属（或非金属）箱子，从其外形无法得到任何说明其内容的特征。

二、集装箱运输系统

由于集装箱运输是一种"门到门"的运输方式，是一种国际间的多式联运，所以集装箱运输必定是一个复杂的大系统。这个复杂的大系统可从基本要素和由基本要素不同组合方式而形成的各个子系统两个层面去观察和认识。

1. 集装箱运输的基本要素

1）适箱货物

并不是所有的货物都适合集装箱运输。从是否适合集装箱运输的角度，货物可分成以下四类：

（1）最佳装箱货。它是指物理和化学属性适合通过集装箱进行运输，而且本身价值高，对运费的承受能力大的货物。

（2）适于装箱货。它是指物理和化学属性适合通过集装箱进行运输，本身价值较高，对运费的承受能力较大的货物。

（3）可装箱但不经济的装箱货。它是指物理和化学属性适合装箱，但本身价值较低，对运费的承受能力较差的货物。

（4）不适于装箱货。它是指物理和化学属性不适合装箱，或者对运费的承受能力很差，从经济上看不适合通过集装箱运输的货物。

集装箱运输所指的适箱货源，主要是前两类货物，即最佳装箱货和适于装箱货。对于适箱货源，采用集装箱方式运输是有利的。

2）标准集装箱

前面已经列出了国际标准中集装箱的含义。除国际标准集装箱外，各国还有一些国家和地区标准集装箱，这里不再一一叙述。

3）集装箱船舶

集装箱船舶是随着集装箱运输发展而产生的一种特殊船型，经历了一个由非专业到专业发展的过程。最早的集装箱船舶是件杂货与集装箱混装的，没有专门的装载集装箱的结构。发展到现在，在国际海上集装箱运输中使用的集装箱船舶均已专业化，而且船型越来越大，包括全集装箱船、半集装箱船和兼用集装箱船。内河运输的集装箱船大多是由原来的驳船改造的。

4）集装箱码头

集装箱码头是集装箱水路运输的两端，是集装箱装卸、交接、保管的具体经办部门。早期的集装箱码头与件杂货码头交叉使用，是在件杂货码头的基础上配备少量用于装卸集装箱的机械，用于处理混装的件杂货船舶上的少量集装箱。这类码头目前在我国一些中小型的沿海港口和内河港口经常可以看到。现代化的集装箱码头已高度专业化，码头前沿配置、场地机械配置、堆场结构和装卸工艺配置完全与装卸集装箱配套。

5）集装箱堆场

集装箱堆场，也称集装箱码头堆场，包括集装箱前方堆场和集装箱后方堆场，由专门的集装箱堆场经营人或码头经营人经营。集装箱前方堆场在集装箱码头前方，是为加速船舶装卸作业而暂时堆放集装箱的场地。集装箱后方堆场是重箱或空箱进行交接、保管和堆存的场所。有些国家对集装箱堆场并不分前方堆场或后方堆场，统称为堆场。集装箱堆场现在都已高度专业化，都配置有各种集装箱装卸机械和设备。

6）集装箱货运站

集装箱货运站是货物集中、疏散的场所，在整个集装箱运输系统中发挥着承上启下的重要作用，是一个必不可少的基本要素。集装箱货运站按其所处的地理位置和职能的不同，可分为设在集装箱码头内的货运站、设在集装箱码头附近的货运站和内陆货运站 3 种。集装箱货运站的主要职能和任务是集装箱货物的承运、验收、保管和交付，拼箱货的装箱和拆箱作业，整箱货的中转，实箱和空箱的堆存和保管，票据单证的处理，运费、堆存费的结算等。

7）集装箱卡车

集装箱卡车主要用于集装箱公路长途运输、陆上各节点之间（如码头与码头之间、码头与集装箱货运站之间、码头与铁路办理站之间）的短驳，以及集装箱的“末端运输”（将集装箱交至客户手中）。

8）集装箱铁路专用车

集装箱铁路专用车主要用于铁路集装箱运输，包括铁路集装箱的陆上中、长距离运输和所谓的“陆桥运输”。

知识链接

集装箱航线

集装箱航线是指至少在两个港口间通过集装箱船舶定期往返或环绕航行承运集装箱

货物的航线，其特征是采用集装箱从事班轮运输业务。目前，绝大部分集装箱航线都是以班轮形式经营的，因此也被称为集装箱班轮航线。

全球集装箱航线连接着北美、欧洲、亚洲、非洲等许多地区，是国际间进行经济贸易和文化交流的桥梁与纽带。同时，集装箱航线及其规模的形成又受各个国家、港口经济腹地发展状况的影响。目前，世界海运集装箱航线主要有：①远东—北美航线；②北美—欧洲、地中海航线；③欧洲、地中海—远东航线；④中、韩、日—东南亚航线；⑤澳大利亚、新西兰航线；⑥澳新—北美航线；⑦欧洲、地中海—西非、南非航线。

2. 集装箱运输子系统

集装箱运输的各个基本要素，以各种不同的方式组合起来，大致可以组成以下几种子系统。

1）集装箱水路运输子系统

集装箱船舶、集装箱码头与集装箱货运站等基本要素，可组合成集装箱水路运输子系统。集装箱水路运输子系统主要用于完成集装箱的远洋运输、沿海运输和内河运输，是承担运量最大的一个子系统。集装箱水路运输子系统由集装箱航运系统和集装箱码头装卸系统两个次级系统组成。

2）集装箱铁路运输子系统

集装箱铁路专用车、集装箱铁路办理站与铁路运输线等组成了集装箱铁路运输子系统。它是集装箱多式联运的重要组成部分。随着陆桥运输的发展，集装箱铁路运输子系统在整个集装箱多式联运中起着越来越重要的作用。

3）集装箱公路运输子系统

集装箱卡车、集装箱公路中转站与公路网络构成了集装箱公路运输子系统。集装箱公路运输子系统在集装箱多式联运过程中，主要用于完成短驳、串联和末端运输的任务。在不同国家和地区，由于地理环境、道路基础设施条件不同，集装箱公路运输子系统处于不同的地位，发挥着不同的作用。

4）集装箱航空运输子系统

在相当长一段时间内，由于航空运输价格昂贵、运量小，集装箱的航空运输所占的份额很小。近年来，随着世界经济的整体增长，航空运输速度快、对需求响应及时、可缩短资金占用时间等优越性逐渐显现出来。航空集装箱运输子系统的地位正在逐渐提高。

三、集装箱货物分类

集装箱货物分类是根据研究目的，将货物按照某种标志划分为不同的类型和组别。对集装箱货物进行分类是为了反映和研究国民经济发展过程中各类货物的运力使用情况，安排集装箱运输组织工作，通过不同的集装箱运输方式，使运输能力得到有效、合理的使用，有计划、按比例地发展，充分满足国民经济各方面的运输需要，保证货物运输的安全和货物运输质量的提高。

采用集装箱运输的货物的分类方法有多种，通常按货物性质、装箱运输适宜程度、装运形式进行分类。

1）按货物性质分

集装箱货物按货物性质可分为普通货物、典型货物和特殊货物。其具体划分方法及各类内容如图 7-2 所示。

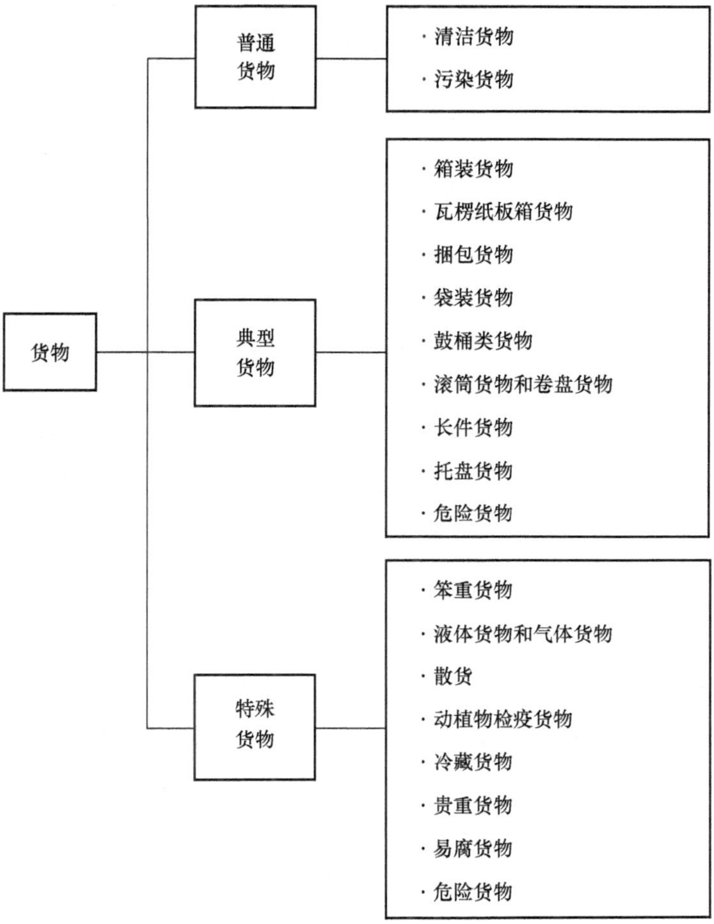

图 7-2　集装箱货物的种类

（1）普通货物。普通货物可称为杂货，是按货物性质不需要特殊方法保管和装卸的货物。其特点是货物批量不大，品种较多，包括各种车床、纺织机械、衣服类货物等。普通货物按包装形式和货物性质又可分为清洁货物和污染货物两种。

- 清洁货物又称“细货”，是指本身清洁干燥，在保管和运输时没有特殊要求，与其他货物混载时不易损坏或污染其他货物的货物，如纺织品、纤维制品、药材、罐头、橡胶制品、玩具等。
- 污染货物又称“粗货”，是指本身的性质和状态使其容易发潮、发热、发臭等，容易对其他货物造成严重湿损、污损或熏染臭气的货物，如水泥、咸鱼、石墨、油脂、沥青、樟脑、胡椒等。

（2）典型货物。典型货物是指按货物性质和形态本身已包装的、须采用与该包装相适应的装载方法的货物，包括箱装货物、瓦楞纸板箱货物、捆包货物、袋装货物、鼓桶类货物、滚筒货物和卷盘货物、长件货物、托盘货物、危险货物。典型货物的特点是对装卸要求较高。

- 箱装货物，主要是指木箱装载货物，其尺寸大小不一，从 50 千克以下的包装货物到几吨重的大型机械木箱货，均为箱装货物，通常采用木板箱、板条箱、钢丝板条箱。装载的货物主要有玻璃制品、电器制品、瓷器制品等。
- 瓦楞纸板箱货物，是指包装比较精细的和比较轻的货物，包括水果类、酒类、办公用品、工艺品、玩具等。
- 捆包货物，是指根据货物的品种和形态需要捆包的货物，包括纤维制品、羊毛、棉花、棉布、纺织品、纸张等。
- 袋装货物，是指装在纸袋、塑料袋、布袋、麻袋内的货物。用纸袋装载的货物有水泥、砂糖等；用塑料袋装载的货物有肥料、化学药品、可可、奶粉等；用麻袋装载的货物有粮食等；用布袋装载的有粉状货物等。
- 鼓桶类货物，是指货物的包装外形是圆形或鼓形，按包装形态分为铁桶、木桶、纸板桶等包装。装载的货物包括油类、液体和粉末化学制品、酒精、糖浆等。
- 滚筒货物和卷盘货物，两者是按货物本身形态划分的，如塑料薄膜、钢瓶等属于滚筒货物，电缆、卷纸、卷钢、钢丝绳等属于卷盘货物。
- 长件货物，是指外形尺度较长的货物，主要包括原木、管子、横梁及特别长的木箱包装货物。
- 托盘货物，是指本身需要装在托盘上的货物。
- 危险货物，是指本身具有毒性、放射性、易燃性、腐蚀性、氧化性，并且可能对人体健康和财物造成损害的货物，包括毒品、散装液体化学品、爆炸品、易燃液体等。

（3）特殊货物。特殊货物是指在货物形态上具有特殊性、运输时需要用特殊集装箱装载的货物，包括笨重货物、液体货物和气体货物、散货、动植物检疫货物、冷藏货物、贵重货物、易腐货物、危险货物等。

- 笨重货物，是指单件质量、尺寸较大，需用设备装卸的货物，如动力电缆，大型、重型机械设备等。我国对水路运输中笨重货物的规定有 3 个标准：一是交通运输部沿海直属水运企业规定的标准，重量超过 3 吨，长度超过 12 米；二是长江航运和各省（市、自治区）沿海水运企业规定的标准，重量超过 2 吨，长度超过 10 米；三是各省（市、自治区）内河水运企业规定的标准，重量超过 1 吨，长度超过 7 米。在国外，一般平均每件重量超过 3.6 吨的货物，均按笨重货物处理。
- 液体货物和气体货物，是指需装在桶、箱、罐、瓶等容器内进行运输的液体货物和气体货物，如酒精、酱油、葡萄糖、石油、胶乳、天然气等。
- 散货，是指散装在舱内，无特殊包装的货物，包括盐、谷物、煤炭、矿石、麦芽、树脂、黏土等。随着集装箱化的发展，已出现了多种装运散货的专用集装箱，从而扩大了散货的适箱货源。
- 动植物检疫货物，是指进出口的畜产品、活动物、植检货物等，如进出口的猪肉、腊肉、羊毛、兽皮，猪、狗、牛、马等家禽、家畜，树苗、苗木等。

- 冷藏货物，是指需要保持在低温条件下采用冷藏集装箱运输的货物，如肉类食品、鸡蛋、水果、蔬菜、奶类制品等。
- 贵重货物，是指单件价格比较昂贵的货物，如精密仪器、家用电器、手工艺品、珠宝首饰、出土文物等。
- 易腐货物，是指在运输过程中因通风不良或遇高温、潮湿等容易腐败变质的货物，如肉类、食品、水果、蔬菜等。
- 危险货物，是指本身具有易燃、易爆、毒性、腐蚀性、放射性等危险特性的货物。该类货物装箱装船时必须有特别的安全措施，以保证运输设备和人员的安全。

2）按货物是否适合装箱分

（1）最适宜货物。这类货物一般价值比较高，海运运价也比较高，且易于破损和被盗，如酒类、医药用品、纺织品、服装、电视机等小型电器及小五金。

（2）适宜货物。这类货物本身价值不是很高，海运运价比最适宜货物低一些，破损和被盗的可能性较小，如电缆、纸浆、袋装面粉、咖啡及轻工产品等。

（3）临界货物。这类货物虽然在技术上将它们装入集装箱是可能的，但是因为本身的价值和海运运价都较低，受损和被盗的可能性也很小，而进行集装箱运输的经济效益并不显著，且形状、重量、包装也难以实现集装箱化，如钢锭、生铁及原木等。

（4）不适宜货物。这类货物有的是因物理性质而不能装入集装箱内，有的是在大量运输时，使用专用船运输反而能提高运输效率的货物，如废钢铁、长 40 英尺以上的桥梁、铁塔等钢铁结构物。

3）按货物装运形式分

（1）包装货物，其特点是机械强度较低、货件小，包装后可保护货物，便于堆码，减少运输中的货损货差，其包装形式有箱、桶、袋等多种。

（2）无包装货物，又称为裸装货物，其特点是机械强度高，体积较大，易于堆码。

（3）散装货物，其特点是运输时可散装在货箱或货舱内，也可装于罐状容器内，如粮谷、矿粉、煤炭、石油、酒类等。

（4）成组化货物，其特点是用标准化托盘将件包装集中为一个集装单元，以便装运。

知识链接

集装箱必备识别标记

识别标记由箱主代号、设备识别代码、顺序号和核对数构成，如下所示。

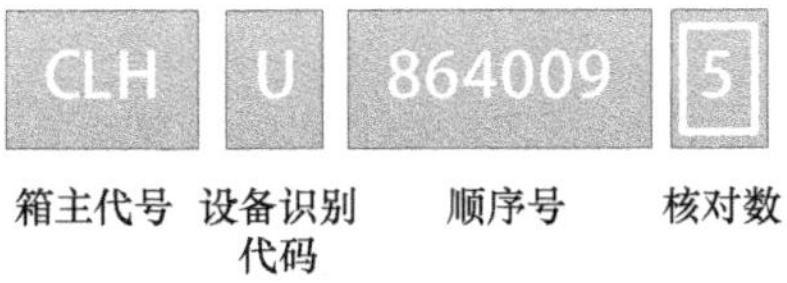

（1）箱主代号：即集装箱所有人代号，用 3 个大写拉丁字母表示。如“COS”表示此箱归中国远洋运输（集团）总公司所有。为防止箱主代号重复，所有箱主在使用代号之前应向国际集装箱局登记注册。

（2）设备识别代码：分别为“U”“J”和“Z”三个字母。“U”表示集装箱，“J”表示集装箱所配置的挂装设备，“Z”表示集装箱专用车和底盘车。

（3）顺序号：为集装箱编号，用 6 位阿拉伯数字表示。若有效数字不足 6 位时，在前面补零。例如，有效数字为 1234，则集装箱顺序号应为 001234。

（4）核对数：也称检验数，由一位阿拉伯数字表示，列于 6 位箱号之后，置于方框中，用于计算机核对箱主代号和箱号的准确性。

四、集装箱的选择

集装箱运输的货物品种较多，形态各异。因此，按货物的种类、性质、体积、重量、形状来选择合适的集装箱是十分必要的，可以充分利用集装箱的容积、重量，减少货损。

目前常用的集装箱有杂货集装箱、开顶式集装箱、台架式集装箱、平台集装箱、冷藏集装箱、散货集装箱、通风集装箱、动物集装箱、罐式集装箱、车辆集装箱、贵重金属集装箱、抽屉式集装箱、隔板式集装箱等。

（1）普通货物适用的集装箱有杂货集装箱、开顶式集装箱、通风集装箱、台架式集装箱、散货集装箱等。

（2）难以从箱门进行装卸而需要在箱顶上进行装卸作业的货物、超高货物、玻璃板、胶合板、一般机械和长尺度货物等适用开顶式集装箱。

（3）麦芽、大米等谷物类货物，干草块、原麦片等饲料，树脂、硼砂等化工原料，适用散货集装箱。

（4）肉类、蛋类、奶制品、冷冻鱼肉类、药品、水果、蔬菜适用冷藏集装箱和通风集装箱。

（5）超重、超高、超长和超宽货物适用开顶集装箱、台架式集装箱和平台集装箱。

（6）兽皮、食品类容易引起潮湿的货物适用通风集装箱。

（7）酱油、葡萄糖、食油、啤酒类、化学液体和危险液体适用罐式集装箱。

（8）猪、羊、鸡、鸭、牛、马等家禽家畜适用动物集装箱。

（9）摩托车、小轿车、小型卡车、各种叉式装卸车、小型拖拉机等适用车辆集装箱。

（10）铝、铜等较为贵重的货物适用贵重金属专用集装箱。

（11）散件货物适用台架式集装箱、平台集装箱。

（12）弹药、武器、仪器、仪表适用抽屉式集装箱。

以上按货物种类选择集装箱的方法是从货物本身的特点来考虑的。实际上也可从集装箱对货物的适应性角度选择集装箱，表明不同货物对集装箱的适用性，如表 7-2 所示。

表 7-2　不同货物对集装箱的适用性

集装箱种类	货　物　种　类
杂货集装箱	清洁货物、污货物、箱装货物、危险货物、滚筒货物、卷盘货物等
开顶式集装箱	超高货物、超重货物、清洁货物、长件货物、易腐货物、污货物等
台架式集装箱	超高货物、超重货物、袋装货物、捆包货物、长件货物、箱装货物等

（续表）

集装箱种类	货 物 种 类
散货集装箱	散货、污货物、易腐货物等
平台集装箱	超重货物、超宽货物、长件货物、散件货物、托盘货物等
通风集装箱	冷藏货物、动植物检疫货物、易腐货物、托盘货物等
动物集装箱	动植物检疫货物
罐式集装箱	液体货物、气体货物等
冷藏集装箱	冷藏货物、危险货物、污货物等

第三节 集装箱运输方式的选择

下面从装箱方式、货物组织形式、交接地点和交接方式这几个方面来说明集装箱运输方式的选择。

一、集装箱装箱方式

集装箱的装箱方式可分为整箱和拼箱两种。整箱是指货主向承运人或租赁公司租用一定的集装箱，空箱运到工厂仓库后，在海关人员的监管下，货主把货装入箱内，加锁铅封后，交承运人并取得站场收据，最后凭收据换取提单或运单。拼箱是指承运人接受货主托运的数量不足整箱的小票货运后，根据货物的性质和目的地进行分类整理，把去往同一目的地的货物集中到一定数量，拼装入箱。

以上两种装箱方式生成了两种货物集散方式。

1. 整箱货

整箱货是指由发货人负责装箱、计数、填写装箱单，并由海关加铅封的货物，通常只有一个发货人和收货人。通常一批货物达到一个集装箱内容积的75%或集装箱载重量的90%，即可认为是整箱货。有时发货人货物虽少，但不愿和其他发货人的货物拼装在一个集装箱内，并愿意自己承担一个整箱的费用，这时承运人对集装箱也按整箱货处理。整箱货的拆箱，一般由收货人办理，也可以委托承运人在货运站拆箱，但承运人不负责箱内的货损、货差，除非货方举证确属承运人责任事故的损害，承运人才负责赔偿。承运人对整箱货以箱为交接单位，只要集装箱外表与收箱时相似和铅封完整，承运人就完成了承运责任。整箱货提运单上要加上“委托人装箱、计数并加铅封”的条款。

2. 拼箱货

拼箱货是整箱货的相对用语，是指不足一个集装箱内容积的75%或集装箱载重量的90%的托运货物。这种货物装不满一整箱，通常由承运人分别揽货并在集装箱货运站或内陆站集中，而后将两票或两票以上的货物拼装在一个集装箱内，同样要在目的地的集装箱货运站或内陆站拆箱后分别交货。对于这种货物，承运人要负担装拆箱作业，装拆箱费用仍向货方收取。承运人对拼箱货的责任，基本上与传统杂货运输相同。

知识链接

集装箱运费的构成

（1）整箱/整箱的运费：

装港拖箱费+码头操作费+运费+卸港码头操作费+拖箱费

（2）整箱/拼箱的运费：

船公司提供的拖箱费+码头操作费+运费+拆箱费

（3）拼箱/拼箱的运费：

装箱费+运费+拆箱费

（4）拼箱/整箱的运费：

装箱费+运费+码头操作费+船公司提供的拖箱费

知识链接

集装箱破损致使货物湿损引起保险代位求偿案

某年 6 月，中国土产畜产进出口公司上海畜产分公司委托上海外贸运输公司（以下简称上海外运）、上海远洋运输公司（以下简称上海远洋）所属“汉江河”船将 333 个纸箱男士羽绒滑雪衫（分装在 3 只集装箱内）运往卸货港日本神户。上海外运在收货后签发了提单号为“B/LNO. CS194”的清洁联运提单（单上载明货物数量 333 个纸箱）。

6 月 29 日，“汉江河”船抵达神户港，并于同日将集装箱驳卸到岸。

7 月 6 日，收货人在港口装卸公司仓库开箱，当即发现有 11 个纸箱的滑雪衫有不同程度的湿损。

7 月 7 日，3 个集装箱由汽车拉至东京收货人的仓库，同日由新日本商检协会检验。该协会在其出具的商检报告中称，11 个纸箱中有 5 个纸箱货物严重湿损，6 个纸箱货物轻度湿损，经将湿损衣服之残值冲抵后，实际货损约为 1 868 338 日元。商检报告还称，在东京进行货损检验时曾邀船方派员共同勘察，被船方以“出港后检验无意义”为由拒绝。检验报告认为货物湿损系箱号为“FWIU9301197”的集装箱里档左侧顶部破损造成的。

收货人依据检验报告从货物保险人 AIU 保险公司处得到了赔偿。AIU 保险公司因此取得代位求偿权。

AIU 保险公司曾先后在香港和北京委托代理人与上海外运联系处理货损赔偿问题。上海外运除同意将时效延长至次年 9 月 29 日外，未提出任何有关损害赔偿的处理意见。AIU 保险公司为此起诉至法院，法院受理了此案。

AIU 保险公司认为：造成服装湿损是上海外运、上海远洋所属“汉江河”船的过错，AIU 保险公司在赔偿收货人损失后依据其取得的代位求偿权及上海外运签发的清洁提单，请求上海外运、上海远洋赔偿损失 1 868 338 日元及利息，并承担律师费、诉讼费及其他费用。

上海外运认为，造成货损非承运人过错，另外，AIU 保险公司对货损程度举证不力，上海外运无法确认货物实际损害程度及其原因。

上海远洋主张应依提单条款承运人享受货损最高赔偿额的权利。

法院在审理过程中查明，上海外运与上海远洋分别订有集装箱运输协议及补充协议。两份协议议定，若造成货方损害，先对外赔付然后内部分责任。另根据提单条款，承运人对因其责任造成货损的，对外最高赔偿额为每件人民币 700 元，或每千克（毛重）人民币 3 元。

法院认为，根据提单和协议书，上海外运和上海远洋对 11 个纸箱服装的湿损有相当的责任牵连。但收货人与实际承运人上海远洋在开箱交货时交割不清，收货人聘请的商检又在港口外进行，故 AIU 保险公司对货损索赔及损害确切数额的请求举证不力。另根据《中华人民共和国民法通则》及提单条款的有关规定，法院对上海外运与 AIU 保险公司代理人之间自行签订的延长时效的协议也不予准许。

法院鉴于损害发生的实际情况，经过开庭审理，在查明事实、分清责任的基础上，本着“实事求是，互谅互让”的精神主持调解，使三方自愿达成协议：

（1）上海外运、上海远洋注意到 AIU 公司的索赔请求，愿根据事实及提单条款的规定，赔付 AIU 保险公司人民币 8 000 元整（其中 300 元作为补偿 AIU 保险公司诉讼费用支出）。

（2）上海外运与上海远洋之间的责任分担及赔付，由双方自行协商解决。

（3）案件受理费 1 961.44 元由 AIU 保险公司负担。

二、集装箱货物的组织形式

集装箱货物的组织形式有：拼箱货装，整箱货拆；拼箱货装，拼箱货拆；整箱货装，整箱货拆；整箱货装，拼箱货拆。

从这 4 种组织形式来看，第一种是把几个发货人的货物拼箱装货发给一个收货人整箱拆货，也就是说，装货时是拼箱货集装箱，收货时是整箱货集装箱；第二种是不同的发货人发货给不同的收货人收货，即装货时是拼箱货集装箱，交货时也是拼箱货集装箱；第三种是一个发货人发货给一个收货人收货，即装货时是整箱货集装箱，交货时也是整箱货集装箱；第四种是一个发货人发货给几个收货人收货，即装货时是整箱货集装箱，交货时是拼箱货集装箱。

三、集装箱货物的交接地点

集装箱货物的交接地点是指集装箱运输系统中的以下三个节点，集装箱货物的交接一般都是在这 3 个节点上进行的。

1. 集装箱堆场（CY）

在集装箱堆场交接的货物都是整箱交接。在发货港集装箱堆场交接意味着发货人自行负责装箱及集装箱到发货港集装箱堆场的运输。在卸货港集装箱堆场交接意味着收货人自行负责集装箱货物到最终目的地的运输和拆箱。

2. 集装箱货运站（CFS）

集装箱货运站是处理拼箱货的场所。在此办理拼箱货的交接、配积载后，将集装箱送往集装箱堆场，还接收集装箱堆场交来的进口货箱，并对其进行拆箱、理货、保管，最后拨交给收货人。在起运地集装箱货运站交接意味着发货人自行负责将货物送到集装箱货运站。在到达地集装箱货运站交接意味着收货人自己到集装箱货运站提取货物，并自行负责提货后的事宜。

3. 发货人或收货人的工厂或仓库（门/Door）

在发货人或收货人的工厂或仓库交接的货物都是整箱交接。一般意味着发货人或收货人自行负责装箱或拆箱。

四、集装箱货物的交接方式

由以上 3 个节点可派生出 9 种集装箱货物交接方式，如图 7-3 所示。

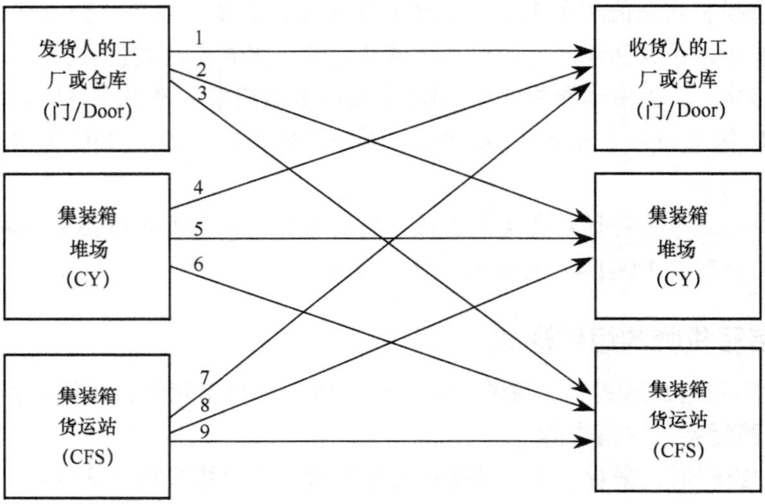

图 7-3　集装箱货物交接方式

1. 门到门交接方式

这种方式一般是货物批量较大、能装满一箱的货主，把空箱拉到自己的工厂仓库装箱后，由海关在工厂仓库内加封验收；承运人在发货人工厂或仓库整箱接货，然后把重箱运到集装箱码头堆场，等待装船；在目的港，由承运人负责把货物运到收货人的工厂或仓库整箱交货；收货人在其工厂或仓库整箱接货。故门到门的集装箱运输一般均为整箱货运输，承运人负责全程运输。

2. 门到场交接方式

这种方式是发货人负责装箱并在其工厂或仓库整箱交货；承运人在发货人工厂或仓库整箱接货，并负责运抵卸货港，在集装箱堆场整箱交货；收货人负责在卸货港集装箱堆场整箱提货。这种交接方式表示承运人不负责目的地的内陆运输。在这种交接方式下，货物也都是整箱交接。

3. 门到站交接方式

这种方式是发货人负责装箱并在其工厂或仓库整箱交货，承运人在发货人工厂或仓库整箱接货，并负责运抵卸货港集装箱货运站，经拆箱后按件向各收货人交付。在这种交接方式下，承运人一般以整箱形态接收货物，以拼箱形态交付货物。

4. 场到门交接方式

这种方式是发货人负责装箱并运至装货港集装箱堆场整箱交货；承运人在装货港集装箱堆场整箱接货，并负责运抵收货人工厂或仓库整箱交货；收货人在其工厂或仓库整箱接货。在这种交接方式下，货物也都是整箱交接。

5. 场到场交接方式

这种方式是发货人负责装箱并运至装货港集装箱堆场整箱交货；承运人在装货港集装箱堆场整箱接货，并负责运抵卸货港集装箱堆场整箱交货；收货人负责在卸货港集装箱堆场整箱提货。在这种交接方式下，货物的交接形态一般都是整箱交接，承运人不负责内陆运输。

6. 场到站交接方式

这种方式是发货人负责装箱并运至装货港集装箱堆场整箱交货；承运人在装货港集装箱堆场整箱接货，并负责运抵卸货港集装箱货运站或内陆货运站拆箱按件交货；收货人负责在卸货港集装箱货运站按件提货。在这种交接方式下，承运人一般以整箱形态接收货物，以拼箱形态交付货物。

7. 站到门交接方式

这种方式是发货人负责将货物运至集装箱货运站按件交货；承运人在装货港集装箱货运站按件接收货物并装箱，负责运抵收货人工厂或仓库整箱交货；收货人在其工厂或仓库整箱接货。在这种交接方式下，承运人一般以拼箱形态接收货物，以整箱形态交付货物。

8. 站到场交接方式

这种方式是发货人负责将货物运至集装箱货运站按件交货；承运人在集装箱货运站按件接收货物并装箱，负责运抵卸货港集装箱堆场整箱交货；收货人负责在卸货港集装箱堆场整箱提货。在这种交接方式下，承运人一般以拼箱形态接收货物，以整箱形态交付货物。

9. 站到站交接方式

这种方式是发货人负责将货物运至集装箱货运站按件交货；承运人在集装箱货运站按件接收货物并装箱，负责运抵卸货港集装箱货运站拆箱后按件交货；收货人负责在卸货港集装箱货运站按件提取货物。在这种交接方式下，货物的交接形态一般都是拼箱交接。

第四节　国际多式联运

一、国际多式联运概述

1. 国际多式联运的定义

所谓多式联运，是指使用两种或两种以上不同的运输方式，对特定货物进行的接运。它是以各种运输工具的有机结合，协同完成全程运输为前提条件的。

国际多式联运是一种利用集装箱进行联运的运输组织方式，它是一种以实现货物整体运输的最优效益为目标的联运组织形式。根据《联合国国际货物多式联运公约》及我国《国际集装箱多式联运管理规则》，国际多式联运是指根据单一的联运合同，以两种或两种以上运输方式，把货物从一个国家运往另一个国家。这种单一的合同即为多式联运单据或合同，由组织这种运输的个人或企业（联运经营人）签发，并由其负责执行全运程的运输业务。

一般来讲，构成国际多式联运应具备下面几个主要条件。

（1）必须具有一份多式联运合同。

（2）必须使用一份全程的多式联运单据（多式联运提单、多式联运运单等）。

（3）必须使用全程单一费率。

（4）必须是至少两种不同运输方式的连续运输。

（5）必须有一个多式联运经营人对货物的运输全程负责。

（6）必须是国际间的货物运输，这一点不仅区别于国内货物运输，还涉及国际运输法规的适用问题。

知识链接

多式联运中的合同关系

一方面，多式联运经营人与发货人和分段承运人之间的合同关系构成多式联运的主要特征，即经营者与发货人签订一个运输合同，提供一次托运、一次收费、统一理赔、一单到底、全程负责的一贯运输服务。

另一方面，经营者与分段承运人签订合同，共同完成全程联运的任务。

2. 国际多式联运的构成要素

1）多式联运经营人

多式联运经营人一般是指经营多式联运业务的企业或机构。

《联合国国际货物多式联运公约》中对国际多式联运经营人的定义是“本人或通过其代表订立多式联运合同的任何人，他是事主，而不是发货人的代表人或代表或参加多式联运的承运人的代表人或代表，并且负有履行合同的责任”。根据《国际集装箱多式联运管理规则》，多式联运经营人是指“本人或者委托他人以本人的名义与托运人订立一项多式联运合同并以承运人身份承担完成此项合同责任的人”。

由此可见，多式联运经营人是一个独立的法律实体，他的身份是一个对货主（托运人）负有履行合同责任的承运人。

2）多式联运合同

多式联运合同一般是指货物托运人与多式联运经营人就运输对象全程联运达成的协议。

《联合国国际货物多式联运公约》对国际多式联运合同的规定是“多式联运经营人凭以收取运费、负责完成或组织完成国际多式联运的合同”。在国际上，这种合同一般是不要式（没有书面文本），是以多式联运单据（多式联运提单）来证明的。

3）多式联运单据（票据）

多式联运单据可分为多式联运提单和多式联运运单。

多式联运提单是指证明多式联运合同订立及多式联运经营人接管货物并负责按合同条款交付货物的单据。多式联运经营人在接管货物时，应由本人或其代理签发多式联运提单。

多式联运运单是指当多式联运经营人提供联运服务时，签发的具有不可转让性质的运输单据。其与多式联运提单的区别在于前者不可转让，仅具有托运人与经营人之间多式联运合同证明和经营人收到货物证明的功能。

4）发货人

发货人一般是指本人或以其名义或其代表与多式联运经营人订立多式联运合同的任何人，或者本人或以其名义或其代表按多式联运合同将货物交给多式联运经营人的任何人。

5）收货人

收货人一般是指有权提取货物的人，在国际多式联运中一般是指多式联运提单持有人，在国内多式联运中一般是指合同票据中记名的收货人。

6）契约承运人与实际承运人

根据目前国际运输公约的规定，承运人是指与货主订立运输合同的人，或者实际完成运输的人。契约承运人一般是指与货主订立运输合同的人，在多式联运中是指与发货人订立多式联运合同的人（多式联运经营人）。根据合同，他是全程运输的总承运人，对货物全程运输负有责任。

而实际承运人一般是指实际完成运输的承运人，在多式联运中是指与多式联运经营人订立组成全程运输的各区段运输合同（分运合同或分包合同），并实际承担区段运输的人，他是联运全程运输中的分运人或分包人，仅对自己承担区段的货物运输负责。

7）货物

在国际多式联运中，货物主要是指集装箱（均指国际标准箱）货物，以集装箱为基本运输单元，有时也包括工程货物（大多是项目工程的成套设备等）。

知识链接

国际多式联运单据

国际多式联运单据是经营人与货主之间的运输合同的证明，它具有有价证券的性质，可以进行转让和向银行抵押贷款。多式联运业务中分包承运人出具的各种承运单据，如海运提单、铁路、公路运单等，仅是总、分承运人之间的运输合同或其书面证明，与货主无关。

因此，在填制国际多式联运业务中分包承运人出具的各种单据时，“托运人”一栏应填写多式联运经营人的名称和地址，“通知人”一栏则填写该程运输终端总承运人的代理人名称和地址，“收货人”一栏一般均填“凭指示”。

3. 国际多式联运的特点

（1）多式联运的货物主要是集装箱货物，具有集装箱运输的特点。同时，集装箱内的货物大量采用托盘，使运输中的装卸更加方便高效。

（2）根据多式联运合同进行操作，运输全程中至少使用两种运输方式，而且是不同方式的连续运输。

（3）多式联运是一票到底，实行单一费率的运输。发货人只要订立一份合同，一次付费，一次保险，通过一张单证即可完成全程运输。

（4）多式联运是不同方式的综合组织，全程运输均是由多式联运经营人组织完成的。无论涉及几种运输方式，分为几个运输区段，多式联运经营人都要对全程负责。该经营人不仅是订立多式联运合同的当事人，也是多式联运单证的签发人。

（5）货物全程运输是通过多式联运经营人与各种运输方式、各区段的实际承运人订立分运或分包合同来完成的，各区段承运人仅对自己承担区段的货物运输负责。

（6）在起运地接管货物，在最终目的地交付货物及全程运输中各区段的衔接工作，由多式联运经营人的分支机构（代表）或委托的代理人完成。这些代理人及承担各项业务的第三者对自己承担的业务负责。

（7）多式联运经营人可以在全世界运输网中选择适当的运输路线、运输方式和各区段的实际承运人，以降低运输成本，提高运输速度，实现合理运输。

（8）与前述集装箱货物的交接方式类似，多式联运有多种收交货的经营方式，主要包括以下几种。

- 门到门方式：由联运经营人在发货单位“门口”起运，到收货人“门口”交货。“门口”可以是仓库，也可以是装箱站或车间。
- 门到站方式：由发货人“门口”接运，至集装箱办理站交货。
- 门到场方式：由发货人“门口”接运，至集装箱堆场交货。
- 场到站方式：由联运承运人在集装箱堆场接运，至集装箱办理站交货。
- 场到门方式：由集装箱堆场接运，至接运人“门口”交货。
- 站到场方式：由联运承运人在集装箱办理站接运，至集装箱堆场交货。
- 站到站方式：在两个集装箱办理站之间的多式联运方式。

知识链接

多式联运经营人责任类型

（1）统一责任制。货物的灭失和损坏，包括隐藏损失（损失发生的区段不明），不论发生在哪个区段，多式联运经营人都要按“一个统一”原则负责，并一律按“一个约定”的限额进行赔偿。这一做法对多式联运经营人来说，责任较大，赔偿额较高，所以实务中应用较少。

（2）网状责任制。多式联运经营人的责任范围以各区段运输原有责任为限，赔偿分别按各区段的国际法或国内法规定的限额赔付。对于不明区段的货物隐藏损失，可以作为海上区段，按《海牙规则》办理，或者按双方约定的一个原则办理。

（3）修正统一责任制。这是介于上述两种责任制之间的责任制，即在责任范围上按统一责任制，在赔偿限额上按网状责任制。

4. 国际多式联运的优点

国际多式联运的产生和发展是国际间货物运输组织的革命性变化。随着集装箱运输的发展，以多式联运形式运输的货物越来越多。到目前为止，发达国家大部分国际贸易的货物运输已采用多式联运的形式，各发展中国家采用多式联运的形式运输货物的比例也在以较大的速度增长，可以说，集装箱货物多式联运已成为国际货物运输的主要方式。与传统运输相比，国际多式联运具有以下几个优点。

1）统一化，简单化

国际多式联运的统一化和简单化主要表现在无论运输全程有多远，无论由几种方式共同完成货物运输，也无论全程分为几个运输区段，经过多少次转换，所有一切运输事项均由多式联运经营人负责办理，货主只需办理一次托运，订立一份运输合同，投保一次保险。一旦在运输过程中发生货物的灭失和损害，由多式联运经营人负责处理。国际多式联运采用一张单证、单一费率，大大简化了运输和结算手续。

2）减少中间环节，提高运输质量

多式联运以集装箱为运输单元，可以实现“门到门”的运输，尽管运输途中可能有多次换装、过关，但由于不需掏箱、装箱、逐件理货，只要保证集装箱外表状况良好、铅封完整，即可免检放行，从而大大减少了中间环节。尽管货物运输全程中要进行多次装卸作业，但由于使用专用机械设备，且不直接涉及箱内货物，货损、货差、货物被盗的可能性大大减少。另外，由于全程运输由专业人员组织，可做到各环节与各种运输工具之间衔接紧凑、中转及时、停留时间短，从而使货物的运输速度大大加快，有效地提高运输质量，保证货物安全、迅速、准确、及时地运抵目的地。

3）降低运输成本，节约运杂费用

多式联运全程运输中，各区段运输和各区段的衔接是由多式联运经营人与各实际承运人订立分运合同和与各代理人订立委托合同（包括其他有关人与有关合同）来完成的。多式联运经营人一般与这些人都订有长期协议。这类协议一般规定多式联运经营人保证托运一定数量的货物或委托一定量的业务，而对方则给予优惠的运价或较低的佣金。再者，通过对运输路线的合理选择和运输方式的合理使用，可以降低全程运输成本，增加利润。对货主来讲，一是可以得到优惠的运价；二是在多式联运下，一般将货物交给第一（实际）承运人后即可取得运输单证，并可据此结汇（结算货款），结汇时间比分段运输有所提前，有利于资金的周转；三是由于采用集装箱运输，可以节省货物的运输费用和保险费用。

4）扩大承运人业务范围，提高运输组织水平，实现合理运输

在多式联运开展以前，各种运输方式的经营人都是自成体系、独立运输的，因而其经营业务的范围（特别是空间地域范围）受到很大限制，只能经营自己运输工具能够抵达（指技术和经济方面）的范围内的运输业务，货运量也因此受到限制。一旦发展为多式联运经营人或作为多式联运的参加者（实际承运人），其经营的业务范围即可大大扩展。从理论上讲，可以扩大到全世界。除承运人外，其他与运输有关的行业及机构，如仓储、港口、代理、保险及金融等，都可通过参加多式联运得到好处，扩大业务。

国际多式联运是由专业人员组织全程运输的，这些人对世界运输网、各类承运人、代理人、相关行业和机构及有关业务都有较深的了解，并与之有较为紧密的关系，可以选择最佳运输路线，使用合理的运输方式，选择合适的承运人，实现最佳的运输衔接与配合，从而大大提高运输组织水平，充分发挥现有设施的作用，实现合理运输。

二、国际多式联运业务组织

货物多式联运的全过程就其工作性质的不同，可分为实际运输过程和全程运输组织业务过程两部分。实际运输过程是由参加多式联运的各种运输方式的实际承运人完成的，其运输组织工作归属于各方式运输企业内部的技术、业务组织。全程运输组织业务过程是由多式联运全程运输的组织者，即多式联运企业或机构完成的，主要包括全程运输所涉及的所有商务性事务和衔接服务性工作的组织实施。国际多式联运业务的组织方法有很多种，但就其组织体制来说，基本上可分为协作式联运和衔接式联运两大类。

1. 协作式多式联运的组织方法

协作式多式联运的组织者是在各级政府主管部门协调下，由参加多式联运的各种方式的运输企业和中转港站共同组成的联运体系或系统，并设联运办公室。货物全程运输计划由该办公室制订，这种联运组织下的货物运输过程如图 7-4 所示。

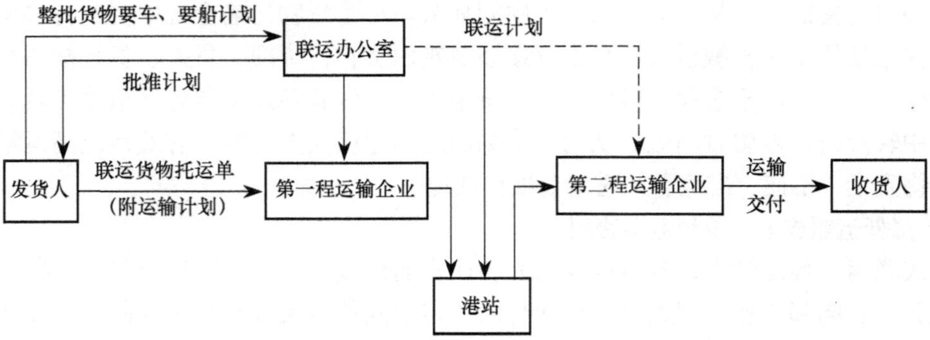

图 7-4　协作式多式联运下的货物运输过程

在这种组织机制下，需要使用多式联运形式运输整批货物的发货人根据运输货物的实际需要，向联运办公室提出托运申请并按月申报整批货物要车、要船计划。联运办公室根据多式联运线路及各运输企业的实际情况制订该托运人托运货物的运输计划，并把该计划批复给托运人并转发给各运输企业和中转港站。

发货人根据计划安排向多式联运第一程运输企业提出托运申请并填写联运货物托运单（附运输计划），第一程运输企业接收货物后，经双方签字，联运合同即告成立。第一程运输企业组织并完成自己承担区段的货物运输至后一区段衔接地，直接将货物交给中转港站，经换装，由后一程运输企业继续运输直至最终目的地，由最后一程运输企业向收货人直接交付。在前后程运输企业之间和港站与运输企业交接货物时，需填写货物运输交接单和中转交接单（两者是交接和费用结算的依据）。联运办公室（第一程运输企业）负责按全程费率向托运人收取运费，然后按各企业之间商定的比例向各运输企业及港站分配。

在这种组织机制下，全程运输组织是建立在统一计划、统一技术作业标准、统一运行图和统一考核标准基础之上的，而且在接收货物运输、中转换装、货物交付等业务中使用的技术装备、衔接条件等也需要在统一协调下同步建设或协商解决并配套运行，以保证全程运输的协同性。

这种组织机制是当前多式联运（特别是大宗、稳定的重要物资运输）中主要采用的机制。

2. 衔接式多式联运的组织方法

衔接式多式联运的全程运输组织业务是由多式联运经营人（多式联运企业，MTO）完成的，这种联运组织下的货物运输过程如图 7-5 所示。

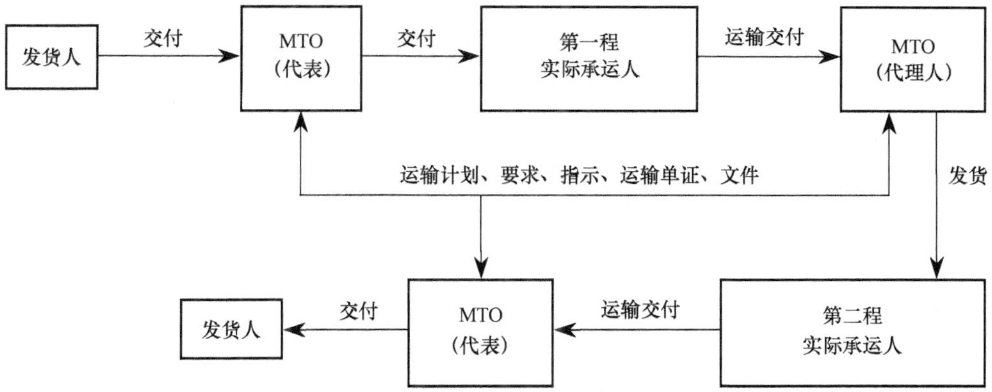

图 7-5 衔接式多式联运下的货物运输过程

在这种组织机制下，需要使用多式联运形式运输成批或零担货物的发货人首先向多式联运经营人提出托运申请，多式联运经营人根据自己的条件考虑是否接受。如接受，双方订立货物全程运输的多式联运合同，并在合同指定的地点（可以是发货人的工厂或仓库，也可以是指定的货运中转站、堆场或仓库），双方办理货物的交接，联运经营人签发多式联运单据。

接受托运后，多式联运经营人首先要选择货物的运输路线，划分运输区段（确定中转、换装地点），选择各区段的实际承运人，确定零担货物集运方案，制订货物全程运输计划并把计划转发给各中转衔接地点的分支机构或委托的代理人。然后根据计划与第一程、第二程等各程的实际承运人分别订立各区段的货物运输合同，通过这些实际承运人来完成货物全程位移。全程各区段之间的衔接采用由多式联运经营人（其代表或其代理人）从前程实际承运人手中接收货物再向后程承运人交接货物，在最终目的地从最后一程实际承运人手中接收货物后再向收货人交付货物的方式。

在与发货人订立运输合同后，多式联运经营人根据双方协议（协议内容除货物全程运输及衔接外，还包括其他与货物运输有关的服务业务），按全程单一费率收取全程运费和各类服务费、保险费（如需经营人代办的）等费用。多式联运经营人在与各区段实际承运人订立各分运合同时，需要向各实际承运人支付运费及其他必要的费用。在各衔接地点委托代理人完成衔接服务业务时，也需要向代理人支付委托代理费用。

在这种多式联运组织机制下，承担各区段货物运输的运输企业的业务与传统分段运输形式下完全相同，这与协作式多式联运机制下还要承担运输衔接工作是有很大区别的。

目前，在国际货物多式联运中主要采用这种组织机制。

三、国际多式联运发展趋势

1. 中国铁路改革

2013 年 6 月 15 日，铁路货运组织改革正式拉开帷幕，这是中国国家铁路集团有限公司（原中国铁路总公司）成立以来实施的第一项重大市场化改革，标志着铁路货运将全面走向市场。铁路货运从全面性的角度出发，一改以往“铁老大”形象，变身“店小二”，由“坐商”转为“行商”，掀起大营销、大开放、大发展的热潮，一条条激发市场主体创造活力的措施密集出台——简化货运受理，直接敞开收货；按照“实货制”运输要求，放开装车、随到随办、随到随运；推行“一口价”收费，清理和规范货运收费；发展全程物流，延伸“门到门”服务等成为铁路货运的主旋律。体现铁路速度的“货物快运列车”、体现科学货运组织的“前店后厂”、方便受理货主发货的“95306 网络平台”等“热词”，不仅体现了铁路把满足旅客和货主的需求作为改革的首要目标，也成为铁路在市场竞争中塑造的新名片和新内核。

知识链接

铁路改革新进展

铁路部门充分发挥敞顶集装箱运输在推进“公转铁”和“散改集”方面的比较优势，进一步加强货源和运输组织，为货运稳量增收提供了有力支撑。2020 年 5 月 23 日，我国敞顶集装箱装车 15 698 车，创历史新纪录。

铁路货运部门围绕中国国家铁路集团有限公司党组提出的“五个确保、五个见实效”目标任务，大力加强敞顶集装箱运输组织，全力做好稳货补客工作。在组织 2019 年年底购置 7 万只新箱投用、新增 216 个集装箱办理站点的基础上，货运部门加大对货运站段敞顶集装箱直通运输的考核力度，积极拓展砂石、矿建、水泥熟料、粉煤灰等入箱品类，不断提高敞顶集装箱装车水平。

2020 年，敞顶集装箱装车连创新高。4 月 24 日至 27 日，单日装车分别完成 13 740 车、13 788 车、13 848 车、14 191 车，连续 4 次打破纪录。1 月至 4 月，敞顶集装箱累计完成货运量 6 542 万吨，同比增长 67.1%。进入 5 月，敞顶集装箱装车量不断攀升，先后 5 次刷新纪录。其中，5 月 4 日完成 14 661 车，9 日完成 15 270 车，12 日完成 15 553 车，17 日完成 15 621 车，23 日达到 15 698 车的历史最高水平，为实现货运增量做出了积极贡献。

可以说，从根本上改进铁路货运服务，是从服务理念、组织方式、收费办法等方面进行一次全面的、深层次的、“伤筋动骨式”的改革。无论是原有的整列运输还是新增的快运班列，无论是集装箱运输还是零担货物，铁路部门依托全天候、大运力、低运价等优势，全面参与到了现代物流业的竞争中来。

2. 中欧国际货运班列的发展

中欧国际货运班列以其运距短、速度快、安全性高的特征，以及安全快捷、绿色环保、受自然环境影响小的优势，已经成为国际物流中陆路运输的骨干方式。开通中欧国际货运班列，初衷是对接国家西进战略。当前中欧国际货运班列已成为“丝绸之路”经济带发展战略的重要组成部分，上升到国家战略的高度。

2020 年，中欧国际货运班列累计开行 1.24 万列，运送货物 113.5 万 TEU，分别同比增长 50%、56%，综合重箱率达 98.4%，年度开行数量首次突破 1 万列，单月开行均稳定在 1 000 列以上。2020 年，中欧国际货运班列开行规模持续扩大。国内累计开行超过百列的城市增至 29 个，通达欧洲城市 90 多个，涉及 20 多个国家，开行范围持续扩大；开行质量不断提高，2019 年中欧国际货运班列综合重箱率同比增长 4%，其中回程重箱率提升显著，同比增长 9%。同时建成投用 95306“数字口岸系统”，实现了铁路与海关部门信息的互联互通，提高了跨境铁路运输过检通关数字服务水平。沿线国家协调机制不断深化，国际合作更加深入。目前中欧国际货运班列专用运行线增至 73 条，推出中欧国际货运班列定制产品，开行中俄精品快速班列 29 列。2020 年中欧国际货运班列有力服务国际防疫合作，累计发送国际合作防疫物资 931 万件，到达意大利、德国、西班牙、捷克、俄罗斯、波兰、匈牙利、荷兰、立陶宛、比利时等国家，并辐射周边国家。目前中欧国际货运班列以 1/3 的海运时间、1/5 的空运价格，吸引了大量适合铁路运输的货物，受到国际市场的青睐，优化了海陆空物流分工，为“一带一路”建设、中欧间的经贸往来提供了有力支撑，越来越显示出市场发展潜力。

知识链接

中欧国际货运班列（郑州）开启生鲜进口新业务

从无到有，从有到优，中欧国际货运班列（郑州）越开越密、越跑越快，从每周“单趟对开”到“十出八进”，已成长为“一带一路”建设的重要载体和平台，成为“陆上丝绸之路”的“黄金列车”。2019 年 1 月 22 日，27 吨产自白俄罗斯的牛肉搭载中欧国际货运班列（郑州）冷藏箱抵达郑州，这是中欧国际货运班列（郑州）首次运载进口牛肉，打开了中欧国际货运班列（郑州）进口生鲜食品新的一页，标志着依托中欧国际货运班列（郑州）国际铁路运输的肉类进口贸易正式走向常态化。

随着“一带一路”倡议与沿线国家发展战略对接的不断深入，中国与“一带一路”沿线国家的合作加速发展，越来越多的优质产品从国外通过中欧国际货运班列（郑州）运送至郑州。白俄罗斯是“一带一路”沿线重要节点国家，畜牧业发达，牛肉品质较好。此次中欧国际货运班列（郑州）运输的白俄罗斯牛肉通过中欧国际货运班列（郑州）全程冷链运输，运货单位利用全球定位系统对冷藏箱进行远程温控，24 小时监控牛肉状态，保证了稳定的冷冻环境。

中欧国际货运班列经由东、中、西部 3 条国际大通道直达欧洲，其中西部通道经阿拉山口（霍尔果斯）出境，中部通道经二连浩特出境，东部通道经满洲里（绥芬河）出境。开通中欧国际货运班列的城市，除义乌和苏州外，其余的重庆、郑州、成都、合肥、武汉、长沙等城市均位于中西部地区。班列的开行，给了这些地区从闭塞腹地变身为中国开放前沿的机会。

2016 年 4 月 15 日，全国中欧国际货运班列联盟会议在乌鲁木齐召开，“一带一路”中欧国际货运班列联盟由此成立。11 个来自重庆、郑州、成都、厦门、新疆等省、市、自治区的中欧国际货运班列联盟成员以市场为导向，积极主动共商中欧国际货运班列发展大计，共谋合作共赢之路。当天发布的《新疆宣言》提出，建立各省市中欧国际货运班列运营主体协调机制，优化中欧国际货运班列的运输组织和空间布局，实现各省市中欧国际货运班列的合作共赢，为国家统筹优化中欧国际货运班列奠定基础。

深化各省市西行班列平台公司之间的沟通协作，是组建“一带一路”中欧国际货运班列联盟的重要目的。对此，联盟将加强中欧国际货运班列运输组织、运输方式的合作，共同优化境外通道，合力打造中欧国际货运班列运输品牌，借助“互联网+”，推进线上线下共同集货，努力实现资源共享、信息共享和成果共享。

此外，“一带一路”中欧国际货运班列联盟还选定乌鲁木齐为中欧国际货运班列西部方向集结中心，开展对全国各地中欧国际货运班列及其返程班列集结编组作业，为统筹优化中欧国际货运班列积累经验。

3. 海铁联运

海铁联运是指进出口货物由铁路运输经由沿海海港与船舶运输相连，只需“一次申报、一次查验、一次放行”就可以完成整个运输过程的一种运输方式，也是铁水联运的一种特殊形式。海铁联运属于多式联运的一种，相比传统单一运输模式，多式联运通过合理的组织，可以缩短运输里程和运送时间，降低运输成本，增强货物在国际市场上的竞争力。它把不同的运输方式连贯起来，提供了实现门到门运输的条件。

我国鼓励企业走出国门，主动与国际化公司对接，但连接海外与国内的产业链需要更加坚实的海上物流通道。企业从传统的生产环节和销售环节获取利润的空间越来越小，流通环节开始成为利润的主要源泉，多式联运尤其是集装箱多式联运因其在时间、成本和效率等方面的突出优势，成为先进、高效、重要的运输组织方式，而海铁联运是集装箱多式联运中必不可少的环节。

随着国家“一带一路”倡议的实施，在我国“21 世纪海上丝绸之路”中，一方面以外向型出口加工经济为主导，另一方面则希望通过海上运输渠道增强我国与“海上丝绸之路”沿线国家的贸易互通。在国务院发布的《物流业中长期发展规划（2014—2020）》中，第一项重点工程就是多式联运工程，而海铁联运是最有效率的物流组织方式。随着我国与其他国家经济的互补与交流的主动性意愿越来越迫切，对基于海运的国际物流需求越来越大，海铁物流的发展将被逐步重视起来，有望迎来发展期。

海铁联运模式的发展已经超过 50 年，便利的“铁水联运”使港口总吞吐量剧增。发达国家之所以选取海铁联运这种方式，是因为海洋运输与铁路运输都拥有大宗货物运输低成本、大运量的优点，衔接便利且总成本更低。汽车运输与铁路运输相比，当运输里程为 400 ~ 500 千米时，铁路运输的优势并不明显，但当运输里程达到或超过 600 千米时，铁路运输具有较大的优势，而且火车速度更快，安全性更好，班列一趟可以运几十只集装箱，这大大提升了交通效率。铁水联运相比公水联运能够节约近 20%的成本，还可以降低环境等外部制约因素的影响。

知识链接

世界主要港口集装箱海铁联运概况

鹿特丹港是欧洲最大的集装箱港口，位于荷兰西南沿海莱茵河与马斯河入海汇合处所形成的三角洲上，铁路可直接进入码头。港区内有 2 个中转站，通过完善的铁路运输网，集装箱可从鹿特丹港运达欧洲主要国家。每天都有多列集装箱班列发往欧洲各地。鹿特丹港的集装箱海铁联运比例为 7%~8%。

汉堡港是欧洲第二大集装箱港口，也是欧洲最大的铁路集装箱转运中心。汉堡港的所有码头都有铁路，铁路在进出汉堡港的长距离运输竞争中占据超过 70%的市场份额，每天大约有 160 列国际、国内集装箱班列进出港口。

洛杉矶港是美国最大的集装箱港，港区内的主要集装箱码头都有铁路线。为将港区与多式联运站及国家铁路网连接起来，洛杉矶长滩港建设了阿拉米达通道，长达 32 千米的铁路线从地下穿越市区，减少了 200 个交叉点，减轻了公路的拥堵，减少了卡车和列车停留造成的废气排放，使铁路运输时间从数小时缩短到 40 分钟。集装箱在港区卸下后，通过铁路 5 天可以到达纽约。

我国海铁联运业务起步比较早，自 20 世纪 90 年代起，上海、宁波、连云港、青岛、大连、深圳等沿海港口就相继开通了多条“五定”班列，开展海铁联运业务，经过多年的发展，已经具备了一定的规模。目前，我国东北地区、华北地区、陇海线的海铁联运已较为成熟，成为最主要的三大海铁联运市场。华东、华南、西南地区的海铁联运也已步入良性发展轨道。

但需要正视的是，我国经过多年的发展，目前海铁联运占港口集装箱吞吐量的比重仅为 2%左右，而发达国家可达到 20%以上，如加拿大约为 26%，英国约为 30%，日本约为 35%，法国约为 40%。另外，从适箱货物的集装箱化率来看，目前我国铁路适箱货物中只有约 1/4 实现了集装箱化运输，欧美的这一比例在 80%以上，日本则接近 100%。从这些数字可以看出我国海铁联运与世界水准的差距，同时也可以看到我国海铁联运的发展空间是非常大的。

第五节　大陆桥运输

一、大陆桥运输概述

1. 大陆桥运输的含义

所谓大陆桥运输，是指使用横贯大陆的铁路、公路运输系统作为中间桥梁，把大陆两端的海洋连接起来的运输方式。从形式上看，大陆桥运输是海—陆—海的连贯运输，但实际上它已在世界集装箱运输和多式联运的实践中发展为多种多样的运输形式。

大陆桥运输过程中会经过多次装卸，若采用传统的海陆联运，不仅会增加运输时间，而且会大大增加装卸费用和货损货差，而以集装箱为运输单位，则可大大简化理货、搬运、储存、保管和装卸等操作环节，同时集装箱是由海关封装的，中途不用开箱检验，可以迅速、直接地转换运输工具，故采用集装箱是开展大陆桥运输的最佳方式。

2. 大陆桥运输产生的背景

大陆桥运输第一次出现于 1967 年，当时正值中东战争时期，苏伊士运河封闭，航运中断，而巴拿马运河又堵塞，远东与欧洲之间的海上货运船舶不得不改道绕航非洲好望角或南美，致使航程距离和运输时间倍增，加上油价上涨，使航运成本猛增。此时集装箱运输已经兴起，在这种历史背景下，大陆桥运输应运而生。1967 年年底首次使用美国大陆桥运输路线，开辟了从远东港口至欧洲的货运，把原来的全程海运改为海—陆—海运输方式，取得了较好的经济效果，达到了缩短运输里程、降低运输成本、加速货物运输的目的。

二、国际上主要的大陆桥

1. 西伯利亚大陆桥

西伯利亚大陆桥利用俄罗斯西伯利亚铁路作为陆地桥梁，把太平洋远东地区与波罗的海和黑海沿岸及西欧大西洋口岸连接起来，也称为第一亚欧大陆桥。从远东到西欧，经大陆桥为 13 000 千米，比海上经好望角航线缩短了 1/2 的路程，比经苏伊士运河航线缩短了 1/3 的路程，同时运费降低了 20%~25%，时间可节省 35 天左右。

此条大陆桥运输线东起符拉迪沃斯托克的纳霍得卡港口，横贯欧亚大陆，至莫斯科，然后分为以下三路。

- 一路自莫斯科至波罗的海沿岸的圣彼得堡港，转船往西欧、北欧港口；
- 一路从莫斯科至俄罗斯西部国境站，转欧洲其他国家铁路（公路）直运欧洲各国；
- 一路从莫斯科至黑海沿岸，转船往中东、地中海沿岸。

由远东地区至欧洲通过西伯利亚大陆桥分别有海—铁—海、海—铁—公路和海—铁—铁 3 种运输方式。

自 20 世纪 70 年代初以来，西伯利亚大陆桥运输发展迅速，目前已成为远东地区往返西欧的一条重要运输路线。日本是利用西伯利亚大陆桥的最大顾主，整个 20 世纪 80 年代，其利用该大陆桥运输的货物数量每年都在 10 万集装箱以上。为了缓解运力紧张的情况，苏联又建成了第二条西伯利亚铁路。

但是，西伯利亚大陆桥也存在 3 个主要问题。

（1）运输能力易受冬季严寒气候的影响，港口有数月冰封期。

（2）货运量西向大于东向约两倍，来回运量不平衡，集装箱回空成本较高，影响了运输效益。

（3）运力仍很紧张，铁路设备陈旧。

随着新亚欧大陆桥的正式营运，西伯利亚大陆桥的地位逐渐下降。

2. 北美大陆桥

1）北美大陆桥的含义

北美大陆桥包括美国大陆桥和加拿大大陆桥，两者的运输线路很相似，其中美国大陆桥的作用更为突出。

2）美国的两条大陆桥运输线

美国有两条大陆桥运输线，一条是从西部太平洋口岸至东部大西洋口岸的铁路（公路）

运输系统，全长约 3 200 千米；另一条是从西部太平洋口岸至南部墨西哥湾口岸的铁路（公路）运输系统，全长 500 ~ 1 000 千米。美国大陆桥是最早开辟的从远东至欧洲水陆联运线路中的第一条大陆桥。

3）美国的小陆桥与微型陆桥

由于美国东部港口和铁路拥挤，货到后难以及时换装，抵消了大陆桥运输所节省的时间，因此目前美国大陆桥运输基本陷于停顿状态。但在大陆桥运输的运用过程中，派生并形成了小陆桥和微型桥运输方式。

所谓小陆桥运输，就是比大陆桥的海—陆—海形式缩短一段海上运输，成为海—陆或陆—海形式。例如，远东至美国东部大西洋口岸或美国南部墨西哥湾口岸的货运，由原来的全程海运改为由远东装船运至美国西部太平洋口岸，转装铁路（公路）专列运至东部大西洋口岸或南部墨西哥湾口岸，然后换装内陆运输至目的地，以陆上铁路（公路）作为桥梁，把美国西海岸同东海岸和墨西哥湾连起来。

所谓微型陆桥运输，比小陆桥更短一段，是海运加一段从海港到内陆城乡的陆上运输或相反方向的运输形式。由于微型陆桥运输只利用了部分陆桥，故又称半陆桥运输。例如，远东至美国内陆城市的货物，若改用微型陆桥运输，则货物装船运至美国西部太平洋口岸，换装成铁路（公路）专列可直接运至美国内陆城市。微型陆桥比小陆桥更优越，既可缩短时间，又可节省运费，我国也已开始采用此种运输方式。

4）关于美国 OCP 运输条款

“OCP”是 Overland Common Points 的简写，意为“内陆公共点地区”，简称“内陆地区”，其含义是：根据美国费率规定，以美国西部 9 个州为界，也就是以落基山脉为界，其以东地区均为内陆地区范围，这个范围很广，约占美国全国 2/3 的面积。按 OCP 运输条款规定，凡是经过美国西海岸港口转往上述内陆地区的货物，可享受比一般直达西海岸港口更为低廉的优惠内陆运输费率，一般低 3% ~ 5%；相反方向，凡从美国内陆地区起运经西海岸港口装船出口的货物同样可按 OCP 运输条款办理。同时，按 OCP 运输条款，还可享受比一般正常运输要低的优惠海运运费，每吨约低 3 ~ 5 美元。

采用 OCP 运输条款时必须满足以下条件。

（1）货物最终目的地必须属于 OCP 地区范围，这是签订 OCP 运输条款的前提。

（2）货物必须经由美国西海岸港口中转。因此，在签订贸易合同时，有关货物的目的港应规定为美国西海岸港口，即为 CFR 或 CIF 美国西海岸港口条件。

（3）在提单备注栏内和货物唛头上应注明最终目的地 OCP ××城市。

例如，我国出口至美国一批货物，卸货港为美国西雅图，最终目的地是芝加哥。西雅图是美国西海岸港口之一，芝加哥属于美国内陆地区城市，此笔交易就符合 OCP 规定。经双方同意，就可采用 OCP 运输条款。在贸易合同和信用证内的目的港栏可填写“西雅图”，括号内填“内陆地区”，即“CIF Seattle（OCP）”。除在提单上填写“目的港西雅图”外，还必须在备注栏内注明“内陆地区芝加哥”字样，即“OCP Chicago”。

3. 新亚欧大陆桥

1990 年 9 月 11 日，我国陇海—兰新铁路的最西段，乌鲁木齐至阿拉山口的北疆铁路与苏联的铁路接轨，第二条亚欧大陆桥运输线，也即新亚欧大陆桥全线贯通，并于 1992 年 9 月正式通车。此条运输线东起我国连云港，西至荷兰鹿特丹，横跨亚洲和欧洲两大洲，连接太平洋和大西洋，穿越中国、哈萨克斯坦、俄罗斯，与第一条运输线重合，经白俄罗斯、波兰、德国到荷兰，辐射20多个国家和地区，全长1.08万千米，在我国境内全长4 134千米。这条运输线与经西伯利亚铁路相比，总运距缩短2 700千米，可缩短运输时间6天左右，减少运费10%以上；与经马六甲海峡海运相比，总运距缩短一半，运费节省约20%。

知识链接

第三亚欧大陆桥

2007年11月，专家学者们提出了“第三亚欧大陆桥”的构想：起点为以深圳港为代表的广东沿海港口群，沿途由昆明经缅甸、孟加拉国、印度、巴基斯坦、伊朗，从土耳其进入欧洲，最终抵达荷兰鹿特丹港。由中尼铁路至加德满都，再经南亚北部铁路、伊朗高原铁路、土耳其—波兰铁路（北上铁路）、波兰—荷兰铁路，全程15 300千米，经过青藏高原地区和南亚地区，横贯亚欧21个国家，比目前经东南沿海通过马六甲海峡进入印度洋行程要短3 000千米左右。

第三亚欧大陆桥的修建，将为中国西出印度洋提供新通道，改变我国外贸运输单向东运的运输结构，形成“出东洋”与“下西洋”双向并举的出海交通格局，在一定程度上会打破制约中国成为海洋大国的瓶颈因素。

预计第三欧亚陆桥修建竣工后，西藏、南亚旅游交通将会便利许多，可促进当地旅游业的发展，同时促进西藏、南亚与中国内陆、西欧、东盟的发展合作，在经济和政治方面有很大的必要性。

三、我国的大陆桥运输

我国从1980年起由我国最大的货运代理企业中国对外贸易运输（集团）总公司（以下简称中国外运）为内外客户办理中国经蒙古国或苏联到伊朗和往返西北欧各国的大陆桥集装箱运输业务，目前每年货运量已达10 000标准箱以上，全国除西藏、台湾、海南、广西外，其余各省均已开办了大陆桥运输业务，并且在上海、天津、北京、江苏、辽宁等省、市开办了拼箱货运业务。中国外运在一些口岸和城市建立了铁路集装箱中转点（见表7-3），办理集装箱的装卸、发运、装箱和拆箱业务。

表7-3 我国大陆桥运输铁路集装箱中转点

省份（城市）	中转点	省份（城市）	中转点
上海	何家湾	北京	丰台
天津	塘沽南	黑龙江	滨江西、香坊、王岗
辽宁	沈阳、辽阳、大连西	内蒙古	呼和浩特、二连浩特、集宁、满洲里
河北	石家庄、唐山、秦皇岛	河南	海棠寺
山东	青岛、济南、青州、潍坊西、烟台、淄博、石臼所	山西	太原东

（续表）

省份（城市）	中 转 点	省份（城市）	中 转 点
陕西	西安西、西安窑村	甘肃	兰州西
青海	西宁	安徽	合肥北、芜湖西
浙江	杭州南星桥	江苏	镇江南、南京中华门、南京西、无锡、连云港
湖南	醴陵、长沙西	湖北	汉口西、汉阳
四川	成都东、伏牛溪	贵州	贵阳东
新疆	乌鲁木齐北	吉林	孟家屯
福建	福州东	广东	黄埔

西伯利亚大陆桥运输主要有铁—铁、铁—海、铁—卡运输线路，目前我国办理大陆桥运输使用这 3 种线路，具体如下。

（1）铁—铁线路，如图 7-6 所示。

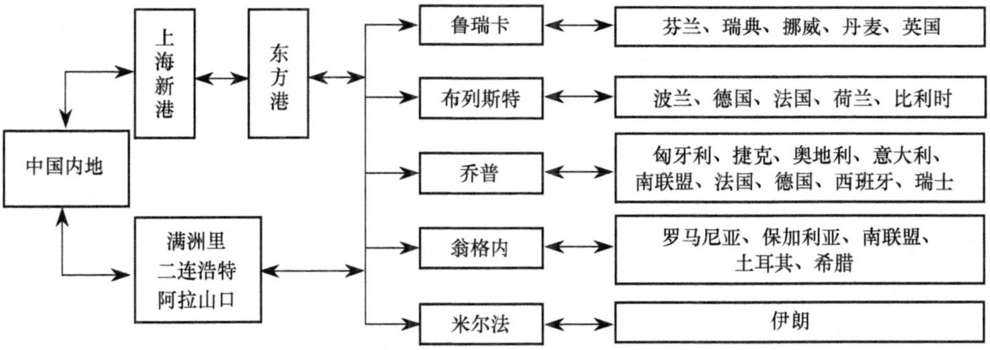

图 7-6　铁—铁线路

（2）铁—海线路，如图 7-7 所示。

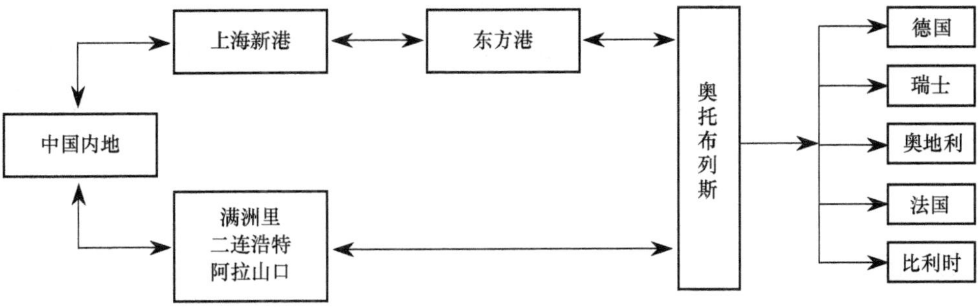

图 7-7　铁—海线路

（3）铁—卡线路，如图 7-8 所示。

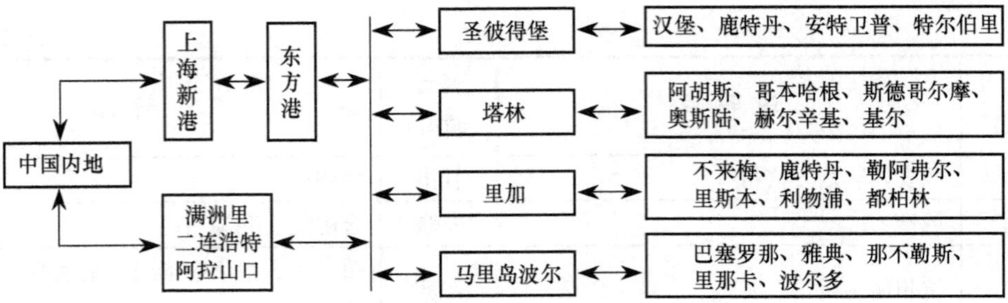

图 7-8　铁—卡线路

本章小结

本章主要介绍了集装箱运输与国际多式联运的基本知识。根据国际标准 ISO 830—1981《集装箱名词术语》的定义，集装箱是一种运输设备，应满足下列要求：①具有足够的强度，可长期反复使用；②适于一种或多种运输方式的运送，途中转运时箱内货物不需换装；③具有快速装卸和搬运的装置，特别便于从一种运输方式转移到另一种运输方式；④便于货物的装满和卸空；⑤具有不小于 1 立方米的容积。集装箱这一术语的含义不包括车辆和一般包装。

集装箱运输是指货物装在集装箱内进行运送的运输方式。它冲破了过去交通运输中一切陈旧的规章制度和管理体制，形成了一套独立的规章制度和管理体制，是目前最先进的现代化运输方式。它具有安全、迅速、简便、价廉的特点，有利于减少运输环节，还可以通过综合利用铁路、公路、水路和航空等各种运输方式，进行多式联运，以实现“门到门”运输。

多式联运是指使用两种或两种以上不同的运输方式，对特定货物进行的接运。它是以各种运输工具的有机结合，协同完成全程运输为前提条件的。

根据《联合国国际货物多式联运公约》及我国《国际集装箱多式联运管理规则》，国际多式联运是指根据单一的联运合同，以两种或两种以上运输方式，把货物从一个国家运往另一个国家。这种单一的合同即为多式联运单据或合同，由组织这种运输的个人或企业（联运经营人）签发，并由其负责执行全运程的运输业务。

大陆桥运输是指使用横贯大陆的铁路、公路运输系统作为中间桥梁，把大陆两端的海洋连接起来的运输方式。目前国际上主要的大陆桥有西伯利亚大陆桥、北美大陆桥和新亚欧大陆桥。

案例讨论

美国的集装箱多式联运

美国的环球经济战略虽然依靠空运和海运，但是为了节约成本、保证运输质量，集装箱多式联运也是美国各界采用较多的物流运作模式。

美国的集装箱运输大部分是通过一些大的货主，根据运输的特殊条件和需要签订合同来实现的。合同内容包括运输时间表、货物价值、最小运量保证等。小货主的运输一般依据第三方物流经营者具有的物流系统管理经验，将小批量货物积少成多而得到低运价的优惠。

在美国，铁路集装箱专列平均时速为 70～90 千米，在专用线、编组站等环节疏导很快，基本上不压箱。每天运距可以达到 1 500 千米以上。在港口，进口货物在船舶到港之前一般都向海关预申报。因此，船到港后，当天就可以装卸集装箱货车或铁路车辆（若当天有车辆），或者在第二天转运到口岸地区其他集装箱站场。

1. 系统的运作标准

在美国，运输企业的竞争能力和货主的需求决定了物流服务水平。周转时间是衡量物流服务水平的一个指标。在 1 500 千米的范围内，以铁路为主的多式联运部门在各服务通道上都与“门到门”服务的汽车运输公司展开竞争，铁路部门的多式联运受多个环节影响，其运送速度相当于公路运输的 50%～70%。公路运输可以从港口实现货主的“门到门”运输，从而避免了货场转运的时间延误。一辆集装箱货车装完两个标准集装箱就可以运出，但铁路专列要装完 100 多个标准集装箱才能开出，集装箱多式联运的周转时间比仅用集装箱货车实现“门到门”的运输时间长。

2. 作业环节

美国的多式联运服务大致包括以下 4 个独立的作业环节。

（1）港口作业。船停港总共 3～5 天，其中通关作业一般为 1～2 天。

（2）港口附近周转作业（从港口转到火车上）。

（3）铁路长途运输。多式联运长途运输方式主要通过铁路来实现。一般工作日集装箱在列车出发前 3～4 小时内集中到站场。

（4）内陆中转站的作业。内陆集装箱的停留时间主要取决于物流工作的商业考虑，集装箱装卸过程由集装箱所有者来控制。

3. 集装箱周转时间

（1）当港口至货主的运距为 1 500 千米时，采用集装箱货车运输进口货物。集装箱从船上卸到集装箱卡车后，其运送时速一般为 80 千米。若配备两个驾驶员，则可减少停车时间。在 24 小时内集装箱最大运输范围可达 2 010 千米。这样集装箱运到货主手中只需 2 天，返空箱再用 2 天，总周转时间为 4 天。

（2）进口货物使用多式联运系统送到货主手里共需 7 天左右，为与公路运输竞争，对于加急货物的运输时间可以压缩一半，即利用高效的多式联运系统的总周转时间为 6～8 天。在各环节配合极为协调，如货主、货车、铁路车次时间等环节均不耽误的情况下，集装箱总周转时间为 6 天。

思考问题

1. 使用集装箱多式联运有何优点？

2. 在进行运输组织的时候应考虑哪些因素？

课后练习

一、单项选择题

1. 下面（　　）交接方式为整箱货的交接方式。

A. CFS to CFS　　B. CY to CY

C. CY to CFS　　D. CFS to CY

2. 集装箱运输方式下承运人的责任期限为（　　）。

A. 装上船—卸下船　　B. 船舷—船舷

C. 仓库—仓库　　D. 接收货—交付货

3. 集装箱拼箱货通常的交接条款为（　　）。

A. CY　　B. CFS　　C. Door　　D. Hook

4. 在定期船的集装箱整箱货运输的情况下，通常的交接条款为（　　）。

A. CY　　B. CFS　　C. Door　　D. Hook

5. CY—CY 集装箱运输条款是指（　　）。

A. 一个发货人、一个收货人　　B. 多个发货人、多个收货人

C. 一个发货人、多个收货人　　D. 多个发货人、一个收货人

6. 多式联运经营人对货物承担的责任期限是（　　）。

A. 自己运输区段　　B. 全程运输

C. 实际承运人运输区段　　D. 第三方运输区段

7. 作为一种运输工具的货物集装箱至少要有（　　）以上的容积。

A. 5 立方米　　B. 8 立方米　　C. 3 立方米　　D. 1 立方米

8. 下列联运形式中不属于多式联运的是（　　）。

A. 海陆联运　　B. 陆桥运输　　C. 海空联运　　D. 连贯运输

二、判断题

1. 分段运输就是多式联运。（　　）
2. 拼箱货装箱时，不同形状、不同包装的货物尽可能不装在一起。（　　）
3. 多式联运就是两种或两种以上运输方式的联合运输。（　　）
4. 多式联运经营人的赔偿责任主要采用统一责任制。（　　）
5. 集装箱货物的交接类型有两种，交接方式有 9 种。（　　）
6. 多式联运经营人在接收货物后即可签发多式联运单据。（　　）
7. 多式联运经营人必须对货物的全程运输负责。（　　）
8. 国际多式联运的一个优点是发货人可以提早结汇。（　　）
9. 实行单一运费率是国际多式联运的特点之一。（　　）

10. 整箱货运输下，承运人只要在箱子外表状况良好、海关铅封完整的情况下接货、交货，即使箱内货物发生灭失或损害，承运人也不承担任何赔偿责任。 （ ）

11. 拼箱货运输下，如果承运人未按提单记载数量、状况交货，收货人即可向承运人提出赔偿要求。 （ ）

12. 国际多式联运所运输的货物必须是集装箱货物，不可以是一般的散杂货物。 （ ）

13. 目前国际上对于多式联运经营人的责任形式大多采用的是网状责任制。 （ ）

14. 国际多式联运是随着集装箱运输发展起来的新型运输方式。 （ ）

15. 国际多式联运的货主只需办理一次委托，支付一笔运输费用。 （ ）

16. 海陆联运是国际多式联运的主要组织形式。 （ ）

三、简答题

1. 集装箱运输有哪些特点？有哪些优越性？
2. 集装箱货物的交接方式有几种？交接双方的责任怎样划分？
3. 集装箱货物按货物性质分为哪 3 种？特殊货物包括哪些？
4. 多式联运承运人是如何产生的？
5. 多式联运的内容是什么？有哪些特征？
6. 多式联运有哪些分类方法？
7. 构成多式联运应具备几个主要条件？
8. 多式联运的构成要素有哪些？
9. 多式联运的特点和优点有哪些？
10. 国际上有几条主要的大陆桥？
11. 采用 OCP 运输方式应该注意什么？

四、案例分析题（集装箱货损货差）

原告：阳光对外贸易发展有限公司（简称阳光公司）

被告：中国外运广州公司（简称广州外运）

某年 4 月 17 日，原告与三菱公司签订了购销 120 吨金属硅的合同。5 月 14 日，原告委托被告从广州承运金属硅到日本横滨港，并由被告代理办理报关手续。5 月 15 日，被告委托广州市黄埔区文冲仓库派拖车到华南储运公司仓库装运原告的货物。华南储运公司出具的“货物出库记录”“出库单”“放行条”记载，共装金属硅 120 件，重量为 120 吨，分别装载于 6 个 20 英尺的集装箱，每个集装箱装 20 吨。装货后由货车司机关闭集装箱门并加铅封。广州市黄埔区文冲仓库出具的证明文件记载，在装货过程中由原告的业务员监装。5 月 19 日，被告为承运上述货物签发了提单。提单记载：托运人是原告；收货人由托运人指示；装货港为中国广州，目的港为日本横滨港；货物为 120 袋金属硅，总重 12 万千克；分别装载于 6 个 20 英尺的集装箱，每个集装箱装 20 吨；运费预付；交接方式为堆场到堆场（CY/CY）；托运人装箱并计数。

原告确认，上述两份提单已经转让给三菱公司，货物运到目的港后，由 NKKK 检验公司进行检验，6 月 15 日出具检验报告，该报告记载：6 月 1 日收货人卸货时，仓管员发现其中3个集装箱中的货物均少了两包；此外，另一集装箱中有4包货物潮湿，经对湿货进行化学测试，没有盐水成分；一包货物可能在运载前已湿，另外3包可能是被从顶板破缝漏进来的水所湿，故要求该公司做调查。

调查的结果显示，集装箱封号与提单上的封号一致，明显没有被打开过的痕迹。6月25日，三菱公司向原告称合同发生了严重短缺，并产生了5 759美元的索赔。7月6日，三菱公司又出具了一份索赔函，对其6月25日出具的索赔函进行说明。该函称，合同项下金属硅短少6吨，损失4 740美元；水湿4袋，损失360美元；检验费659美元；实际损失5 759美元。短货的3个集装箱的铅封均完好无损，故问题均发生在封箱之前，因此向原告索赔。

问：被告是否应承担赔偿责任？为什么？

任务实训

实训内容：

1. 参观集装箱货运站或堆场，了解集装箱运输活动。
2. 参与有关运输单证的制作。

实训目的：

1. 了解运输组织的原理和要求。
2. 熟悉有关运输单证，特别是站场收据的使用。
3. 了解国际多式联运与集装箱运输的关系和作用。

实训要求：

1. 熟悉多式联运有关知识。
2. 熟悉多式联运的组织、运输路线的选择和设计。
3. 熟悉多式联运有关单证。
4. 完成一份集装箱运输或国际多式联运的实训报告。

实训操作与规范：

1. 有组织地进行实训活动。
2. 注意安全。
3. 听从有关人员安排。
4. 根据有关单证格式尝试有关操作。
5. 以小组为单位进行集装箱运输托运实际操作练习。

第八章

其他运输方式

学 习 目 标

掌握航空运输、铁路运输、公路运输及管道运输等运输方式的有关知识和方法。

知识要点

航空运输　铁路运输　公路运输　管道运输　集中托运　国际航空运单　IATA　航班　航线　国际铁路联运运单

场景导入

上海航空股份有限公司（以下简称上航）曾经自称是“一家小的、地方的航空公司”。

经过30多年的发展，这家“小”公司的经营业绩却令人刮目相看：目前上航运营了100多架客机，开通了140多条国内外航线，早在2013年就被评为三星级航空公司，以安全飞行200万小时荣获中国民用航空局颁发的“飞行安全二星奖”。

上航的目标是建成一个“国内最好、顾客首选、具有国际水平的航空公司”，成为枢纽型、国际化的航空大集团。上海建设亚太航空枢纽，为上航的发展提供了机遇。

为了实现成为枢纽型、国际化的航空大集团的战略规划，上航提出了主营突出、两翼齐飞的思路，主营是指航空主业，两翼是指上货航和中联航。此外，还有一个关联集团，业务主要集中在物流和旅游方面。

上航将航空货运列为新的增长点，上航货运在2006年一季度成立。上航董事长说，我国的航空货运正处在一个发展机遇期，充分利用国际资源发展航空货运正是时候。我国出口加工业已发展到了相当规模，这些始发的货运大部分集中在长江三角洲和珠江三角洲，其中又以长江三角洲的货运量最大，目的地都在欧美。上航开辟了大阪、首尔、泰国、香港、法兰克福等货运航点。上航目前拥有10多架全货机，航线网络布局更加完善和密集。在航空物流领域，上航还将涉足国际国内货代、货运地面服务、快件服务、特殊货运服务、仓储配送、第三方物流等业务。

通过中联航，上航将拓展北方市场，进一步完善上航的航空网络。两翼齐飞，将使上航飞得更高、更快。

思考问题

什么是航空运输？它和其他运输方式相比有何优点？

第一节 国际航空运输

一、国际航空运输概况

世界航空运输的起步较晚，是在 20 世纪初开始的。世界上第一架飞机是在 1903 年由美国人怀特兄弟发明的，同年 12 月 17 日试飞成功，从此打开了航空史的新局面。1909 年，法国最先创办了商业航空运输，随后德、英、美等国也相继开办。飞机制造于 1920 年起转为民航使用。然而，航空运输作为一种国际贸易货物运输方式，是在第二次世界大战以后才开始出现的。但其发展十分迅速，在整个国际贸易运输中所占的地位日益显著，航空货物运输量也在逐步增大。

目前，全球有 1 000 多家航空公司、30 000 多个民用机场，货运量日渐增多，航线四通八达，遍及全球各大港口和城市。航空运输在我国还是一个正在成长的年轻事业。新中国成立后，1955 年 1 月开辟了中苏航线，1956 年开辟了缅甸航线，接着又开辟了朝鲜、越南、蒙古国、老挝、柬埔寨等国航线。目前，我国已形成了一个以北京、上海、广州为枢纽的四通八达的国际航空运输网，与 111 个国家签订了空运协定，与近 200 个航空公司建立了业务关系，空运货物可通往欧、亚、美和大洋洲等数十个国家和地区。至 2020 年 12 月 31 日，我国已发布通用机场 340 个，相比 2019 年的 247 个，2020 年净增通用机场 93 个，增长率 37.65%，增长量和增长率均再创新高。2020 年完成货邮吞吐量 1 607.5 万吨，比 2019 年下降 6.0%，国际航线完成 660.1 万吨，比 2019 年增长 2.2%。

二、航空货物运输的特点

航空货物运输是指采用商业飞机运输货物的商业活动，是目前国际上安全、迅速的一种运输方式。航空货物运输的特点有以下几个。

1. 具有较快的运送速度

与其他运输方式相比，航空货物运输具有较快的运送速度，从而提高商品在世界市场上的竞争力。当今国际市场商品的竞争异常激烈，市场行情瞬息万变。为了抢行就市，卖得好价，以获得较好的经济效益，必须争取时间把商品运到急需的市场，这就必须依赖航空运输，从而形成商品在国际市场上的竞争力。

2.最适合鲜活易腐商品和季节性强的商品的运送

鲜活易腐商品和季节性强的商品由于性质特殊，对时间要求极为严格，如运送时间过长致使腐烂变质，商品就会失去使用价值或错过季节无法销售，滞存在仓库就要负担仓储费用，积压资金。航空运输为这类商品的运输和销售争取了时间，并有利于开辟运输距离较远的市场，这是其他运输方式所无法比拟的。

3. 安全准确

由于航空运输管理制度比较完善，运输时间短而准，货物破损率低，被偷窃机会少，所以是比较安全的运输方式。

4. 可节省包装、保险、利息等费用

诚然，航空运费要高于其他运输方式的运费，但由于航空运输速度快，商品在途时间短，库存期可相应缩短，因而可节省仓储费用，资金周转速度加快。同时由于对包装要求相对较低，可节省包装成本，而且航空运输是风险相对最低的运输方式，风险成本也有所降低。从综合成本来看还是有所节省的。

三、国际航空货物运输的基本知识

1. 航线

1）航线的含义

航空器在空中飞行，必须有适于航空器航行的通路。经过批准开辟的连接两个或几个地点，进行定期和不定期飞行，经营运输业务的航空交通线即为航线。

2）航线的种类

（1）国内航线，是指飞机的起止点和经停点均在一国国境内的航线。国内航线一般由国家民用航空管理机构指定。

（2）国际航线，是指飞机的起止点和经停点跨越一国国境，连接其他国家的航线。

2. 航班

1）航班的含义

航班是指根据班机时间表在规定的航线上使用规定的机型，按照规定的日期、时刻进行飞行。从基地站出发的飞机叫去程航班，返回基地站的飞机叫回程航班。

2）航班的种类

（1）定期航班。这种航班会公布运价和班期，按照双边协定经营，向公众提供运输服务，对公众承担义务。

（2）不定期航班。这种航班是按包机合同，分别申请、个别经营的，不对公众承担义务。

3. 航空港（站）

1）航空港（站）的含义

航空港（站）即机场，是供飞机起飞、降落和停机，以及组织、保障飞行活动的场所。

2）航空港（站）的组成

机场通常由跑道、滑行道、停机坪、指挥调度塔、助航系统、输油系统、维护检修基地、消防设备、货站及航站大厦等建筑和设施组成。

4. 航空器

（1）航空器的含义：这里主要指的是飞机。

（2）航空器的构成：飞机的构造包括机身、机翼、操纵装置、起落装置和推进装置。

（3）航空器的种类：

- 按型号分，可分为普通型和高载重型。

- 按航行速度和航程分，可分为短途型和洲际型。
- 按用途分，可分为客机、货机和客货混合机。

四、国际航空货运的主要航线和航空站

1. 世界著名的航线

（1）西欧—北美间的北大西洋航线。该航线主要连接巴黎、伦敦、法兰克福、纽约、芝加哥、蒙特利尔等航空枢纽。

（2）西欧—中东—远东航线。该航线连接西欧各主要机场至北京、香港、东京等机场，并途经雅典、开罗、德黑兰、卡拉奇、新德里、曼谷、新加坡等重要航空站。

（3）远东—北美间的北太平洋航线。这是北京、香港、东京等机场经北太平洋上空至北美西海岸的温哥华、西雅图、旧金山、洛杉矶等机场的航线，并可延伸至北美东海岸的机场。太平洋中部的火奴鲁鲁是该航线的主要中继加油站。

此外，还有北美—南美、西欧—南美、西欧—非洲、西欧—东南亚—澳新、远东—澳新、北美—澳新等重要国际航线。

2. 世界各大洲重要的航空站

- 亚洲：北京、上海、香港、东京、马尼拉、曼谷、新加坡、雅加达、仰光、加尔各答、孟买、新德里、卡拉奇、德黑兰、贝鲁特、吉达。
- 欧洲：伦敦、巴黎、法兰克福、苏黎世、罗马、维也纳、柏林、哥本哈根、华沙、莫斯科、布加勒斯特、雅典、里斯本。
- 北美：纽约、华盛顿、芝加哥、蒙特利尔、亚特兰大、洛杉矶、旧金山、西雅图、温哥华及位于太平洋的檀香山。
- 非洲：开罗、喀土穆、内罗毕、约翰内斯堡、布达柴维尔、拉各斯、阿尔及尔、达喀尔。
- 拉美：墨西哥城、里约热内卢、布宜诺斯艾利斯、圣地亚哥、利马。
- 大洋洲：悉尼、奥克兰、楠迪、帕皮提。

3. 世界主要货运机场

世界主要货运机场有法国戴高乐机场、德国法兰克福机场、荷兰希普霍尔机场、英国希思罗机场、美国芝加哥机场、日本成田机场、中国香港国际机场、中国上海浦东国际机场等。

五、国际航空货物运输组织

1. 国际民用航空组织

1）国际民用航空组织的组成及宗旨

国际民用航空组织成立于 1944 年 4 月 4 日。它是联合国所属专门机构之一，也是政府间的国际航空机构，其总部设在加拿大的蒙特利尔，现有成员国 150 多个，其大会是最高权力机构，常设机构是理事会，由大会选出的成员国组成。我国是该组织的成员国，也是理事国之一。该组织的宗旨是发展国际航空的原则和技术，促进国际航空运输的规划和发展，以保证全世界国际民用航空的安全和有秩序的增长。

2）国际民用航空组织的具体工作内容

（1）鼓励和平用途的航空器的设计和操作技术的研究。

（2）鼓励发展国际民航应用的航路、航站和航行设备。

（3）满足世界人民对安全、正常、有效和经济的空运的需要。

（4）防止因不合理的竞争而造成的经济上的浪费。

（5）保证缔约国的权利受到充分尊重。每个缔约国都具有开辟国际航线的均等机会。

（6）避免各缔约国之间的差别待遇。

（7）促进国际航行的安全。

（8）普遍促进国际民用航空在各方面的发展。

2. 国际航空运输协会

1）国际航空运输协会的组成

国际航空运输协会是各国航空运输企业之间的联合组织，其会员必须是国际民用航空组织成员国的空运企业。该协会于 1945 年 4 月 16 日在哈瓦那成立。其最高权力机构是一年一度的全体大会，大会选举执行委员会主持日常工作，下设财会、法律、技术和运输等委员会。

2）国际航空运输协会的主要任务

（1）促进安全、定期和经济的航空运输，以利于世界人民，扶助发展航空运输业，以及研究与此有关的问题。

（2）提供各种方式，以促进直接或间接从事国际空运业务的空运企业之间的合作。

（3）促进与国际民用航空组织和其他国际组织的合作。

国际航空运输协会是一个自愿参加、不排他的、非政府的国际民间组织。

知识链接

国际航空运输协会机场代码

国际航空运输协会机场代码（P）是指以字母 P 开头的国际航空运输协会机场代码及其所代表的机场。国际航空运输协会机场代码是一个由国际航空运输协会规定、用于代表全世界大多数机场的代码。它由 3 个字母组成，最常见于登机牌和行李牌上。

3. 国际货运代理协会联合会

国际货运代理协会联合会于 1926 年 5 月 31 日成立于维也纳，其目的是解决日益发展的国际货运代理业务中所产生的问题，是世界上国际货运代理协会和货物发运公司的组织。其会员不仅包括货运代理企业，还包括海关、船务代理和空运代理、仓库、卡车、集中托运等机构和公司，因为这些机构和公司都是国际货物运输过程中的一部分。

六、国际航空货物运输方式

1. 班机运输

1）班机的含义

班机是指定期开航的，定航线、定始发港、定目的港、定途经港的飞机。一般航空公司都使用客货混合型飞机，一方面搭载旅客；另一方面运送少量货物。但一些较大的航空公司在一些航线上开辟了定期的货运航班，使用全货机运输。

2）班机运输的特点

（1）班机由于固定航线、固定停靠港和定期开航，因此国际间快捷流通货物多使用班机运输方式，能安全、迅速地到达世界上各通航地点。

（2）便利收发货人确切掌握货物起运和到达的时间，这对市场上急需的商品、鲜活易腐商品及贵重商品的运送是非常有利的。

（3）许多班机运输是客货混载，舱位有限，不能使大批量的货物及时出运，因此往往需要分期、分批运输。这是班机运输的不足之处。

2. 包机运输

1）包机的分类

包机可分为整包机和部分包机两类。

（1）整包机，即包租整架飞机，是指航空公司按照与租机人事先约定的条件和费用，将整架飞机租给包机人，从一个或几个航空港装运货物至目的地。

包机人一般要在货物装运前一个月与航空公司联系，以便航空公司安排运载并向起降机场及有关政府部门申请、办理过境或入境的有关手续。

包机的费用一次一议，随国际市场供求情况变化。原则上包机运费是按每一飞行千米固定费率核收的，并按每一飞行千米费用的 80%收取空放费。因此，大批量货物使用包机时，都会争取来回程都有货载，这样费用比较低，如果只使用单程，运费会比较高。

（2）部分包机，是指由几家航空货运公司或发货人联合包租一架飞机，或者由航空公司把一架飞机的舱位分别卖给几家航空货运公司装载货物。部分包机用于托运不足一架飞机整机舱位，但货量又较重的货物运输。

2）包机的优点

（1）解决了班机舱位不足的问题。

（2）货物全部由包机运输，节省时间和多次发货的手续。

（3）弥补没有直达航班的不足，且不用中转。

（4）减少货损、货差或丢失的现象。

（5）在空运旺季缓解航班紧张问题。

（6）解决海鲜、活动物的运输问题。

3）部分包机与班机的比较

（1）部分包机的运输时间比班机长，尽管部分包机有固定时间表，但往往因其他原因而不能按时起飞。

（2）各国政府为了保护本国航空公司的利益，常对从事包机业务的外国航空公司实行各种限制，如包机的活动范围比较狭窄、降落地点受到限制。如需降落非指定地点外的其他地点时，一定要向当地政府有关部门申请，对方同意后才能降落（如申请入境、通过领空和降落地点）。

3. 集中托运

1）集中托运的含义

集中托运是指将若干票单独发运的、发往同一方向的货物集中起来作为一票货，填写一份总运单发运到同一站的做法。

2）集中托运的具体做法

（1）将每票货物分别制定航空运输分运单（House Airway Bill，HAWB），即出具货运代理的运单。

（2）将所有货物区分方向，按照其目的地相同的同一国家、同一城市来集中，制定航空公司的主运单（Master Airway Bill，MAWB）。总运单的发货人和收货人均为航空货运代理公司。

（3）打出该主运单项下的货运清单，即此总运单有几个分运单，号码各是什么，其中件数、重量各多少等。

（4）把该主运单和货运清单作为一整票货物交给航空公司。一个主运单可视货物具体情况随附分运单（可以是一个分运单，也可以是多个分运单）。例如，一个 MAWB 内有 10 个 HAWB，说明此主运单内有 10 票货，发给 10 个不同的收货人。

（5）货物到达目的地站机场后，当地的货运代理公司作为主运单的收货人，负责接货、分拨，按不同的分运单制定各自的报关单据并代为报关，为实际收货人办理有关接货、清关、送货事宜。

（6）实际收货人在分运单上签收以后，目的地站货运代理公司以此向发货的货运代理公司反馈到货信息。

3）集中托运的限制

（1）集中托运只适合办理普通货物，对于实行等级运价的货物，如贵重物品、危险品、活动物及文物等，不能办理集中托运。

（2）目的地相同或临近的可以办理集中托运，如某一国家或地区，其他则不宜办理。例如，不能把运到日本的货发到欧洲。

4）集中托运的特点

（1）节省运费。航空货运公司的集中托运运价一般都低于航空协会的运价。发货人可得到低于航空公司的运价，从而节省费用。

（2）提供方便。将货物集中托运，可使货物到达航空公司到达地点以外的地方，延伸了航空公司的服务，方便了货主。

（3）提早结汇。发货人将货物交予航空货运代理后，即可取得货物分运单，可持分运单到银行尽早办理结汇。

集中托运方式已在世界范围内普遍开展，形成了较为完善、有效的服务系统，为促进国际贸易发展和国际科技文化交流起到了良好的作用。集中托运是我国进出口货物的主要运输方式之一。

4. 联运方式

1）陆空联运方式的含义

陆空联运是火车、飞机和卡车的联合运输方式，简称 TAT（Train-Air-Truck）；或者火车、飞机的联合运输方式，简称 TA（Train-Air）。

2）国内出口货物的联运方式

我国空运出口货物通常采用陆空联运方式，因为我国幅员辽阔，而国际航空港口岸主要有北京、上海、广州等。虽然省会城市和一些主要城市每天都有班机飞往上海、北京、广州，但班机所带货量有限，费用比较高。如果采用国内包机，费用更贵。因此，在货量较大的情况下，往往采用陆运至航空口岸，再与国际航班衔接。由于汽车具有机动灵活的特点，在运送时间上可掌握主动权，因此一般都采用陆空联运方式组织货物的出运。

3）外运分公司的具体做法

我国长江以南地区的外运分公司目前办理陆空联运的具体做法是：用火车、卡车或船舶将货物运至香港，然后利用香港的优势，把货物经香港由飞机空运至目的地或中转地航空站，再通过当地代理，用卡车将货物运至目的地。整个运输时间较短，一般至欧洲用 15 天左右，且费用为正常班机运费的 1/2 或 2/3。

我国长江以北地区的外运分公司多采用火车或卡车将货物送至北京、上海航空口岸出运。

陆空联运货物在香港的收转人为合力空运有限公司。发运前，要事先与该公司联系，满足其对单证的要求，便于提前订舱。各地发货时，可使用外运公司的航空分运单，也可使用“承运货物收据”。有关单据上要注明是转口货，加盖“陆空联运”字样的标记，以加速周转和避免香港当局征税。

5. 国际航空快递业务

航空快递业务，是指航空公司将托运方指定在特定时间内运达目的地的物品，以最快捷的航空运输方式，运送和配送到指定的目的地或目标客户手中。航空快递的市场基础是对时间敏感的货物的运输需求。通常航空快递业务的货物重量、体积都比较小。

国际航空快递业务又称国际快件、国际快运或国际速递业务，是由专门经营该项国际业务的航空货运公司与航空公司合作，派专人用最快的速度，在货主、机场、客户之间传送急件的国际运输服务业务。这种方式也被称为“桌到桌”的运输。

航空快递业务有三种形式：从机场到机场、门到门和派专人送货。第一种形式简单，收费低，但不方便。第三种形式服务周到，但费用较高。一般采用第二种形式。

我国航空快递市场以丰厚的利润回报率、迅猛的增长势头、庞大的市场潜力吸引了国内外众多企业的目光。UPS、FedEx、DHL、TNT 等国际快递企业巨头无不将我国作为其战略目标和发展重心，我国航空快递企业将别无选择地加入国际竞争的大舞台。

七、国际航空运单

1. 航空运单的性质、作用

航空运单与海运提单有很大不同，而与国际铁路运单相似。它是由承运人或其代理人签发的重要的货物运输单据，是承、托双方的运输合同，其内容对双方均具有约束力。航空运单不可转让，持有航空运单并不能说明可以对货物要求所有权。

1）航空运单是发货人与航空承运人之间的运输合同

与海运提单不同，航空运单不仅证明航空运输合同的存在，而且航空运单本身就是发货人与航空运输承运人之间缔结的货物运输合同，在双方共同签署后产生效力，并在货物到达目的地交付给运单上所记载的收货人后失效。

2）航空运单是承运人签发的已接收货物的证明

航空运单也是货物收据，在发货人将货物发运后，承运人或其代理人就会将其中一份交给发货人（发货人联），作为已经接收货物的证明。除另外注明外，航空运单是承运人收到货物并在良好条件下装运的证明。

3）航空运单是承运人据以核收运费的账单

航空运单分别记载着属于收货人负担的费用、应支付给承运人的费用和应支付给代理人的费用，并详细列明费用的种类、金额，因此可作为运费账单和发票。承运人往往也将其中的承运人联作为记账凭证。

4）航空运单是报关单证之一

出口时航空运单是报关单证之一。在货物到达目的地机场进行进口报关时，航空运单也通常是海关查验放行的基本单证。

5）航空运单同时可作为保险证书

如果承运人承办保险或发货人要求承运人代办保险，则航空运单可用来作为保险证书。

6）航空运单是承运人内部业务的依据

航空运单随货同行，证明了货物的身份。运单上载有有关该票货物发送、转运、交付的事项，承运人会据此对货物的运输做出相应安排。

航空运单的正本一式三份，每份都印有背面条款，其中一份交发货人，是承运人或其代理人接收货物的依据；一份由承运人留存，作为记账凭证；最后一份随货同行，在货物到达目的地，交付给收货人作为核收货物的依据。

2. 航空运单的分类

1）航空主运单

凡由航空运输公司签发的航空运单称为主运单。它是航空运输公司据以办理货物运输和交付的依据，是航空公司和托运人订立的运输合同，每批航空运输的货物都有自己相对应的航空主运单。

2）航空分运单

集中托运人在办理集中托运业务时签发的航空运单被称作航空分运单。在集中托运的情况下，除航空运输公司签发主运单外，集中托运人还要签发航空分运单。

知识链接

截至目前，我国航空公司机队规模已经达到将近 3 000 架。按照我国航空业的发展速度，预计到 2025 年，我国大陆航空运输业机队规模将达到 5 500 架。预计未来 10 年，为满足运量的增长和替换退役飞机，我国航空公司需要补充 2 690 架飞机，其中超大型喷气飞机 100 架，支线飞机 170 架，单通道飞机 1 810 架，双通道飞机 610 架。

新常态下国家“一带一路”倡议与自由贸易区建设为我国民航业的国际化赋予

了全新的内涵。航线开辟只是国际化中最基础的部分，技术与规则的输出将成为重点。“一带一路”倡议提出了“走出去、引进来”的措施，自由贸易区建设则配合“一带一路”倡议建立中国式的国际化规则。对民航业而言，服务于“一带一路”倡议与自由贸易区建设，首先要力争在双边或多边航空运输协定，甚至在“天空开放”政策中获得突破，建立符合国际民航要求的中国式对外开放规则，提高中国民航的国际话语权；其次要配合高端制造技术“走出去”的战略要求，满足国产大飞机与国产空管设备国际化发展的需求，提高适航审定能力与技术，促进国产飞机、空管设备，甚至北斗导航技术的对外销售；最后要配合国家对外援助与基础设施建设国际化的发展战略，推动中国机场建设与运行管理技术向“一带一路”沿线国家及非洲国家的输出。

第二节　国际铁路运输

铁路运输是国际贸易运输中仅次于海洋运输的主要运输方式。它的优点是货运量大、速度快、耗能低、输送能力及作业连续性强，运输风险明显小于海洋运输。其长途运输成本比公路运输和航空运输低。

目前全世界铁路总运里程达 137 万多千米。世界各国在铁路的建设或改造方面，对电气化、内燃化、机械化和自动化都非常重视，高速铁路、重载列车、海陆联营和多式联运等新运输方式方法的不断涌现，更使铁路运输能力达到了一个新的高度。

“十三五”时期，我国铁路路网规模和质量显著提升，到“十三五”末，全国铁路营业里程达到 13.9 万千米。特别是哈大高铁、兰新高铁等一批举世瞩目的重大项目建成通车，基本形成了以“四纵四横”为主骨架的高速铁路网。目前，全国高铁运营里程超过 3.5 万千米，位居世界第一，占世界高铁总里程的 60%以上。

一、国际铁路货物运输基础知识

1. 铁路轨距类型

世界各国使用的铁路轨距有 30 多种，主要有 3 类，即标准轨距（1.435 米）、宽轨（1.524 米）和窄轨（一般为 1 米）。标准轨距占世界铁路营运里程的 60%，我国绝大多数的铁路，以及朝鲜和东欧、西欧诸国采用的都是标准轨距。俄罗斯、蒙古国、哈萨克斯坦等国采用宽轨，越南铁路则以窄轨为主。相同轨距的国家的列车在货运过境时可原车过轨，不同轨距的国家的列车在货运过境时要换装。

2. 大陆桥铁路运输

国际铁路运输中的大陆桥铁路运输是指利用横贯大陆桥的铁路作为中间桥梁，把大陆两端的海港与海港联系起来的一种运输方式，其运输的货物一般采用集装箱货物的形式。

二、国际铁路货物联运基本知识

1. 国际铁路货物联运的定义

凡在跨两个或两个以上国家铁路的货物运输中，由参加国铁路共同使用一份运送票据，在由一国铁路向另一国铁路移交货物和车辆时，不需要收发货人参加，并以连带责任办理货物的全程铁路运输的运输组织形式，称为国际铁路货物联运。

2. 国际铁路货物运输公约

采用国际铁路货物联运，有关当事国事先必须有书面协定。关于国际铁路货物运输的公约主要有两个，即 1961 年的《关于铁路货物运输的国际公约》(以下简称《国际货约》)和 1951 年的《国际铁路货物联运协定》(以下简称《国际货协》)。《国际货约》于 1970 年 2 月 7 日修订为《铁路货物运输国际公约》，并于同年 2 月 7 日生效。接铁路合作组织 2021 年 1 月 18 日第 II-1/1HH 号通知，铁组委员会委员（2020）第 6 次定期会议决议通过了《国际货协》和《国际铁路货物联运协定办事细则》修改和补充事项，予以公布，自 2021 年 7 月 1 日起生效。

3. 国境站

1）国境站的定义

凡办理一国铁路向另一国铁路移交或接收货物和机车车辆作业的车站，称为国境站。依照各国轨距类型的不同，国境站可分为直通型国境站和换装型国境站。

2）国境站货物、车辆的交接地点与过货方式

- 交接地点：货物和车辆的交接，原则上都在进口国国境站上进行。
- 过货方式：原车过轨及货物换装或货车换转向架。

三、国际铁路货物联运基本条件

1. 国际铁路货物联运的范围

（1）参加《国际货协》和未参加《国际货协》但采用《国际货协》规定的铁路间的货物运送，铁路从始发站以一份运送票据负责运送至最终到站交付给收货人。

（2）未参加《国际货协》铁路间的货物运送，发货人在发送站用《国际货协》运送票据办理至参加《国际货协》的最后一个过境路的出口国国境站，由该站站长或收货人、发货人委托的收转人转至最终到站。

（3）通过过境铁路港口站的货物运送。从参加《国际货协》铁路的国家，通过参加《国际货协》的过境铁路港口，向其他国家（无论这些国家是否参加《国际货协》）或相反方向运送货物时，用《国际货协》运送票据只能办理至过境铁路港口站止或这个站起开始办理，由港口站的收转人办理转发送。

2. 国际铁路货物联运办理的类别

国际铁路货物联运办理的类别是整车、零担和大吨位集装箱。

（1）整车，是指按一份运单托运的按其体积或种类需要单独车辆运送的货物。

（2）零担，是指按一份运单托运的一批货物，重量不超过 5 000 千克，按其体积或种类不需要单独车辆运送的货物。但如另有商定条件，也可不适用《国际货协》整车和零担货物的规定。

（3）大吨位集装箱，是指按一份运单托运，用大吨位集装箱运送的货物或空的大吨位集装箱。

对于整车运输，铁路运输是一种最经济的运输方式。尤其是在北美和欧洲，铁路运输是集装箱化发展最快的一个领域。强烈建议买主使用以较长的集装箱转运距离为特征的联合运输方式，并最好与往来集装箱海运码头的陆路专用铁路结合起来使用，这样可以实现"门到门"服务。

3. 采用国际铁路联运应具备的条件

（1）必须具备一份运输合同。在国际铁路联运中，使用的运单和运单副本是铁路与货主（承运人与托运人）之间缔结的运输合同。

（2）托运人必须支付运费并领取货物。托运人支付运费，分以下三种情况：

- 发运国铁路的运费，由发货人向始发站支付。
- 终点国铁路的运费，由收货人向到站支付。
- 过境国铁路的运费，现在有些由过境国货代办理，或者由发货人向始发站支付或由收货人向到站支付。

（3）承运人必须负责全程运输，并对承运期间发生的损失负责赔偿。由于国际铁路联运是跨国境的陆上运输，需要使用各国家的铁路、汽车和车站，所以各有关国家使用统一的国际联运单据，共同负责货物跨国界的全程运输服务。

4. 国际铁路货物联运的运输限制

在国际铁路直通货物联运中，下列货物不准运送。

（1）属于参加运送的铁路的任一国家禁止运送的物品。

（2）属于参加运送的铁路的任一国家邮政专运物品。

（3）炸弹、弹药和军火（但狩猎和体育用的除外）。

（4）爆炸品、压缩气体、液化气或在压力下溶解的气体、自燃品和放射性物质（指《国际货协》附件第 2 号之附件 1 中表 1、表 3、表 4、表 10 中没有列载的）。

四、出口货物国际铁路联运程序

1. 托运前的工作

在托运前必须将货物的包装和标记严格按照合同中有关条款、《国际货协》和议定书中的条款办理。

（1）货物包装应能充分防止货物在运输中灭失和腐坏，保证货物多次装卸不致毁坏。

（2）货物标记（标示牌及运输标记）和货签（内容主要包括商品的记号、号码、件数、站名、收货人名称等）上的字迹均应清晰、不易擦掉，保证在多次换装中不致脱落。

2. 货物托运和承运的一般程序

发货人在托运货物时，应向车站提出货物运单和运单副本，以此作为货物托运的书面申请。车站接到运单后，应认真进行审核，对整车货物应检查是否有批准的月度、旬度货物运输计划和日要车计划，检查货物运单各项内容是否正确，如果确认可以承运，车站即在运单上签证时写明货物应进入车站的日期和装车日期，即表示接受托运。发货人按签证指定的日期将货物搬入车站或指定的货位，并经铁路根据货物运单的记载查对实货，认为符合《国际货协》和有关规章制度的规定，车站方可予以承认。整车货物一般在装车完毕后，发站在货物运单上加盖承运日期戳，即承运。

发运零担货物，发货人在托运时，不需要编制月度、旬度要车计划，即可凭运单向车站申请托运。车站受理托运后，发货人应按签证指定的日期将货物搬进货场，送到指定的货位上，经查验过磅后，即交由铁路保管。从车站将发货人托运的货物，连同货物运单一同接收完毕，在货物运单上加盖承运日期戳时，即表示货物业已承运。铁路对承运后的货物负保管、装车发运责任。

总之，承运是铁路负责运送货物的开始，表示铁路开始对发货人托运的货物承担运送义务，并负运送上车的一切责任。

3. 货运单据

（1）国际铁路联运运单，是发货人与铁路之间缔结的运输契约。它规定了铁路与收发货人在货物运送中的权利、义务和责任，对铁路和收发货人都具有法律效力。

（2）添附文件。我国出口货物必须附上出口货物明细单、出口货物报关单及出口外汇核销单。另外，根据规定和合同的要求，还要添附出口许可证、品质证明书、商检证、卫生检疫证、动植物检疫证，以及装箱单、磅码单、化验单、产地证和发运清单等有关单证。

4. 出口货物交接的一般程序

（1）联运出口货物实际交接是在接收国国境站进行的。口岸外运公司接到铁路交接所传递的运送票据后，依据联运运单审核其附带的各种单证份数是否齐全、内容是否正确，遇有矛盾、不符等缺陷，根据有关单证或函电通知订正、补充。

（2）报关报验。运送单证经审核无误后，将出口货物明细单截留三份（易腐货物截留两份），然后将有关运送单证送至各联检单位审核放行。

（3）货物的交接。单证手续齐备的列车出境后，交付路在邻国国境站的工作人员会同接收路工作人员共同进行票据和货物交接，依据交接单进行对照检查。交接分为一般货物铁路方交接和易腐货物贸易双方交接。

五、国际铁路运输线路

1. 国际货物运输中的主要铁路干线

1）西伯利亚大铁路线

西伯利亚大铁路线东起符拉迪沃斯托克，途经伯力、赤塔、伊尔库茨克、新西伯利亚、鄂木斯克、车里雅宾斯克、古比雪夫，止于莫斯科，全长 9 300 多千米，之后又向东延伸至纳霍德卡和东方港。该线东连朝鲜和中国，西接北欧、中欧、西欧各国，再由莫斯科往南可接伊朗。我国与俄罗斯、东欧国家及伊朗之间的贸易，主要用此干线。

2）北美横贯东西铁路线

北美横贯东西铁路线在加拿大境内有 2 条，在美国境内有 4 条。

（1）加拿大境内

- 鲁珀特太子港—埃德蒙顿—温尼伯—魁北克（加拿大国家铁路）。
- 温哥华—卡尔加里—温尼伯—蒙特利尔—圣约翰—哈利法克斯（加拿大太平洋铁路）。

（2）美国境内

- 西雅图—斯波坎—俾斯麦—圣保罗—芝加哥—底特律（北太平洋铁路）。
- 奥克兰—奥格登—奥马哈—芝加哥—匹兹堡—费城—纽约。
- 洛杉矶—阿尔布开克—堪萨斯城—圣路易斯—辛辛那提—华盛顿—巴尔的摩（圣太菲铁路）。
- 洛杉矶—图森—帕索—休斯敦—新奥尔良（南太平洋铁路）。

3）西亚—欧洲铁路线

由西亚的巴士拉—巴格达—伊斯坦布尔至欧洲的索菲亚之后与欧洲铁路网相连。

4）欧洲铁路网

欧洲铁路网密度居各大洲之首，纵横交错，十分发达，既可联系欧洲各国，又可沟通洲际，主要有以下几条铁路线。

（1）伦敦—巴黎—慕尼黑—维也纳—布达佩斯—贝尔格莱德—索菲亚—伊斯坦布尔，与亚洲铁路相连。

（2）伦敦—巴黎（或布鲁塞尔）—科隆—柏林—华沙—莫斯科，与俄罗斯西伯利亚铁路相连，可达远东地区。

（3）里斯本—马德里—巴黎—科隆—柏林—华沙—圣彼得堡—赫尔辛基，可达斯堪的那维亚半岛各国。

2. 中国通往邻国的铁路线

（1）滨洲线：自哈尔滨起向西北至满洲里，全长 935 千米，在俄罗斯的贝加尔站与西伯利亚铁路相连接。

（2）滨绥线：自哈尔滨起，向东经绥芬河与独联体远东地区铁路相连接，全长 548 千米。

（3）集二线：从京包线的集宁站，向西北到二连浩特，全长 364 千米，是我国通往蒙古国的重要铁路干线。

（4）沈丹线：从沈阳到丹东，越过鸭绿江与朝鲜铁路相连，全长 274 千米。

（5）长图线：西起吉林长春，东至图们，横过图们江与朝鲜铁路相连接，全长 527 千米。

（6）梅集线：自梅河口至集安，全长 245 千米，越过鸭绿江直通朝鲜满浦车站。

（7）湘桂线：从湖南衡阳起，经广西柳州、南宁到达凭祥站，全长 1 013 千米，通过越南的同登站与越南铁路相连。

（8）昆河线：从云南昆明经碧色寨到云南河口山腰站，窄轨铁路，全长 177 千米，通过越南的老街站与越南铁路相连。

（9）北疆线：从新疆乌鲁木齐向西到达我国的终点站阿拉山口，与哈萨克斯坦的德鲁日巴站接轨。

我国通往欧洲的国际铁路联运线有两条：一条是利用俄罗斯的西伯利亚大陆桥贯通中东、欧洲各国；另一条是由江苏连云港经新疆与哈萨克斯坦铁路连接，贯通俄罗斯、波兰、德国，直至荷兰的鹿特丹。后者被称为新亚欧大陆桥，经过哈萨克斯坦、俄罗斯、白俄罗斯、波兰、德国，直抵荷兰北海边的鹿特丹港，全长 10 900 千米。它是一条横贯亚欧大陆，连接太平洋、大西洋的国际海陆联运通道。它比走苏伊士运河海运航线缩短约一半的距离，比经由西伯利亚大陆桥缩短约 3 000 千米，进一步推动了我国与欧亚各国的经贸往来，也促进了我国沿线地区的经济发展。

3. 内地对港澳地区的铁路货物运输

对香港的铁路运输不同于国际联运，也不同于一般的国内运输，是一种特定的运输方式。它包括内地段铁路运输和港段铁路运输。它最重要的特点是租车方式的两票运输。

所谓租车方式的两票运输，即发送地以内地运输将货物运送至深圳北站，收货人为深圳外运公司，深圳外运公司作为各外贸单位的代表与铁路部门办理租车手续，支付租车费后租车去香港，货车过轨后，香港中旅货运有限公司作为深圳外运公司的代理，在港段重新起票托运至九龙。结汇凭证为深圳外运公司签发的承运货物收据。

1）对香港出口货物铁路运输的种类和运行组织方式

对香港出口货物铁路运输的种类有整车运输、零担运输、集装箱运输和利用旅客列车行李车运送小件包裹快递。

对香港出口货物铁路运输所采用的运行组织方式有三趟快运列车、整列运输和成组运输。

2）出口货物铁路运输一般程序

（1）发货地外运或外贸公司向当地铁路部门办理从发货地至深圳北站的国内铁路运输的托运手续，填写国内铁路运单。

（2）发货地外运或外贸公司委托深圳外运公司办理接货、报关、查验、过轨等中转手续。

（3）深圳外运公司接到铁路部门的列车预告后，对有关单证加以核对，并抄送香港中旅货运有限公司以做好接车准备。

（4）货车到达后，深圳外运公司与铁路部分进行票据交接，如单证齐全无误，则向铁路编制过轨计划；如单证不全或有误，则向铁路编制留站计划。准备过轨的货车，由深圳外运公司将出口货物报关单或监管货物的关封连同货物运单送至海关申报，经海关审查无误，即会同联检单位对过轨货车进行联检，联检通过后，海关即放行。

（5）香港中旅货运有限公司向港段海关报关，并在罗湖站向广九铁路公司办理起票手续，港段铁路将过轨货车运到九龙站交中国旅行社卸货。

3）出口货物铁路运输费用

（1）内地铁路运输费用“一次起票，分段计算，两端核收”。

（2）港段铁路运输费用包括一般货物运费、杂费和劳务费。

知识链接

2000 年以来，我国铁路运输得到长足发展。截至 2020 年，全国铁路货物发送量完成 35.8 亿吨，同比增长 4.1%。2020 年全国铁路货运总周转量完成 30 514.46 亿吨公里，比 2019 年增加 297.10 亿吨公里，同比增长 1.0%。2020 年受新冠肺炎疫情的影响，国家铁路旅客发送量为 21.67 亿人次，比 2019 年减少 14.12 亿人次，下降 39.4%。

2019 年，全国铁路固定资产投资完成 8 029 亿元，投产新线 8 489 千米，其中高速铁路 5 474 千米。路网规模方面，全国铁路营业里程达到 13.9 万千米，比 2018 年增长 6.1%，其中，高铁营业里程超过 3.5 万千米。路网密度 145.5 千米/万平方千米，比 2018 年增加 9.5 千米/万平方千米。其中，复线里程 8.3 万千米，比 2018 年增长 9.2%，复线率 59.0%，比 2018 年提高 1.1 个百分点；电气化里程 10.0 万千米，比 2018 年增长 12.9%，电化率 71.9%，比 2018 年提高 1.9 个百分点。西部地区营业里程 5.6 万千米，比 2018 年增加 3 000 千米，增长 5.6%。2020 年，全国铁路完成固定资产投资 7 819 亿元，较年初计划增加 719 亿元。京雄城际、银西高铁、郑太高铁、连镇高铁、盐通高铁、沪苏通铁路、格库铁路、大临铁路等多条新线顺利开通运营，累计投产里程 4 933 公里，全国铁路网规模和质量显著提升，“八纵八横”高铁网加密成型。

第三节　国际公路运输

一、国际公路运输概况

公路运输具有运量较大、交通工具大众化、速度快、安全程度高、运输费用低、可达区域广泛多样和灵活的特点，其综合优越性为其他运输方式所不及。在所有陆境毗连的国家之间，公路运输都在国际贸易中发挥着重要作用，而在世界上的某些地区，如欧洲和北美洲，公路运输在国际贸易中的作用尤为突出。为了统一各国关于国际公路货物运输合同的规则，特别是为了制定有关公路运输所使用的单证和承运人责任的统一标准，一些国家于 1956 年在日内瓦制定了《国际公路货物运输合同公约》，该公约的适用范围是：如果合同中规定的接管和交付货物的地点位于两个不同的国家，且其中至少有一个是公约的缔约国，则不管运输合同双方当事人的住地和国籍，此合同应受公约的管辖。

二、国际公路运输的任务及特点

1. 国际公路运输的任务

国际公路运输的任务主要包括：出口物资的收购入库、集港、集站，进口物资的输运，国际多式联运的首尾运输，过境运输，以及供应港澳物资或通过港澳中转物资的运输等。

2. 国际公路运输的特点

- 点多面广，季节性强。
- 运距短，单程货多。
- 鲜活易腐商品随产随运，有的要与班机、船舶紧密衔接，时间性强。
- 运输不均匀，如港口集运，突击任务多。
- 集装箱运输发展迅速，比重增加，从沿海延伸到内陆地区。
- 边境公路、进出保税区、特区运输政策性强。

三、国际公路运输的经营方式

1. 公共运输业

公共运输业企业专业经营汽车货物运输业务，并以整个社会为服务对象，其经营方式有：

（1）定期定线。无论货载多少，在固定路线上按时间表行驶。
（2）定线不定期。在固定路线上视货载情况，派车行驶。
（3）定区不定期。在固定的区域内根据货载需要，派车行驶。

2. 契约运输业

契约运输业企业按照承、托双方签订的运输契约运送货物。与契约运输业企业签订契约的一般都是一些大的工矿企业，常年运量较大而又较稳定。契约期限一般都比较长，短的有半年、一年，长的可达数年。按契约规定，托运人保证提供一定的货运量，承运人保证提供所需的运力。

3. 自用运输业

这种形式是指工厂、企业、机关自备汽车，专门运送自己的物资和成品，一般不对外营业。

4. 汽车货运代理业

货运代理本身既不掌握货源，也不掌握运输工具。他们以中间人的身份一面向货主揽货，一面向运输公司托运，借此收取手续费和佣金。有的汽车货运代理专门从事向运输公司托运的业务，赚取零担和整车货物运费之间的差额。

四、国际公路运输运费率

近几年，英国—欧洲大陆—亚洲—中东地区的国际公路运输市场的发展非常引人注目，尤其是在《国际公路货物运输合同公约》下英国—欧洲大陆的市场发展。毫无疑问，包括欧洲隧道和那些在斯勘的纳维亚地区的国家在内的公路运输网络促进了这一发展。

国际公路货运代理公司使用汽车渡轮运送汽车/拖车所收取的运费率以汽车/拖车的长度为基础，并取决于汽车/拖车是空载还是满载、是伴随还是非伴随的情况。对于超长和（或）超高的货物需要收取附加费用。通常，对于申报的贵重物品还存在特殊的附加运费率。这些运费率不包括结关费用等。对于专用路线或服务，如果承运人和代理人每年为运营人产生大量的运输业务，则可以获得折扣。在运营人之间存在着激烈的竞争，尤其是在运费率和额外收益方面，如为司机准备的自由舱位（或餐饭）和司机的自由路线。越来越多的大规模和中等规模的出口商开始承担自己的国际公路运输业务，该方式具有许多优点，特别是当货运流量能在各个方向获得平衡时。

对于托运人使用国际公路货运代理公司的服务，许多都是编组运输的，其实际运费率以体积大小或货物重量为基础，以获得较大收入为准。这种运费率与商品等级、货物的原产地和目的地相关。1 立方米货物的体积等同于 1 吨货物的重量。这个计算以 W/M 的选择为基础，运费率非常具有竞争力，特别是与使用航空运往欧盟区域之外的货物相比。为了提高车辆、工作人员的利用率，越来越多的大型公路运输运营人运送货物时不附带汽车轮渡，这使司机更愿意将他们的拖车放在轮渡码头，揽货返程。使用公路拖车单元网络的托运人在英国和欧洲—亚洲—中东的国际公路运输中，则可能更愿意选择欧洲隧道而不是使用渡轮。

第四节　国际管道运输

一、国际管道运输的基本概念

国际管道运输是随着石油的生产而产生、发展的。它是一种特殊的运输方式，与普通的货物运输的形态完全不同，具有独特的特点。普通货物运输是随着运输工具的移动，把货物运送到目的地，而管道运输的运输工具本身就是管道，是固定不动的，只是货物在管道内移动。它是运输通道和运输工具合二为一的一种专门运输方式。

管道运输是借助高压气泵的压力将管道内的货物输往目的地的一种运输方式，其原理类似于使用自来水管道将水输送到各家各户。

二、国际管道运输的分类

1. 按铺设工程分类

管道运输就其铺设工程可分为架空管道、地面管道和地下管道，其中以地下管道最为普遍。具体情况视地形而定，一条管道也可能三者兼而有之。

2. 按运输对象分类

管道运输就其运输对象可分为原油管道、成品油管道和天然气管道等。

（1）原油管道。世界上的原油总运量中有 85%～95%是用管道外运的。管道布局使石油生产地与炼油厂、化工厂等用油地相连，也有通过水陆联运、管道输送到海港、内河码头装油船再运到用油地的。

（2）成品油管道。它可以运送一种油品，也可以运送多种油品，主要从炼油厂通往化工厂、电厂、化肥厂、商业成品油库及其他用户。

（3）天然气管道。这是输送气田天然气和油田伴生气的输气管道，由开采地或处理厂输送到城市配气中心，是陆地上大量运输天然气的唯一方式。

此外，管道运输同铁路运输、公路运输一样，也有干线和支线之分。

三、国际管道运输的特点及优缺点

1. 管道运输的特点

（1）运输通道与运输工具合二为一。

（2）高度专业化，适于运输气体和液体货物。

（3）永远是单向运输。

2. 管道运输的优点

（1）不受地面气候影响并可以连续作业。

（2）运输的货物无须包装，节省包装费用。

（3）货物在管道内移动，货损货差小。

（4）费用省，成本低。

（5）单向运输，无回空运输问题。

（6）经营线路比较简单。

3. 管道运输的局限性

（1）运输货物过于专门化，仅限于液体和气体货物。

（2）永远单向运输，机动灵活性差。

（3）固定投资大。

四、国际管道运输的经营管理和发展

1. 国际管道运输的经营管理

在西方国家，管道运输大都为大石油公司所占有和控制。它们为了垄断石油的产供销，都投资建设了自己专用的管道，运输自己的产品，管道运输实际上已成为石油公司内部的运输部门，成为石油垄断组织的一个不可缺少的组成部分。例如，全世界管道最多的美国，10 家石油公司所占有和控制的管道约占美国石油管道里程的 70%。又如，欧洲最大的亚尔培石油管道，由英、法、德、意、荷和美国等 13 家大石油公司共同投资建设，中东及北非输往欧洲的石油有很大一部分是通过这条石油管道运输的。由此可见，国际管道运输已成为大石油公司掠夺和垄断石油资源的重要工具。

第二次世界大战后，铁路兼营管道运输的现象逐渐增多，这是因为随着管道运输的迅速发展，铁路油罐车运输业务受到了很大的影响。为了寻找出路、提高竞争能力、挽回失去的货运量，有些铁路开始投资建设石油管道，兼营管道运输业务。铁路兼营管道运输较单独经营管道运输具有有利条件：首先，铁路可在铁路沿线原有土地上铺设管道，不必投资另找土地；其次，可以利用铁路原有人员和设备；最后，可以解决铁路本身的燃料供应问题。因此，铁路兼营管道运输可以收到投资少、成本低的良好经济效果。

管道运输由于管道路线和运输是固定的，所以运输费用计算比较简单。按油类的不同品种、规格规定不同的费率，其计算标准多数以桶为单位，有的以吨为单位。此外，一般均固定每批最低托运量。

2. 国际管道运输的发展

现代管道运输起源于美国。1861 年，美国宾夕法尼亚州最初使用木制油槽，从油矿把原油输送至聚油塔，因为木制油槽阻力大、易渗漏，随后改用铁制管道代替。试用效果显著，可节省装桶、装卸、搬运等操作环节，而且管道运输量大、输送快、费用省、消耗少，于是各油矿纷纷效仿。

早期所建的管道都比较短，多数仅限于从油矿至聚油塔或炼油厂。直至 20 世纪初，由于石油矿源的大量发现和开采，以及工业运输的大量增加，海上油轮和陆上油罐车已不能满足这种迅速发展的需要。而且，西方工业发达国家之间为争夺石油而展开的能源战愈演愈烈，这一切促使了管道运输的进一步迅速发展。为了增加运量、加速周转，现代管道的管径和气压泵的功率都有很大的增加，管道里程越来越长，长达数千千米，通过几个国家的管道已不少见。现代管道不仅可以输送原油、各种石油成品、化学品、天然气等液体和气体物品，而且可以输送矿砂、煤浆等固体物品。

进入 21 世纪以后，世界油气能源管道输送工业越来越重要，其发展特点如下。

（1）作为“清洁燃料”的天然气管道建设始终居各种管道建设的最前列。

（2）在管道建设过程中及其运行期间，人们对环境与生态的保护日益关注。

（3）以计算机和电子技术为特点的管道自动化、遥控、通信及计量检测技术突飞猛进，日新月异。

美国是世界耗能大国，因而其油气管道建设，特别是天然气管道建设始终居于世界领先地位。20 世纪 80 年代以来，随着美国政府放开天然气输送分配市场的管理，市场竞争日趋激烈，结果导致了新的“自由市场”结构，大型工商业用气户可按照进口气价直接从供气商手里采购天然气，天然气运输商成为中介机构。

目前全球油气长输管道总里程约 191.9 万千米，其中，天然气长输管道里程数约 124.46 万千米，占比 64.8%，原油、成品油长输管道占比分别为 22.04%、13.16%。按地区排名，北美依然是长输管道里程最多的国家。截至 2020 年年底，北美地区长输管道总里程约 78 万千米，第二、第三、第四名分别是欧洲、俄罗斯及中亚国家、亚太国家。单纯从天然气管道来看，世界排名前五的国家分别是美国、俄罗斯、加拿大、中国、阿根廷。

五、国际管道运输在我国的发展

1. 管道运输在我国的发展过程

我国第一条管道是从印度边境至云南昆明的石油管道。它是抗日战争时期为军事需要而修建的，但使用不久即因质量、效率不佳而被废弃。

新中国成立后，我国蓬勃发展的石油工业推动了管道运输的发展。自 20 世纪 70 年代以来，我国的管道运输业更是异军突起，发展迅猛。1970 年，大庆油田原油产量突破 2 000 万吨，仅依靠火车运油限制了大庆油田的快速发展。为了解决大庆油田被迫限产、关井的问题，国务院于 1970 年 8 月决定进行管道运输工程会战，掀起了中国第一次建设油气管道的高潮。经过 5 年奋斗，于 1975 年建成了庆抚线、庆铁线、铁大线、铁秦线、抚辽线、抚鞍线、盘锦线、中朝线 8 条管道线，总长 2 471 千米，率先在东北地区建成了输油管网。随后，国家投入巨额资金，又建立了华北、中原、华东、西南和西北广大地下管道网络。

在管道运输网络中，不少油田均有管道直通海港，如大庆油田至大连港、大庆油田至秦皇岛、大港油田至渤海湾、胜利油田至青岛等输油管道。石油经管道运输至港口后，由海运船舶运往国内其他地区或出口海外。

2. 管道运输在我国的发展现状及问题

自 20 世纪 90 年代以来，我国天然气管道得到快速发展，天然气消费领域逐步扩大，城市燃气、发电、工业燃料、化工用气大幅度增长。到 2003 年年底，我国油气管道累计长度 45 865 千米，管道长度居世界第 6 位。其中，天然气管道 21 299 千米，原油管道 15 915 千米，成品油管道 6 525 千米，海底管道 2 126 千米。2004 年投产的西气东输工程横贯中国西东，放射型管道网络支线覆盖了我国许多大中城市，并于 2005 年通过冀宁联络线与陕京二线连通，构成了我国南北天然气管道环网。忠武输气管道也于 2004 年年底建成投产。到 2005 年初步形成了西气东输、陕京二线、忠武线三条输气干线，川渝、京津冀鲁晋、中部、中南、长江三角洲 5 个区域管网并存的供气格局。目前全国陆上油气管道运输的货物周转量超过 8 000 亿吨立方米，已跻身于五大运输行业之列，对国民经济的建设和发展发挥了重要作用。与此同时，管道运输技术也形成了相当独立的专业技术体系。我国还自行设计建成了山西省尖山矿区—太原钢铁厂铁精粉矿浆管道，管道全长 102 千米，管径 229.7 毫米，精矿运量 200×104 吨/年，矿浆重量浓度 63%～65%，同时还建成了长距离、大口径、高压力煤气管道。截至 2020 年年底，我国油气长输管线包括国内管线和国外管线，总里程达到 16.5 万千米，其中，天然气管道 10.2 万多千米，原油管道 3.1 万千米，成品油管道 3.2 万千米，形成了横跨东西、纵贯南北、连通海外的油气管网格局，成为推动我国经济发展和造福民生的能源动脉。但是，与世界管道运输相比，我国仍有较大差距。管道运输在我国综合运输体系中所占比例太低，管道规模小，覆盖面窄。我国管道总长度约为世界管道总长度的 5%。美国管道运输周转量占社会运输周转量的 24%，仅次于铁路，而我国不到 10%。最适合管道输送的成品油在我国仍然主要靠铁路运输，管道运输还很有限。

3. 国际管道运输在我国的发展展望

“十四五”期间，我国将继续加快油气干线管网和配套设施的规划建设，逐步完善全国油气管线网络，加快建成西油东送、北油南运成品油管道网络，加快建设西气东输管道和陆路进口油气管道。

未来 10 年将是我国管道运输发展的黄金期，这得益于我国经济的持续快速发展和能源结构的改变。已经建成的中俄输气管线、内蒙古苏格里气田开发后兴建的苏格里气田外输管线、土库曼斯坦和西西伯利亚至中国的输气管线等，不仅为中国，也为世界管道业提供了发展机遇。国际经验表明，通过管道建设，开发利用 100 亿立方米天然气，可带动下游 600 亿元配套建设，并拉动机械和冶金等十多个行业的发展。

管道运输正在成为全球经济一体化发展的新方向。21 世纪的中国将成为世界油气管网建设的中心地区之一。今后，我国油气管道建设将继续朝着大口径、大流量和立体网络化方向发展。

本章小结

本章主要介绍了航空运输、铁路运输、公路运输及管道运输等运输方式的有关知识和方法。

航空货物运输是指采用商业飞机运输货物的商业活动，是目前国际上安全、迅速的一种运输方式。航空货物运输的特点有：具有较快的运送速度；航空运输最适合鲜活易腐商品和季节性强的商品的运送；安全准确；可节省包装、保险、利息等费用

铁路运输是国际贸易运输中仅次于海洋运输的主要运输方式。它的优点是货运量大、速度快、耗能低、输送能力及作业连续性强，运输风险明显小于海洋运输。其长途运输成本比公路运输和航空运输低。

公路运输具有运量较大、交通工具大众化、速度快、安全程度高、运输费用低、可达区域广泛多样和灵活的特点，其综合优越性为其他运输方式所不及。国际公路运输的任务

主要包括：出口物资的收购入库、集港、集站，进口物资的输运，国际多式联运的首尾运输，过境运输，以及供应港澳物资或通过港澳中转物资的运输等。

国际管道运输是随着石油的生产而产生、发展的。管道运输是借助高压气泵的压力将管道内的货物输往目的地的一种运输方式，其原理类似于使用自来水管道将水输送到各家各户。它是运输通道和运输工具合二为一的一种专门运输方式。管道运输正成为全球经济一体化发展的新方向。21 世纪的中国将成为世界油气管网建设的中心地区之一。今后，我国油气管道建设将继续朝着大口径、大流量和立体网络化方向发展。

案例讨论

德国铁路集装箱运输

德国汉堡港是一个重要的集装箱集散地。在汉堡港做集装箱进出口运输业务的公司很多，为了能够在港口与内陆之间为进出口的集装箱提供高效、快捷、便宜的运输服务，Maersk、P&O、Eurogate、Txlogistik 四个国际集装箱运输公司共同组建了 BoxXPress.de 公司。

集装箱铁路运输畅通的关键在于货源、箱源、空车、运能，而 BoxXPress.de 公司很好地解决了这四个问题。

（1）货源：由四大集装箱运输公司共同组织货源。列车编组计划是四家公司分配运输能力和划账的基础，在 BoxXPress.de 公司成立之时，四家公司对各自的运输能力已经进行了合理的分配，列车编组计划基本上固定。不过，每天仍有一名工作人员（一般是班组长或业务最熟练的人员）在当天的计划中做一些小小的变动。货源具体体现在 BoxXPress.de 公司的列车编组计划上，各母公司按每列车的计划运量付费。

（2）箱源：作为国际物流公司，各公司拥有自己的集装箱。另外，德国的集装箱租赁公司也是空箱来源之一。

（3）空车：BoxXPress.de 公司租赁平板车，只允许本公司使用，定点往返运输，保证了空车来源。

（4）运能：德国路网公司是德国铁路五个独立核算、自主经营的子公司之一，对其他运输企业实行无歧视市场准入原则。BoxXPress.de 公司向路网公司购买了线路使用权，周一至周五在不来梅、汉堡两个港口和纽伦堡、慕尼黑、罗森海姆之间开行 5 趟往返列车，每列列车由 25 辆平板车编组而成，每天开行 8 000 千米。首先，四大集装箱公司通过传真把运输合同传给 BoxXPress.de 公司；其次，公司根据列车编组计划进行合理编组；最后，工作人员通过传真将编组计划传递到各集装箱编组场或中转编组站，各集装箱编组场或中转编组站严格按照编组计划进行编组。

MEV 公司在各中转编组站设有一个办公室，员工 24 小时值班，负责记录实际工作情况，如机车司机值班开始和结束时间、列车运行情况、晚点及意外事故等。这些工作实况资料通过计算机进行管理，是四家合作公司之间结账的依据。每月月初，四家公司按照列车编组计划所占运输能力的份额划账给 BoxXPress.de 公司；每月月底，BoxXPress.de 公司与合作公司结账，按实际运行情况出一份报表，多退少补。

国际运输过程中涉及的环节众多，任何一个环节的拖延都有可能导致整个运输活动效率低下。而 BoxXPress.de 公司的成立和运作恰恰整合了四大国际集装箱运输公司的资源，利用了德国铁路私有化经营的有利条件，有效地保障了集装箱内陆地区运输活动的进行，从而为国际运输带来了一个良好的开端。

思考问题

1. 集装箱铁路运输的特点是什么？
2. 多式联运的定义和优势是什么？

课后练习

一、选择题

1. 所有运输方式中最易实现“门对门”运输的是（　　）。
   A. 铁路运输　　B. 公路运输　　C. 航空运输　　D. 管道运输
2. 在所有运输方式中，运输能力最大的是（　　）。
   A. 铁路运输　　B. 公路运输　　C. 航空运输　　D. 水路运输
3. （　　）是铁路运输的缺点。
   A. 建设周期长，占地多　　B. 速度慢
   C. 运输量小　　D. 运输货物品种单一
4. 以下对提单的描述正确的是（　　）。
   A. 提单本身就是运输合同
   B. 提单具有作为经济合同应具备的基本条件
   C. 提单是承运人和托运人共同签字确认的
   D. 提单是海上货物运输合同已存在的证明
5. 仅次于海洋运输方式的一种主要运输方式是（　　）。
   A. 铁路运输　　B. 公路运输　　C. 航空运输　　D. 管道运输
6. 航空货运单是（　　）。
   A. 可议付的单据　　B. 物权凭证
   C. 货物收据和运输合同　　D. 提货凭证
7. 小件急需品和贵重货物，其有利的运输方式是（　　）。
   A. 海洋运输　　B. 邮包运输　　C. 航空运输　　D. 公路运输
8. 公路运输在运输体系中体现的特点是（　　）。
   A. 时差效益　　B. 远距离效益　　C. 质量差效益　　D. 速度差效益
9. 相对于其他交通运输方式，以下属于航空货运优势的有（　　）。
   A. 快速　　B. 破损率低　　C. 载重少　　D. 运价高

10. 下列属于国际货物运输的主要运输方式的是（　　）。

A. 海上运输　　B. 航空运输　　C. 铁路运输　　D. 公路运输

二、判断题

1. 航空运单的运单持有人代表对所托运货物的所有权。（　　）
2. 一般最常用的国际运输方式是航空运输。（　　）
3. 铁路运输方式不能用于集装箱运输。（　　）
4. 驮背运输不是国际物流运作中的一种运输方式。（　　）
5. 公路运输运费率分为整车和零担两种。（　　）
6. 国际铁路货物运输比国际海洋货物运输更容易受到自然条件的影响。（　　）

三、简答题

1. 说明国际航空货物运输的条件及特点。
2. 说明国际铁路货物联运的特点。
3. 什么是大陆桥运输？简述新亚欧大陆桥的基本情况。
4. 公路运输的要素有哪些？
5. 管道运输有何特点？

四、思考题

假如你是一家物流公司的运输管理人员，你的客户向你咨询以下问题，请你从客户利益角度出发，为其选择合适的运输方式，并阐述理由。

（1）从上海至赞比亚（非洲）的50千克发电厂急需零件。

（2）从青岛至美国各主要城市的1 000台冰箱。

（3）从天津某食用油工厂到乌鲁木齐的500箱食用油。

（4）某牛奶厂在方圆50千米内收购牛奶，然后将生产好的包装牛奶运送到本市的超市。

任务实训

实训内容：

参观航空公司、铁路运输公司或公路运输企业，了解其业务流程和经验。

实训目的：

1. 了解航空运输、铁路运输或公路运输的特点。
2. 熟悉航空运输或铁路运输的业务流程。
3. 熟悉我国国际航空快递业务的流程。

实训要求：

1. 熟悉国际航空运输、国际铁路运输或国际航空快递的业务及其流程。
2. 熟悉航空运输或铁路运输的有关单证及其制作。
3. 熟悉我国各种运输方式的现状，并就某个热点问题进行讨论分析，写出实训报告。

实训操作与规范：

1. 有组织地进行参观活动。

2. 注意安全。

3. 听从有关人员安排。

4. 根据航空运输或铁路运输有关运单格式尝试有关实际操作练习。

5. 以小组为单位进行国际航空货运代理业务或国际铁路货运代理业务的实际操作练习。

6. 在公路货代企业进行实地考察的基础上，就我国公路运输的热点问题及货代企业环境进行讨论分析。

第九章

国际货运代理

学 习 目 标

1. 了解国际货运代理的基本概念，以及国际航空货运代理、国际海运货运代理的基本内容。

2. 掌握国际货运代理人的法律地位和责任。

3. 了解国际货运代理人的赔偿责任原则和赔偿责任限制。

知识要点

国际货运代理　航空货运代理　国际海运货运代理　货运代理合同　货运代理人　租船代理　船务代理　租船代理佣金　赔偿责任限制　赔偿责任

场景导入

中铁国际货运代理有限责任公司于 1996 年成立，经营代理网络遍及全国主要城市及欧美、亚太地区，业务涉及海铁联运、大陆桥运输、过轨运输及物流服务等，与多家船公司和货代公司建立了良好的合作关系。

其主要业务有：

（1）过境运输，包括过境中国至俄罗斯、过境中国至中亚、过境中国至蒙古国、过境中国至朝鲜、过境中国至越南等。

（2）过轨（中国香港）运输。

（3）国际铁路联运，包括中国到俄罗斯、中亚、朝鲜的货物联运。

（4）进出口运输，包括海铁联运业务。

（5）国内国际物流服务。

思考问题

什么是国际货运代理？其主要业务有哪些？这些业务提供的是什么服务？

第一节　国际货运代理概述

一、国际货运代理的产生与发展

国际货运代理从何而来？

这要从三次社会大分工说起。与国际货运代理业联系密切的社会大分工是第三次社会大分工——从农业、畜牧业和手工业中分离出一部分专门从事商业的商人，也就是流通从生产中分离出来。这时的商人是自己挑着商品去走街串巷、以物换物，从现在来看他们身兼两职，一个是做买卖的商人，另一个是脚力者（承运人）。在地中海，商人用船把自己的货物运到沿岸国家或城市去售卖，后来从商人中分离出一部分从事运输业的承运者，专门给商人做运输，流通领域分工进一步深化，就这样形成了运输行业。在国际货物运输中，进出口商要专门同运输的承运人打交道，这与自己做运输一样，这在流通领域的发展中，是有违运输从商业中分离出来的实质意义和要求的，进出口商仍然需要承办大量的运输手续和事务，这与进出口商的核心业务及其内在发展要求形成了矛盾和冲突，进出口商非常需要有专门的代理来帮他们承办这些运输手续和事务，这就促使了国际货物运输代理服务经营人即国际货运代理的出现。于是在 13 ~ 14 世纪，国际货运代理行业应运而生。国际货运代理人在长期实践中积累了丰富的代理经验，熟悉运输业务，了解不同交通工具的载货特点，掌握各条运输路线的动态，通晓有关的规章制度，精通办理各种手续，深谙计算各种费用的门道，并与海关、商检、港口、码头、船公司、车站、机场、银行、仓库等部门有着频繁的接触和业务上的密切关系，因而具有接受货主委托，代办各种货物国际运输的有利条件。

国际货运代理不仅是中介性服务行业，还是一个世界性行业。它的国际组织称作国际货运代理协会联合会。该组织成立于 1926 年 5 月 31 日，现有 130 个国家和地区的 35 000 多家国际货运代理企业加入该组织，我国外运公司于 1985 年加入该组织。国际货运代理协会联合会的总部设在瑞士的首都伯尔尼，由两年一届的全会选出的常委会主持日常工作。常委会下设公共关系、运输和研究中心、法律单据和保险、铁路运输、公路运输、航空运输、海运和多种运输、海关、职业训练、统计 10 个技术委员会，负责研究、指导、协调和解决国际货运代理业务中发生的问题。

在传统的货物运输领域，货运代理人主要从事替货主安排货物运输及货物进出口相关的事宜，包括替货主交接货物、办理单证、订舱、安排托运、报关、保险、仓储等。因此，货运代理人一般是指接受货主委托为其代办货运及相关业务的企业和代理商。随着航运环境、条件的变化，以及货运技术和通信技术的进步，货运代理的活动范围不断扩展，活动内容不断扩大，货运代理业的功能和作用也在发生着变化，货运代理人的地位和承担的责任，也因服务性质、业务角色的不同，发生了相应的变化。因此，货运代理人的定义在今天必须根据其实际业务性质、服务行为、发挥的作用和产生的结果加以认定。

我国国际货运代理的产生与发展，与我国对外贸易的发展和改革是分不开的。新中国成立之初，我国的外贸是国家垄断条件下的贸易。生产者是没有对外进出口贸易权利的，所有的产品都必须交给国家指定的外贸公司进行对外销售。改革开放后，国家对外贸体制实行改革使外贸企业的效益下降，企业分权改制，外贸企业中核心业务的业务人员留了下来，而外贸企业中原来搞运输、仓储服务的人员从企业中走出来自己重组公司或改制，由此出现了一大批从事货运代理服务的公司。我国现代国际货运代理业就是在这样的制度环境和外贸体制改革背景下产生并发展起来的。

如今，随着跨境电商的蓬勃发展，国际货运代理的发展进入了新篇章。与此同时，跨境电商持续发展，给国际货运代理行业提供了充足的增长动力，未来前景看好。

1990年7月13日，我国对外经济贸易部（现商业部）发布的《关于国际货物运输代理行业管理的若干规定》第四条指出："国际货物运输代理是介于货主与承运人之间的中间人，是接受货主或承运人委托，在授权范围内办理国际货物运输业务的企业。"同时还规定："国际货物运输代理企业除拥有为代理业务所必需的仓库及小型车队外，一般不经营运输工具，也不经营进出口商品。"可见，货运代理人是指不经营运输工具和进出口商品，联系货主和承运人，根据委托办理国际货运业务的从业者。应该认为，这里的从业者，不仅指接受货主委托代办货运事宜的企业，而且应包括接受承运人委托代办货运事宜的企业或代理商，是广义上的货运代理人概念。从委托角度看，既有接受货主委托为货主服务的货运代理人，也有接受船东或承运人委托为船东或承运人服务的货运代理人。按照国际惯例，签订委托代理合同，在约定的权限范围内代办与货物进出口、运输乃至物流链等相关的事宜，并按规定收取相应报酬的人均应视为货运代理，与此相关的行为，即为代理行为。

集装箱运输和国际多式联运的产生与发展，使货运代理事实上不仅起到货主与承运人之间代办货物运输事宜的桥梁作用，而且根据国际贸易对各类货物的运输要求，承担起集中托运、多式联运和综合物流管理的任务，发挥着承运人和独立经营人的职能，使国际货运代理人的定义和内涵发生了根本性的变化。

现代意义的国际货运代理人，不仅可以从事传统的货运代理业务，而且可以以自己的名义独立开展经营活动，承接货物和签发提单，对货物进行直接控制，处理货物运输的各项事宜，并直接承担在运输过程中货物损坏或灭失的责任。其业务范围已扩展到租船经营、包机运输、国际多式联运，以及综合物流管理和现代物流领域，成为国际贸易和世界经济活动不可缺少的重要组成部分。

二、国际货运代理的含义

"货运代理"一词有两种含义：一是指货运代理业；二是指货运代理人。

1. 国际货运代理业

1995年6月29日国务院批准的《中华人民共和国国际货物运输代理业管理规定》(以下简称《管理规定》) 第二条规定："本规定所称国际货物运输代理业，是指接受进出口货物收货人、发货人的委托，以委托人的名义或者以自己的名义，为委托人办理国际货物运输及相关业务并收取服务报酬的行业。"

2. 国际货运代理人

国际货运代理人，是指接受进出口收货人、发货人或承运人的委托，以委托人的名义或者以自己的名义，为委托人办理国际货物运输及相关业务并收取服务报酬的企业。

三、国际货运代理的性质

对国际货运代理的性质，可以从国际货运代理业和国际货运代理人两个角度来解释。

1. 国际货运代理业的性质

国际货运代理业是一个相对年轻的行业，在社会产业结构中属于第三产业，性质是服务行业。从马克思主义政治经济学的角度来看，它隶属于除农业、采矿业、加工制造业外的第四个物质生产部门——交通运输业，属于运输辅助行业。

2. 国际货运代理人的性质

国际货运代理人本质上属于货物运输关系人的代理，是联系发货人、收货人和承运人的货物运输中介人，既代表货方，保护货方的利益，又协调承运人进行承运工作。也就是说，国际货运代理人在以发货人和收货人为一方、承运人为另一方的两者之间起着桥梁作用。

第二节　国际航空货运代理

一、国际航空货运代理的定义

国际航空货运代理是专门从事国际航空货物运输代理业务的货运代理人，也是专门接受货方委托办理货物运输的中介服务机构。

二、国际航空货运代理的职能

国际航空货运代理一般包括两项职能。

（1）为货主提供服务的职能：代替货主向航空公司办理托运或提取货物。

（2）航空公司的代理职能：部分国际航空货运代理还代替航空公司接收货物，出具航空公司的总运单和自己的分运单。

三、国际航空货运代理的特点

1）代理的货物要求运送速度快，时效性强

货运飞机速度可达 800 千米/小时左右，航空货运代理可以满足时效性很强的货物运输的需要。

2）代理的货物破损率一般较低，安全性比较好

航空货运地面操作流程严格、规范，大大降低了货物的破损率，提高了货物的安全性。

3）代理货物的空间跨度要求大

现有的航空货运飞机一次可以飞行 7 000 千米左右，进行跨洋飞行都没有问题，从中国可以一次性飞往美国西海岸，只需 13 小时。

4）代理的货物运价比较高

航空运输成本较高，航空代理的货物运价一般是海运价格的 10 倍以上。

5）代理货物的一次性运载量有限

现在载重最大的货运飞机安-225，货物最大载重为 250 吨，相对海运的几万吨、十几万吨，两者相差很大。

6）代理货物的空运受天气的影响较大

航空货运受天气影响较大，遇暴雨、大风、大雾等恶劣天气，航空货运很难得到有效的保证。

第三节　国际海运货运代理

一、国际海运货运代理的定义

国际海运货运代理，是根据委托人的要求、委托，代办海运业务的机构。它属于国际海运的中间人（中介机构），在承运人与货方（包括托运人和收货人）之间起桥梁作用。

二、国际海运货运代理的种类

从事国际海运货运代理的人，一般都是经营海运多年、精通业务、经验比较丰富，并熟悉各种运输手续和规章制度的人，能够起到承运人与托运人之间的桥梁作用。

国际海运货运代理分为 4 类：租船代理、船务代理、货运代理和咨询代理。

1. 租船代理

1）租船代理的定义

租船代理也称租船经纪人，是以船舶为商业活动对象，专门进行船舶租赁业务的代理人。

根据委托人身份的不同，租船代理人又分为船东代理人和租船人代理人。

2）租船代理的主要业务

租船代理的主要业务是在租船市场上为租船人（受租船人委托代理其租船），或者为船东寻找货运对象（受船东委托代理其出租船舶）。他们以中间人的身份使租船双方达成船舶租赁交易，从中赚取佣金或手续费。

3）租船代理办理的主要事宜

（1）按照委托人（船东或租船人）的指示要求，为委托人提供最合适的对象和最有利的条件并促成租赁交易的成交，这是租船代理最主要的业务。

（2）根据双方洽谈确认的条件制成租船合同，并按委托方的授权代签合同。

（3）提供委托人航运市场行情、国际航运动态及有关资料信息。

（4）为当事人斡旋调解纠纷，使纠纷得到公平合理的解决。

例如，中国对外贸易运输公司作为外贸公司的总代理，根据货方的委托授权，统一通过中国租船公司向国际租船市场承租所需船舶。中国租船公司在世界主要租船市场（如伦敦、纽约）都有自己的代表或代理关系。

中国租船公司与外贸公司是委托代理关系。外贸公司的责任是按贸易合同规定及时向中国租船公司办理委托手续；中国租船公司的责任是按照货方委托，及时租赁所需船舶。

4）租船代理佣金

按照航运国际惯例，租船代理佣金由运费或租金收入方（船东）支付，不论是船东代理的佣金，还是租船人代理的佣金，都是由船东支付的。租船代理的佣金一般按租金的1%~2.5%在租船租约中加以规定。

2. 船务代理

1）船务代理的定义

船务代理是指接受承运人委托，代办与船舶有关的各种业务的人。

2）船务代理的业务范围

船务代理的业务范围很广，主要包括以下几个方面。

（1）船舶进出港口业务。

- 办理船舶进出港口的各项手续，包括引水、拖轮、靠泊、报关等。
- 办理船舶检验、修理、洗舱、熏舱及海事处理等。

（2）货运业务。

- 代理船方组织货物的装卸、检验、交接、储存、转运、理货等。
- 办理揽货、订舱、代收运费（船方代理）。
- 制作有关运输单据。

（3）供应工作。

- 代办船用燃料、淡水、食品及物资供应等。
- 代办绳索垫料等。

（4）其他服务性业务。

- 办理船员登岸、出境手续。
- 安排船员住宿、交通、旅游、参观、医疗等。
- 其他临时性服务。

3）中国外轮代理有限公司

中国外轮代理有限公司是我国最大的船务代理公司。对出入我国港口的本国远洋船舶和外国籍船舶的港口代理业务一般均由中国外轮代理有限公司（及分公司）办理。

中国外轮代理有限公司既可作为船方代理签发提单，也可作为船方代理签发理货单。

其他对外船务代理公司还有外轮供应公司等。

4）船务代理费

船务代理人一般按规定的收费标准向委托人收取船舶和货物的代理费和服务费。

船舶代理费一般规定以船舶登记净吨位计收。

货物代理费一般按船舶装卸货物吨数和货物大类计收。

5）船务代理分类

（1）航次代理，指逐船逐航次办理委托代理手续。

（2）长期代理。船方与船方代理人之间签有长期（1~5 年或更长时间）代理协议，无须办理逐船逐航次的代理手续，船方只需把船舶预计到港时间、船货安排及其他服务要求通知代理，即可获得代理的服务。

长期代理关系也有不签协议的，而是由长期业务往来形成的。如我国外轮代理有限公司与大多数外国轮船公司的长期代理关系，一般都很少签长期代理协议。

3. 货运代理

1）货运代理的定义

国际海运的货运代理是指专门接受货主的委托，代表货主办理有关海运的包装、转运、订舱、检验、报关、交接、仓储和调拨等业务的佣金代理。

2）货运代理的分类

（1）订舱揽货代理，是指代表货主向承运人办理订舱[班轮舱位，不是像租船代理那样代表货主（租船人）去租船，而是订舱，这是区别租船代理和货运代理的一种情形]，或者代表承运人向货主揽货。

（2）货物装卸代理。

（3）货物报关代理。

（4）转运代理。

（5）理货代理。

（6）储存代理。

（7）集装箱代理。

3）货运代理的作用

按照国际货运代理协会联合会的要求，货运代理必须能够发挥以下职能作用。

（1）具有专业运输知识，熟悉有关政策、规定，能用最安全、快速、经济的办法组织货运。

（2）在世界各贸易中心建有广泛的联络网，能够控制货物的全程运输。

（3）是工贸企业的顾问，能在运费、港口、包装、单证、结关、金融方面提供咨询。

（4）能把小批量的货物集中为成组运输或集装箱运输，使货主在其服务中受益，节省费用。

（5）不仅组织和协调运输，而且影响新运输方式的创造、新运输路线的开辟，以及新运费率的制定。

4. 咨询代理

海运咨询代理是指专门从事海运咨询工作，按照委托人的需要和要求，以提供海运专业性服务咨询报告，以及有关的海运咨询情报、资料、数据和信息，为委托人的决策提供专门咨询服务而收取一定报酬的人。咨询代理在现代海运发展中的作用不断显现出来，逐渐成为一项专门的增值服务。

上述各种海运货运代理往往互有交错，并不互相排斥，只是各有侧重而已。例如，船务代理有兼营货运代理的，货运代理也有兼营船务代理的。

第四节　国际货运代理合同

一、货运代理合同的内容

建立货运代理关系，明确代理人和委托人之间的权利、义务与责任的基础和依据是货运代理合同（协议）的主要内容和作用。因为合同直接关系到当事人的良好业务运作和合作关系、对外名誉、经济利益，所以合同内容与条款规定是双方最关心的问题。从经营的角度，一份成功的货运代理合同，不仅是企业争取市场的有力工具，而且是当事方处理好关系和合作愉快的基础。所以，做好合同内容的制定和签约，是货运代理公司的一项重要工作。货运代理合同的基本内容一般应包括以下几项。

（1）委托人与委托货运代理人的名称，单位地址（需要时）。

（2）建立代理关系商谈的时间、地点和有关方参加的人员及职务。

（3）委托代理的业务范围、具体事项和内容，以及代理要求。

（4）委托代理的区域和期限。

（5）委托人与货运代理的权利、义务和责任。

（6）代理报酬，包括来源、计算基础和支付方法。

（7）协议有效期限、续订及延期，协议终止条款。

（8）协议双方发生争议或争执时的处理方法。

（9）不可抗力条款。

（10）未尽事宜处理方法。

（11）代理关系各方的法人或法人代表签署、盖章。

关于货运代理人的义务，一般要求：为委托人保守商业机密；恪尽职守地为委托人及其客户服务好，按规定向委托人及其客户提供相关信息和文件资料；不得经营和代理原本属委托人所有的业务、截揽原本属委托人的客源和货源，除非委托人同意；不得损害委托人的利益，包括与委托人的客户或第三者串谋进行不利于委托人利益的事。

关于委托人的义务，一般要求：向代理提供货运或其他委托事项必需的资料、信息，以及对货物和进行其他特殊处理所要求的注意事宜；如果是长期业务委托，则在限定有效期内，若无特殊规定，不得在同一事宜上建立与他人的代理关系或直接向客户处理本应由代理做的相关事宜；及时支付相关的各项约定费用。

必须注意，对于合同文本中的任何条款，协议关系人都应理解、明白和接受；应与国际货运代理人的交易规则相适应，与国际货运及相关业务的运作惯例相一致；同时还应考虑相关国家、地区和贸易货物的进出口岸有关法律、工作制度与习惯；合同格式应该简单，确保最终达成的合同是符合常规、清晰明了的，便于合同关系人参照和操作。

货运代理合同针对一些具体事项与要求，可以采用能清楚反映当事人意思的特定条款或补充条款的方法加以体现。例如，明确货物交付时间、地点及其责任，货物运输安排、途径和抵达目的地的时间及其责任，货运单证缮制和资料提供，费用与收费及其代收代付，货物检验与公证，货运信息的提供和反馈，代理成本补偿，适用的国际公约和国内法等。

应强调的是，代理合同一旦制定，对合同中载明的关系各方都产生约束力。该合同也就成为当事人履行义务和实施行为的依据。合同各方可以按照合同要求制定经营目标和营销策略，进行业务计划和运作，安排财务费用预算和结算。

二、货运代理合同的性质

《中华人民共和国合同法》（以下简称《合同法》）自 1999 年 10 月 1 日起实施。在此之前，我国海上货运代理方面适用的法律（也包括水上、陆路、航空、多式联运货代方面）主要有《民法通则》、《管理规定》和 1998 年 1 月 26 日发布的《中华人民共和国国际货物运输代理业管理规定实施细则（试行）》（以下简称《实施细则》）。

《民法通则》对代理权规定了一种直接代理。所谓直接代理，是指代理人为了本人的利益，以本人的名义与第三人开展商事或民事活动，其法律效果直接归属本人。《民法通则》第六十三条第二款规定：“代理人在代理权限内，以被代理人的名义实施民事法律行为。被代理人对代理人的代理行为，承担民事责任。”但是在海上货运代理实践中，大量存在着货运代理接受货主委托后，以自己的名义从事的代理行为。例如，在集装箱拼箱货运代理业务中，几乎都属于间接代理。所谓间接代理，是指代理人为了本人的利益，以自己的名义与第三人开展商事或民事活动，其法律效果间接地归属本人。《民法通则》对间接代理未做规定。《管理规定》第二条和《实施细则》第二条规定，货运代理人可以以自己的名义，为委托人办理货运代理业务。这种货运代理合同也就是间接代理合同。尽管作为行政法规的《管理规定》和作为国务院部门规章的《实施细则》对间接代理做了原则规定，但是对间接代理的法律效果的归属未做规定，由于对此缺乏明确的法律规定，因此在处理因间接代理合同所致的货运代理人、货主、承运人之间纠纷的司法实践中，造成了较大的混乱。

《合同法》分则第二十一章“委托合同”第三百九十六条、第四百零二条和第四百零三条对间接代理合同做了规定，委托合同是委托人和受托人约定，由委托人处理受托人事务的合同。受托人可以以自己的名义，在委托人的授权范围内与第三人订立间接代理合同，并对间接代理的法律效果的归属也做了相应的规定。由此，受托人（货运代理人）接受委托人（货主）的委托，以自己的名义与第三人（承运人）订立货运合同的行为可由《合同法》中有关委托合同的立法来规范。

《合同法》对间接代理的法律效果的归属规定如下。

（1）关于委托人介入的规定。受托人在委托人的授权范围内以自己的名义与第三人订立间接代理合同时，第三人知道受托人与委托人之间代理关系的，该间接代理合同直接约束委托人和第三人，委托人对间接代理合同直接享有权利，承担义务。但是在当事人有证据证明受托人与第三人订立的间接代理合同只约束受托人和第三人的情况下，受托人与第三人订立的间接代理合同就不能直接约束委托人与第三人。

（2）关于第三人不知情时委托人的权利及第三人选择相对人的权利的规定。

- 如果委托人与第三人订立间接代理合同时，第三人不知道受托人与委托人的代理关系的，因第三人不履行合同义务，受托人应当向第三人披露委托人，委托人因此可以行使受托人对第三人的权利。但是如果第三人与受托人订立间接代理合同时知道该委托人就不会订立合同的，委托人就不能行使受托人对第三人的权利。
- 因委托人不履行间接代理合同义务，受托人应当向第三人披露委托人，第三人除可以将受托人作为相对人主张其权利外，也可以选择委托人作为相对人主张其对受托人的权利，但第三人不得变更选定的相对人。
- 如果第三人不履行义务，委托人因此行使受托人对第三人权利的，第三人也可以对等地向委托人主张其对受托人的抗辩权。
- 如果受托人不履行义务，第三人因此向委托人行使其对受托人的权利的，委托人也可以向第三人主张其对受托人的抗辩权及受托人对第三人的抗辩权。

《合同法》的上述规定，弥补了海上货运代理合同中间接代理方面立法的不足，为解决海上货运代理合同纠纷中涉及间接代理的法律效果的归属提供了法律依据。

第五节　国际货运代理人的法律地位与责任

一、货运代理人的法律地位

在国际货运代理实务中，经常有代理商以不同的身份在市场上扮演不同的角色：完全以代理人身份替委托人代办业务及相关事项；以经纪人身份替委托人（如船东或货主）进行业务中介活动；接受货物托运委托后以自己的名义向承运人订舱或签发自己的提单，以承运人身份直接接受客户的货运委托；接受客户委托业务后再以原委托人的名义向其他代理商进行业务委托等。扮演的角色不同，货运代理在业务中的法律地位也不相同。

关于货运代理人的法律地位，不同国家的规定并非完全一样。在有些国家，货运代理人的法律地位是以代理的概念为基础的。货运代理人在接受委托业务时，是委托人的代理人，受到传统代理规定的制约。例如，在代理时应履行适当谨慎、对委托人忠诚、遵守合理指示的义务，以及能够对代理行为和经手交易事项做出合理解释的义务。货运代理人可获得代理人所享受的抗辩和免责的权利。但如果代理人担当独立经营人（委托人）的角色并以自己的名义签订合同，此时该代理人必须对接受委托的所有事项的顺利履行负责，包括该委托事项处于该代理人雇用的承运人或其他代理人的监管之下的责任。在有些国家，货运代理人以自己的名义为委托人办理业务，对委托人而言，他们被视为代理人，对承运人而言，他们被视为委托人。例如，法国规定，货运代理人除对货运代理行为负责外，还应对运输合同的履行负责，即被视为承运人。当发生货运责任追究时，法国允许托运人对承运人或货运代理人提起诉讼。但在德国，货运代理人的地位除非他自己履行运输合同，否则不对货运合同的履行承担责任。

一些国家以立法形式或依据商业惯例制定货运代理人的标准交易条款，对货运代理人与客户之间的合同关系及履行做了规定，特别是对货运代理人的权利、义务和责任，以及可采用的抗辩做了详细的规定。在无标准交易条款的国家，确定货运代理人与客户之间各自权利、义务和责任的依据是双方所签订的委托代理合同。

在我国，根据《管理规定》和《实施细则》，国际货运代理商可作为进出口货物收货人、发货人的代理人，也可作为独立经营人从事国际货运代理业务，包括接受进出口货物收货人、发货人或其代理人的委托，以委托人的名义或以自己的名义办理有关业务，并收取代理费与佣金。若是独立经营人，则可签发运输单证、履行运输合同，并收取运费和服务费。

知识链接

我国国际货运代理人的法律地位

关于我国国际货运代理人的法律地位，相关法律和行政法规的规定实际上是有区别的。我国针对国际货运代理人出台制定了一系列的行政法规，但是法律上对国际货运代理人权益保护还很不完善，我国国际货运代理法律体系的建设还任重道远。对我国国际货运代理人的法律地位怎么认识和建设还有待大家的共同努力。

二、货运代理人的法律责任

货运代理人的法律责任，在实践中由于涉及货运代理活动范围及国家司法管辖权等问题，有时是很复杂的，并导致法律上的冲突。不过，有关国际公约、国内法、由行业协会制定的标准交易条款，通常对货运代理人的责任、责任限制和除外责任等都做了具体的规定，当事人之间也可通过制定的合同条款，明确各自应承担的履行合约的法律责任。

货运代理人在经营活动中应按照代理协议的规定、原则与各项要求履行其职责，确保委托代理事项的顺利和圆满完成。如果其代理行为违背了代理协议的规定，或者在未授权或超越授权范围的情况下，自行其是地处理相关事宜，或者以独立经营人身份处理委托事务，那么，货运代理人对由此引起的对委托人及其他关系人的各种权益侵害和利益损害必须承担责任。

有关责任和责任风险形式，按照有关法规的规定，一般有：对代理关系的另一方（委托人）或其他关系人单独承担责任；与代理关系的另一方一起对第三者或与第三者一起对代理关系的另一方（委托人）承担造成损害的连带责任；承担可转移的间接责任。

1. 单独责任

单独责任是指货运代理人向委托人或其他关系人承担直接和唯一的责任。这个责任的特点是起因单一、事件清楚、性质较简单，完全由货运代理人的行为错误或不行为造成。例如，货运代理人丢了货而无法完成委托事项；仓储代理人没有按照委托人指示对货物进行保管使货物发生变质；货物错发、错运、错放，或者不遵循国际航运惯例和当地习惯擅自处理货物；单证制错、滞留而影响正常装卸或错装错卸，或遭扣留等；应收款项未及时收取而使委托人的利益蒙受损失等。针对以上情况，货运代理人作为责任人需单独承担损害责任。

2. 连带责任

连带责任是指货运代理人与委托人共同承担对他人造成损害的责任，或者货运代理人与他人共同承担对委托人造成损害的责任。前者产生的原因在货运实务中主要表现为委托人授权不清楚，代理人又轻率地实施行为而引发的事件。代理人承担授权不清的连带责任的条件是：委托人确实有授权不明的事实，代理人在实施代理行为前不是很清楚或完全不清楚而确实已经实施了代理行为并使他人的利益受到损害。后者产生的原因在货运实务中主要表现为：货运代理人与他人（可能是第二委托人或货主）为各自的利益串通起来损害委托人或其他人的利益，对此，货运代理人应承担其相应的连带责任。货运代理人承担后者行为的连带责任的条件是：此行为是代理人与他人共谋引起的，甚至恶意串通的，并直接给委托人或其他人造成了实际损失。若两者有共谋或串通的行为，而实际未造成委托人或他人的损失，货运代理人这时不应承担赔偿责任。

3. 可转移的间接责任

可转移的间接责任即货运代理人按代理协议的规定或委托人的指示实施代理行为而造

成他人利益损害的，受害人可以向货运代理人的委托人提请损害赔偿，或者受害人可能以直接当事人为由向货运代理人进行责任追究，货运代理人也可以其按委托人指示承办为由进行责任转移，或者提出赔付后根据协议规定向其委托人进行追偿，除非这种转移和追偿缺乏足够的凭据，或者委托人有证据足以证明导致他人利益损害的是因货运代理人本身行为过失所致。

若货运代理人以托运人名义向承运人的代理人进行货运委托，如果这种委托由于作为托运人的货运代理人所交货物本身问题或托运资料申报出错、不实等原因导致承运人或他人财产、货物损害，或者引发承运人的代理人在业务处理过程中的问题的，那么，作为托运人的货运代理人应承担导致承运人或其代理人或他人利益损害的责任。

国际货运代理人的责任期限，与其扮演的角色和委托代理内容有关。责任一般应从其接受委托实施代理行为时起，至代理行为结束或代理合约指定期限终止时止。如果货运代理人作为承运人安排集装箱货物运输或作为全程运输承运人，其责任应从接收货物时起至目的地交付货物时止，即货物处于承运人掌管之下的全部期间。如果货运代理人是承运人在目的港的卸货和交货代理人，其责任应从接收卸载货物并掌管时起至货物正确交付收货人（无论是实际收货人还是名义收货人）时止。

第六节　国际货运代理人的赔偿责任

货运代理协会一般条款规定的赔偿原则有两个方面：赔偿责任和赔偿责任限制。

一、赔偿责任

收货人在收到货物时发现货物灭失或受到损害，并能证明该灭失或损害是由货运代理人造成的，可向货运代理人提出索赔。赔偿责任的基本原则如下。

（1）如果货物交接地点的市价或时价与发票有差别，但又无法确定其差额，则按发票金额赔偿。

（2）古玩、无实际价值的其他特殊货物，不予赔偿（除非做了特殊声明并交了相应费用）。

（3）对业已发生或灭失的货物的运费、海关税收，以及其他费用负责赔偿，但不赔偿进一步的损失。

（4）货物的部分灭失或损害按比例赔偿。

（5）如果货物在应交付日一定期限内仍未交付，则构成延误交货，货运代理人应赔偿因延误而引起的直接后果和合理费用。

二、赔偿责任限制

如果货物的灭失或损害是由下列原因所致的，货运代理人对该货物的灭失或损害不负责任。

（1）委托方的疏忽或过失。

（2）委托方或其他代理人在装卸、仓储或其他作业过程中的过失。

（3）货物的自然特性或潜在缺陷。

（4）货物的包装不牢固、标志不清。

（5）货物送达地址不清、不完整、不准确。

（6）对货物内容申述不清楚、不完整。

（7）不可抗力、自然灾害、意外原因。

但如能证明货物的灭失或损害是因货运代理人的过失或疏忽所致的，则货运代理人对该货物的灭失或损害仍应负赔偿责任。

本章小结

本章主要介绍了国际货运代理的基本概念，国际航空货运代理、国际海运货运代理的基本内容，以及国际货运代理人的法律地位和责任。

“货运代理”一词有两种含义：一是指货运代理业；二是指货运代理人。国际货物运输代理业，是指接受进出口货物收货人、发货人的委托，以委托人的名义或者以自己的名义，为委托人办理国际货物运输及相关业务并收取服务报酬的行业。国际货运代理人是指接受进出口收货人、发货人或承运人的委托，以委托人的名义或者以自己的名义，为委托人办理国际货物运输及相关业务并收取服务报酬的企业。

国际航空货运代理是专门从事国际航空货物运输代理业务的货运代理人，也是专门接受货方委托办理货物运输的中介服务机构。

国际海运货运代理，是根据委托人的要求、委托，代办海运业务的机构。国际海运货运代理分为 4 类：租船代理、船务代理、货运代理和咨询代理。

建立货运代理关系，明确代理人和委托人之间的权利、义务与责任的基础和依据是货运代理合同（协议）的主要内容和作用。一份成功的货运代理合同，不仅是企业争取市场的有力工具，而且是当事方处理好关系和合作愉快的基础。

关于货运代理人的法律地位，不同国家的规定并非完全一样。在有些国家，货运代理人的法律地位是以代理的概念为基础的。货运代理人在接受委托业务时，是委托人的代理人，受到传统代理规定的制约。在有些国家，货运代理人以自己的名义为委托人办理业务，对委托人而言，他们被视为代理人，对承运人而言，则被视为委托人。

有关货运代理人的法律责任，一般有单独责任、连带责任、间接责任 3 种。

案例讨论

2021 年 10 月至 11 月间，被告浙江某远洋国际货运公司下属单位 A 货运部委托原告杭州某国际货运有限公司将萧山区 B 公司等单位出口的家具从上海港运往荷兰鹿特丹、德国汉堡、日本神户等港口，累计海运费 2 117 美元，其他运费 10 375 元人民币。被告货运部经理曾写下保函，但始终未能付清款项，原告遂起诉至法院。

被告辩称，2017 年 4 月，被告与萧山区 C 运输公司签订“国际货运合作协议书”。该协议规定：双方同意在萧山区设立浙江某远洋国际货运公司A货运部，被告同意C运输公司在萧山区以货运部的名义按国家及当地政府法规规定办妥有关手续后，对外开展有关国际集装箱运输业务。货运部的所有权属C运输公司，C运输公司应承担货运部对外业务活动中的一切责任。因此，A货运部的欠款行为应由C运输公司承担。

法院经审理认为：（1）A货运部委托原告出运货物应当支付运费。（2）浙江某远洋国际货运公司得知并同意A货运部以其名义成立并开展业务，货运部应被视作浙江某远洋国际货运公司的内部机构。（3）合同仅能约束订约的双方，A货运部作为浙江某远洋国际货运公司的内部机构，其所有民事责任应由浙江某远洋国际货运公司承担。原告要求赔付经济损失4 723.67元人民币，按每日万分之三的比率计算利息，既无约定又无证据佐证，法院不予支持。法院遂做出判决：被告浙江某远洋国际货运公司赔付原告杭州某国际货运有限公司海运费2 117美元，折合17 592.27元人民币，其他运费10 375元人民币，2项合计27 967.27元人民币，对原告的其他诉讼请求不予支持。本案受理费计1 317.64元人民币，由被告负担。

思考问题

1. 原告与被告之间是何关系?为什么?
2. 原告能否从被告处追回垫付的资金?为什么?

课后练习

一、选择题

1. 货运代理属于运输市场中的（　　）。

A.运输需求者　B.运输供给者　C.运输中介　D.运输管理者

2. 当前的许多（　　）正不断地演变成第三方物流企业。

A. 货运代理　B. 承运人代理　C. 报关行　D. 发货人

3. 以下（　　）是指以中间人身份尽力促成船东和承租人双方达成船舶租赁交易，从中赚取佣金的人。

A. 船东经纪人　B. 承租人经纪人

C. 双方当事人经纪人　D. 货运代理人

4. 租船经纪人以中间人身份促成租船合同订立，其佣金通常由（　　）支付。

A. 承租人　B. 货主　C. 船东　D. 大副

5. 航空货运代理公司在接收货物时出现下列哪些问题，可以向航空公司申请开具商务事故证明？（　　）

A. 纸箱开裂　B. 木箱上防震、防倒置标志泛红

C. 无包装货物金属管折弯　D. 木箱完好，内部机器无法使用

6. 国际货运代理企业为货主提供服务时，应当遵循的经营方针是（　　）。

A. 安全　B. 迅速　C. 准确　D. 节省　E. 方便

7. 选择海上货物承运人时，主要考虑因素包括（　　）。

A. 运输服务的定期性　　B. 运输速度　　C. 运输费用

D. 运输的可靠性　　E. 承运人的经营状况和承担责任的能力

二、判断题

1. 通常代理中的本人是指货运代理人，也就是被代理人。（　　）
2. 由于货运服务提供者个体的差异，必然导致货运服务质量的差异。（　　）
3. 国际货运代理人是受船公司的委托与第三方从事业务的人。（　　）
4. 国际货物代理人充当运输经营人时无权收运费。（　　）

三、简答题

1. 什么是国际货运代理？它与物流是一回事吗？
2. 国际货运代理人的法律责任是怎样的？
3. 国际货运代理人的赔偿责任限制是什么？
4. 国际航空货运代理文件有哪些？
5. 租船代理与货运代理的业务有何区别？
6. 国际货运代理以代理人和当事人两种不同身份出现时其责任有何区别？
7. 如何认识我国国际货运代理方面的法律或法规？
8. 我国国际货运代理的发展是怎样的？

任务实训

实训内容：

参观国际货运代理企业，了解国际货运代理的主要业务及流程。

实训目的：

1. 掌握货运代理有关知识。
2. 了解国际货运代理的主要业务及最新动态。
3. 熟悉各项业务流程。

实训要求：

1. 了解货运代理的业务范围。
2. 熟悉各项业务的操作及流程。
3. 完成一份国际货代企业活动考察实训报告。

实训操作与规范：

1. 有组织地进行参观活动。
2. 注意安全。
3. 听从有关人员安排。
4. 尝试签发国际货运代理提单及有关操作。
5. 以小组为单位进行货主委托国际货运代理企业的实操练习。

第十章

跨境电商及物流

学 习 目 标

1. 了解跨境电商的定义、发展与趋势。
2. 熟悉我国跨境电商的关检税法及政策。
3. 掌握我国跨境电商与物流运作的基本情况。

知识要点

跨境电商　跨境电商物流　跨境 B2B　跨境 B2C　E 贸易跨境　邮政小包　专线物流　海外仓

场景导入

环球易购——跨境电商的标杆企业

广东跨境电商成绩斐然。2020 年前 10 个月广东省跨境电商进出口额为 1 047.8 亿元，同比增长 25.1%，占全国跨境电商进出额的 47.2%。作为我国跨境电商的领头羊，广东省这一优异成绩得益于一大批优秀的本土跨境电商和物流企业。

作为跨境电商示范性企业，深圳市环球易购电子商务有限公司（以下简称环球易购）专注于跨境外贸 B2C 电子商务，其业务已覆盖全球 200 多个国家，是我国最大的跨境 B2C 电子商务公司之一。环球易购的业务体系主要包括五洲会海淘 O2O 业务、B2B 综合跨境电商服务业务、自营垂直 B2C 电商销售业务、国际仓储业务和配套金融服务等。

自成立以来，环球易购一直保持高速增长。环球易购凭借其跨境电商运营经验，借助网络技术、大数据技术、专业化电商平台体系和国际贸易规则，打造基于“B2B+B2C”“进口+出口”“平台+自营”“运营+服务”等领域战略布局的立体多元的跨境电商综合生态圈，实现了制造商和消费者之间的最佳连接和互动。

思考问题

1. 什么是跨境电商？
2. 跨境电商存在哪些物流需求？

第一节 跨境电商概述

一、跨境电商的定义、特点及业务分类

1. 跨境电商的定义

跨境电商，又称跨境贸易电子商务，是指不同国别或地区间的交易双方通过互联网及其相关信息平台实现交易，线下开展物流进出口业务操作的电子商务应用模式。从定义看，跨境电商的交易主体分属不同国境，交易平台是互联网络，需要通过跨境物流实现货品的运输，是一种国际商业活动形式。

相较于传统外贸，跨境电商具有海量商品信息库、个性化广告推送、口碑聚焦消费需求、支付方式简便多样等优势，市场潜力巨大。对客户而言，基于电子信息技术和经济全球化的发展，人们坐在家里就可以通过跨境电子商务平台轻松地购买国外商品；对企业而言，可以从全球供应链中获取新的利润空间。跨境电商是外贸发展的新模式，也是企业扩大海外营销渠道、实现外贸转型升级的有效途径。

2. 跨境电商的特点

1）多边性、网络化

传统的国际贸易主要表现为两国之间的双边贸易，即使有多边贸易，也是通过多个双边贸易实现的，呈线状结构。跨境电商可以通过一国的交易平台，实现其他国家间的直接贸易，贸易过程相关的信息流、商流、资金流由传统的双边逐步向多边的方向演进，呈现出网络化结构，重构了世界经济新秩序。

2）直接性、效率化

传统的国际贸易主要由一国的进（出）口商通过另一国的出（进）口商集中进出口大批货物，然后通过境内流通企业多级分销，最后到达有进出口需求的企业或消费者，通常进出口环节多、时间长、成本高。而跨境电商可以通过电子商务与服务平台，实现多国之间、企业与最终消费者之间的直接交易，进出口环节少、时间短、成本低、效率高。

3）小批量、高频度

跨境电商通过电子商务交易与服务平台，实现多国企业之间、企业与最终消费者之间的直接交易，由于是单个企业之间或单个企业与单个消费者之间的交易，相对于传统贸易而言，跨境电商交易的次数多、频率高。

4）数字化、监管难

随着信息网络技术的深化应用，数字化产品的品类和贸易量快速增长，而且通过跨境电商进行销售或消费的趋势日趋明显，而传统应用于实物产品或服务的国际贸易监管模式已经不适用于新型的跨境电商交易，尤其是数字化产品的跨境贸易更是没有被纳入海关等政府相关部门的有效监管、统计和关税收缴范围。

3. 跨境电商的业务分类

1）按商品的流向，跨境电商可分为出口跨境电商和进口跨境电商

（1）出口跨境电商又称出境电子商务，是指本国生产或加工的商品通过电子商务平台达成交易、进行支付结算，并通过跨境物流送达商品、输往国外市场销售的一种国际商业活动。

（2）进口跨境电商又称入境电子商务，是指将外国商品通过电子商务平台达成交易、进行支付结算，并通过跨境物流送达商品、输入本国市场销售的一种国际商业活动。

2）按交易模式，跨境电商可分为跨境 B2B 电商、跨境 B2C 电商和 E 贸易跨境电商

（1）B2B 是 Business to Business 的缩写，即商家（泛指企业）对商家的电子商务，是指进行电子商务交易的供需双方都是商家（或企业、公司），使用互联网技术或各种商务网络平台，完成商贸交易的过程。跨境 B2B 是指分属不同关境的企业对企业，通过电商平台达成交易、进行支付结算，并通过跨境物流送达商品、完成交易的一种国际商业活动。

（2）B2C 是 Business to Customer 的缩写，是指企业通过互联网为消费者提供一个新型的购物环境——网上商店，消费者在网上购物、网上支付等的消费行为过程，也就是通常说的直接面向消费者销售产品和服务的商业模式。跨境 B2C 是指分属不同关境的企业直接面向消费者个人开展在线销售产品和服务，通过电商平台达成交易、进行支付结算，并通过跨境物流送达商品、完成交易的一种国际商业活动。

（3）E 贸易跨境电子商务是以保税物流中心的特殊功能为前提，结合物流特性、企业的强烈需求，参考国家的相关政策，研究利用保税中心的平台功能，搭建的一个跨境贸易电子商务综合服务平台。利用保税物流中心的进口保税、入区退税、国际分拨等功能，对跨境电商产品采取“出口产品入区退税、进口产品出区征税”的管理办法，同时利用经营团队的海外国际物流分拨配送系统，建立电子商务全球物流供应链服务体系。

二、跨境电商的发展

2014 年世界互联网大会的成功召开，标志着我国迎来了“互联网 +”的新时代，跨境电商成了资本市场中的新热点。2015 年 3 月 28 日，经我国国务院授权，国家发展改革委、外交部、商务部联合发布了《推动共建丝绸之路经济带和 21 世纪海上丝绸之路的愿景与行动》。这一政策规划的正式发布标志着“一带一路”倡议真正进入了全面落实发展阶段。“一带一路”倡议与“互联网 +”的完美结合，为我国跨境电商提供了井喷式发展的宏观背景。

中国电子商务研究中心发布的统计数据显示，2016 年，随着消费升级和海淘电商平台的普及，我国跨境电商交易规模继续扩大，跨境电商交易规模达到 6.3 万亿元，仅海淘用户规模就已达到 4 100 万人次。艾瑞咨询、中投顾问等第三方机构报告认为，借力“一带一路”倡议，我国跨境电商仍将高速发展，并有望成为我国经济发展的新引擎和新动力。

借助互联网科技的全球化普及和发展，电子商务行业迅猛发展，成为推进发展“一带一路”的重要力量。跨境电商作为“一带一路”倡议中的“网上丝绸之路”，可有效地帮助“一带一路”沿线的国家和地区整合资源，加强经济贸易合作，实现互利共赢、共同发展。无论是国家层面还是企业层面，国家政策的保驾护航和大型电子商务公司平台的构建都很好地推动了我国跨境电商的发展。

1. 从国家层面看跨境电商发展

2010 年，我国政府正式把电子商务确定为战略新兴产业，足以表明国家对电子商务发展重要性的肯定。2012 年 3 月 12 日，商务部出台了《关于利用电子商务平台开展对外贸易的若干意见》，表明我国充分认识到跨境电商对开展外贸的重要性。至 2020 年年底，国务院已经批准设立了 59 个跨境电子商务综合试验区。2021 年 4 月 7 日国务院决定，增设 46 个跨境电商综合试验区，推广促进跨境电商发展的有效做法，实行对综试区跨境电商零售出口货物按规定免征增值税和消费税、企业所得税核定征收等支持政策，研究将具备条件的综试区所在城市纳入跨境电商零售进口试点范围，支持企业共建共享海外仓。至此，从 2015 年开始到 2021 年 4 月 7 日，国务院在全国范围内分 5 批共设立了 105 个跨境电子商务综合试验区，覆盖了 30 个省区市，最新跨境电子商务综合试验区已经达到 105 个。通过设立跨境电商试点城市和综合试验区，能给其他城市的跨境电商发展提供经验和技术支持，政府还将从中总结和制定通关、结汇、物流等方面的管理办法，更好地致力于我国跨境电商的发展。

2. 从企业层面看跨境电商发展

现阶段，在我国为不同规模的企业提供出口业务跨境电商服务的平台有阿里巴巴、中国制造网、速卖通、敦煌网、兰亭集势、米兰网等。这些平台提供了跨境商品展示、物流服务、支付服务等一站式的全程服务。而天猫国际、京东国际、1 号店、亚马逊中国等大的电子商务平台又为国内消费者带来了国外优质的商品。任何行业的发展都需要有龙头和标杆企业，这些大的电子商务平台的发展，不仅会为行业内其他企业树立榜样，也会推动整个中国跨境电商的发展。

跨境电商的商家和消费者遍布全球，拥有强大的市场潜力，而在中国政府和企业的大力推动下，跨境市场规模逐渐增加，围绕整个跨境贸易正在形成一条从营销到支付、物流和金融服务的清晰产业链。

三、跨境电商的趋势

随着“一带一路”倡议的持续落地，跨境电商正在进入新的发展时期。“一带一路”沿线 65 个国家总人口约 44 亿，经济总量约 21 万亿美元，分别占全球的 63%和 29%。2016 年，我国对“一带一路”沿线国家的进出口总额达 6.25 万亿元，占我国当年进出口总额 24.33 万亿元的 25.69%，意味着跨境电商业务在“一带一路”沿线国家仍有巨大的发展潜力。在国际跨境电商高速发展的大背景下，我国跨境电商会在商业模式和技术产品方面不断创新，会有更多的企业加入跨境电商的行列，我国跨境电商从规模到质量都将有大幅度的提高，在国际市场的地位、影响力和话语权进一步增强。跨境电商在未来的发展中将呈现出如下趋势。

1. 跨境电商交易市场扩大，跨境电商交易主体增多

网购观念普及、消费习惯成熟、物流配套设施完善等良好的市场氛围，将使我国跨境电商在以美国、英国、德国、澳大利亚为代表的成熟市场中保持旺盛的发展势头，与此同时，向俄罗斯、印度、巴西、南非“金砖国家”快速扩展。不断崛起的阿根廷、以色列、

乌克兰等新兴市场也将成为我国跨境电商零售出口的新目标。同时，与港澳台的跨境电商合作也会增强，交易渠道会进一步拓宽。

跨境电商出口不仅为诸多中、小、微企业提供了迅速把握全球商机的捷径，而且为许多大企业、传统外贸企业提供了拓展业务并提升服务水平的机会。越来越多元化的跨境电商主体将进一步改善买家购买体验，提升行业整体服务水准。阿里巴巴、京东、敦煌网等国内大型电子商务企业纷纷瞄准跨境电商市场，给原本以平台海外营销为主的跨境电商带来了坚实的业务基础和产品基础。我国的中小企业将作为跨境电商经营主体大量涌现，大批内贸企业和制造企业将进入跨境电商领域。

2. 跨境 B2C 加速增长，B2B 和 B2C 协同发展

跨境电商 B2C 模式可以跳过传统贸易的所有中间环节，打造从工厂到产品的最短路径，赚取高额利润；可以直接面对终端消费者，更好地把握市场需求，为客户提供个性化的定制服务。跨境 B2C 对中国制造出口企业扩展新业务提供了新的可能性，越来越受到企业的重视，近年来呈现爆发式增长。但 B2B 作为全球贸易的主流，未来仍然是我国企业开拓海外市场的最重要模式；而 B2C 作为拉近与消费者距离的有效手段，对我国企业打响品牌具有非常重要的作用。B2B 和 B2C 作为两种既区别又联系的业务模式，互补远远大于竞争，两者都能成为开拓海外市场的利器。

3. 移动技术推动跨境电商发展，传统外贸企业加入跨境电商主流

移动技术的进步使线上与线下商务之间的界限逐渐模糊，以互联、无缝、多屏为核心的全渠道购物方式将快速发展。从 B2C 方面看，移动购物使消费者能够随时、随地、随心购物，极大地拉动市场需求，增加跨境零售出口电子商务企业的机会；从 B2B 方面看，全球贸易小额化、碎片化发展的趋势明显，移动可以让跨国交易无缝完成。基于移动端做媒介，买卖双方的沟通变得非常便捷。

跨境电商不同于一般贸易，小额度、高频度的特征造成其与现有的通关、商检、结汇、退税等方式不相匹配。随着监管体系的完善，跨境 B2C 将进一步发展，更多的传统外贸企业将加入平台从事跨境 B2C。同时，跨境 B2B 也将成为传统外贸企业的主要营销渠道。传统外贸企业直接面对国外消费者，建立并提升品牌形象，提高核心竞争力。跨境电商将推动传统外贸企业的价值创造方式发生改变，实现从产品的交易者向生产的组织者转变，从消费的匹配者向消费的引导者转变，从价值的实现者向价值的创造者转变。

4. 跨境电商产业链将完善，跨境电商综合服务业会兴起

现阶段，我国跨境电商主要是以平台为主导，企业自建交易平台尚不普遍，未来随着环境和支撑体系的改善、新技术的不断运用，跨境电商的产业链将逐步完善。从电商产业链上游来看，产品方面，3C 电子产品、服装等传统优势品类借助自身标准化及便于运输等优势表现强劲，户外、健康美容和汽配等新品类随着消费者需求的增长而快速增长；从产业链中游来看，平台电商与自建网站相互博弈，协同发展，跨境电商平台将进一步整合，逐步完善服务功能，更多的制造企业会入驻跨境电商平台；从产业链下游来看，成熟发达的经济体是我国出口电商的主要目的地市场，并将保持快速增长态势，不断崛起的新兴经济体，将为我国出口电商提供更多更新的市场机会。

推动外贸综合服务企业与跨境电商平台融合，形成跨境电商综合服务业，是跨境电商持续健康、快速发展的现实途径。跨境电商综合服务业通过整合产业链、贸易链、监管链和数据链，在原有信息与交易服务的基础上向涵盖支付、信用、产品质量保险和金融等方向发展，为跨境全流程在线贸易提供全方位的集成服务，推动传统加工贸易与跨境电商的融合发展。

知识链接

杭州试水跨境电商 B2B

2015 年 7 月 23 日，一批由杭州环宇文化创意有限公司申报的、价值 3.4 万美元的“莱贝比”牌玩具，通过中国（杭州）跨境电子商务综合试验区“单一窗口”平台向杭州海关申报出口，成为全国首批通过跨境 B2B 模式出口的货物。这意味着杭州海关在全国率先启动了跨境电商 B2B 出口业务试点工作。

这一试点对外贸企业的跨境电商出口业务意义重大。以杭州环宇文化创意有限公司为例，跨境电商出口是其重要业务，随着公司产品在亚马逊、eBay 等平台销量的增长，集团旗下浙江点库电子商务有限公司在美国、德国等地建立了海外仓，从集团公司批量发货，再由海外仓寄给消费者。

这种模式的优点明显：本土批量发货，运费大大降低；海外仓的设立，还能提高产品的售后服务水平。但此前，由于跨境电商出口只有企业直接面向消费者的 B2C 模式，国内企业想把国外消费者喜欢的货物提前、大批量发往海外仓的 B2B 模式还未开始试点。在试点前，公司的此类货物走的是传统的 B2C 模式，必须拆分成一个个小邮包，要么只能通过一般贸易出口，企业需要在线下重新签订传统的外贸销售合同，往来寄递纸质发票等单证，耗时费力。

试点为外贸企业开展跨境 B2B 业务开启了方便之门。杭州海关相关负责人表示，在新模式下，从事跨境 B2B 业务的企业只需在中国（杭州）跨境电子商务综合试验区“单一窗口”平台完成企业备案获取备案编号，同时通过“单一窗口”平台提交“电子报文”，即可完成出口申报手续，真正实现了“一键申报、无纸通关”。

思考问题

跨境电商的优势是什么，能给企业带来什么好处？

第二节　跨境电商的关检税法及政策

一、跨境电商的关检税法

我国立法机关和政府相关部门高度重视电子商务立法工作，政府有关部门正在着手研究、修改和制定相关法律。从 2000 年开始，全国人大会上一号提案使电子商务立法成为更多人关注的焦点。其后，相关的一些法律、法规、部门规章和地方性法规陆续出台，主要有《中华人民共和国电子签名法》《互联网域名管理办法》《非经营性互联网信息服务备案管理办法》《互联网 IP 地址备案管理办法》《电子认证服务管理办法》《公用电信网间通信质量监督管理办法》《中华人民共和国计算机信息网络国际联网管理暂行规定》《中国公众多媒体通信管理办法》《中华人民共和国计算机信息系统安全保护条例》等。

二、跨境电商相关政策

商务部与有关部门协调配合，在促进电子商务法制建设、完善电子商务发展环境、促进电子商务应用发展及加强电子商务国际交流合作等方面做出了积极努力，并取得了一定成效。商务部择优认定了多家第三方电子商务平台，作为商务部的重点推荐开展对外贸易，并制定了专门文件，明确了电子商务平台的服务外贸功能，提升企业利用电子商务平台开展外贸的水平，加大利用电子商务平台开展外贸的支持政策。同时，商务部、海关总署、原国家质检总局、邮政局等部门经过共同研究，制定了促进跨境贸易电子商务通关服务的管理制度和标准规范，以及相关的邮件检验、检疫监督模式，确定产品质量安全监管、溯源机制。国家发展改革委也与多部门联手，着力研究有关电子商务信用、支付、物流、发票管理、会计信息等方面的政策、法规，争取出台多项支持跨境电商促进出口的具体政策，以促进跨境电商的健康发展。这些政策措施包括规范通关监管制度、制定贸易标准、强化支付、完善跨境物流、出口退税等方面。相关部门正在落实跨境电商相关政策，力争推进跨境电商更快发展。

国务院于 2013 年 7 月下发《国务院办公厅关于促进进出口稳增长、调结构的若干意见》，将发展跨境电子商务作为当前外贸稳增长、调结构的重要手段之一，要求积极研究以跨境电商方式出口货物（B2C、B2B 等方式）所遇到的海关监管、退税、检验、外汇收支、统计等问题，完善相关政策。同年 9 月，国务院下发《国务院办公厅转发商务部等部门关于实施支持跨境电子商务零售出口有关政策意见的通知》，专门就跨境电商的快速发展中，因现行管理体制、政策、法规等原因造成企业在海关、检验、收付汇、税收等方面遇到的问题，提出 6 项措施。国务院在 2014 年 5 月发布的《关于支持外贸稳定增长的若干意见》中，着重提到为增强外贸企业竞争力需加快国际展会、电子商务、内外贸结合商品市场等贸易平台建设。2015 年以来，《国务院关于大力发展电子商务加快培育经济新动力的意见》《关于促进跨境电子商务健康快速发展的指导意见》等重磅政策文件接连出台，其中《“互联网+流通”行动计划》提出，推动建设 100 个电子商务“海外仓”。显然，我国政府已经开始高度重视跨境电商，将其视为调整产业结构、实现传统外贸转型、促进贸易持续增长的重要手段。

为了促进跨境贸易电子商务，方便企业通关，规范海关管理，实现贸易统计，海关总署自 2014 年 2 月 10 日起增列海关监管方式代码“9610”，全称“跨境贸易电子商务”，简称“电子商务”。此海关监管方式代码适用于境内个人或电子商务企业通过电子商务平台实现交易，并采用“清单核放、汇总申报”模式办理电子商务零售进出口商品的通关手续，通过海关特殊监管区域或保税监管场所一线的电子商务零售进出口商品除外。海关总署于 2014 年 3 月发布《关于跨境贸易电子商务服务试点网购保税进口模式有关问题的通知》，同年 7 月发布《关于跨境贸易电子商务进出境货物、物品有关监管事宜的公告》，2016 年 4 月发布《关于跨境电子商务零售进出口商品有关监管事宜的公告》，同年 7 月发布《关于跨境电子商务进口统一版信息化系统企业接入事宜的公告》。针对跨境电商零售进出口，中国海关探索了一系列新理念、新模式、新手段，充分利用跨境电子商务全程数据流程可追溯的方式，创新理念方法，改变通关监管模式，做好风险防控，通过电子口岸连通海关监管平台与电商平台。

原国家质检总局 2015 年 5 月发布《质检总局关于进一步发挥检验检疫职能作用促进跨境电子商务发展的意见》，同年 7 月发布《质检总局关于加强跨境电子商务进出口消费品检验监督工作的指导意见》，同年 11 月发布《跨境电子商务经营主体和商品备案管理工作规范的公告》，明确跨境电商企业的质量安全主体责任，构建以风险管理为核心，以事前备案、事中检测、事后追溯为主线的跨境电商进出口消费品质量安全监管模式。为促进跨境电商发展，提供便利通关服务，原国家质检总局 2017 年 8 月发布了《关于跨境电商零售进出口检验检疫信息化管理系统数据接入规范的公告》。

财务部、国家税务总局 2014 年发布《关于跨境电子商务零售出口税收政策的通知》，规定自 2014 年 1 月 1 日起，对符合条件的跨境电商零售出口企业执行增值税、消费税退（免）税和免税政策。这预示着我国跨境电商跨入新纪元。电子商务出口退税政策可以归纳为两个方面，一方面是对于能提供增值税专用发票的一般纳税人实行增值税和消费税退（免）税政策；另一方面是对于不能提供增值税专用发票的小规模纳税人实行增值税和消费税免税政策。2016 年 4 月 8 日，财政部、国家发展改革委等 11 个部门制定的跨境电商零售进口政策正式实施，除将行邮税改为综合税外，新政还对进口货物实施一般贸易监管模式。不过一个多月后，相关部门对跨境电商零售进口新政中有关监管要求给予一年的过渡期。2016 年 11 月又将过渡期进一步延长至 2017 年年底。2017 年 9 月的国务院常务会议决定过渡期再次延长一年，至 2018 年年底。按规定，现阶段，保持跨境电商零售进口监管模式总体稳定，对跨境电商零售进口商品暂按照个人物品监管。

2018 年 9 月，财政部、国家税务总局、商务部、海关总署联合发布了《关于跨境电子商务综合试验区零售出口货物税收政策的通知》（财税〔2018〕103 号），对跨境电子商务综合试验区（以下简称“综试区”）内的跨境电子商务零售出口企业（以下简称“跨境电商企业”）未取得有效进货凭证的货物，凡符合规定条件的，出口免征增值税和消费税（以下简称“无票免税”政策）。为支持跨境电商新业态发展，推动外贸模式创新，配合落实“无票免税”政策，国务院常务会议决定，出台更加便利企业的所得税核定征收办法。因此，国家税务总局制发《国家税务总局关于跨境电子商务综合试验区零售出口企业所得税核定征收有关问题的公告》，进一步明确跨境电商企业所得税核定征收有关问题，促进跨境电商企业更好地开展出口业务。该公告从核定征收范围、核定征收条件、核定征收方式、核定征收程序、优惠政策等方面对综试区内跨境电商企业核定征收企业所得税相关事项进行了规定，旨在为综试区内跨境电商企业提供更为便利的操作办法。

（1）核定征收范围。为配合落实好“无票免税”政策，跨境电商企业是指符合财〔2018〕103 号文件规定的企业，即自建跨境电子商务销售平台或利用第三方跨境电子商务平台开展电子商务出口的企业。

（2）核定征收条件。跨境电商企业通过商务平台出口货物，是近几年发展的新业态。为鼓励跨境电商发展，针对跨境电商企业出口货物无法取得进货发票的实际情况，财政部、商务部、海关总署和税务总局联合发布了财税〔2018〕103 号文件，跨境电商企业符合规定条件，可以试行"无票免税"政策。对于这些企业，符合规定的，企业所得税可以试行采取核定方式征收。

（3）核定征收方式。因跨境电商企业可以准确核算收入，为简化纳税人和税务机关操作手续，综试区内核定征收的跨境电商企业统一采用核定应税所得率方式核定征收企业所得税。同时，考虑到跨境电商企业出口货物的采购、销售主要是通过电子商务平台进行的，为进一步减轻企业负担，促进出口业务发展，综试区核定征收的跨境电商企业的应税所得率按照《国家税务总局关于印发〈企业所得税核定征收办法〉（试行）的通知》（国税发〔2008〕30 号，国家税务总局公告 2018 年第 31 号修改）中批发和零售贸易业最低应税所得率确定，即统一按照 4%执行。

（4）核定征收程序。综试区内跨境电商企业和税务机关均应按照有关规定办理核定征收相关业务。税务机关应及时完成综试区跨境电商企业核定征收鉴定工作，跨境电商企业应按时申报纳税。

（5）优惠政策。综试区内核定征收的跨境电商企业，主要可以享受以下两类优惠政策：一是符合《财政部税务总局关于实施小微企业普惠性税收减免政策的通知》（财税〔2019〕13 号）规定的小型微利企业优惠政策条件的，可享受小型微利企业所得税优惠政策；二是取得的收入属于《中华人民共和国企业所得税法》第二十六条规定的免税收入的，可享受相关免税收入优惠政策。

国家政策的大力支持会降低电子商务进出口企业的成本，推动传统外贸企业转型，让更多企业借助跨境电商平台走出去，推动我国跨境电商的发展。跨境电商无论是进口还是出口，都需要国家政策的大力支持，跨境电商的兴起客观上也要求监管方与时俱进，未来政府会搭建跨境电商一体化监管平台，对接电商、贸易服务、物流、金融等各方，通过货流、信息流和资金流的"三单合一"，实现网上一站式监管、审批；同时线下通过设立跨境电子商务试验区，要求平台企业注册入驻，从源头管控每笔交易，实现 O2O 一站式监管。

第三节　跨境电商与物流的运作

一、跨境电商物流的运作模式

伴随着我国跨境电商市场的发展和各项政策的出台，我国跨境电商从业者如雨后春笋般涌现出来，呈现出繁荣景象。跨境电商的快速发展给物流带来了巨大的市场。现阶段，我国跨境电商物流主要有 5 种模式。

1. 邮政小包模式

邮政网络基本覆盖全球，比其他物流渠道都要广。这主要得益于万国邮政联盟和卡哈拉邮政组织（KPG）。邮政一般为国营，有国家税收补贴，价格比较便宜。不过，邮政的渠道虽然比较多，但也很杂。在选择邮政包裹发货的同时，必须注意出货口岸、时效、稳定性等。像从中国发往美国的邮政包裹，时间一般在15天以内，eBay上的国际e邮宝美国全境妥投时间为7～12天。

邮政小包模式的优点在于运费便宜，限重30千克，能邮寄的物品比较多（如化妆品、包、服装鞋子、各种礼品及许多特殊商品等），服务覆盖网络广；缺点在于重量和尺寸有限制，运送时间比较长，到达许多国家的货物状态无法在网站上查询跟踪。另外，小包中如果含电池、粉末、液体等特殊产品，较难清关，被检出就要整包退回或直接扣下，对跨境电商来说损失很大。

2. 国际快递模式

国际快递模式，指的是四大商业快递巨头——DHL、TNT、UPS和FedEx。这些国际快递商通过自建的全球网络，利用强大的IT系统和遍布世界各地的本地化服务，为网购中国产品的海外用户带来极好的物流体验。例如，通过UPS寄送到美国的包裹，最快可在48小时内到达。然而，优质的服务往往伴随着昂贵的价格。一般中国商户只有在客户对时效性要求很强的情况下，才使用国际商业快递来派送商品。

国际快递模式的优点在于速度快、服务好，货物可送达全球200多个国家和地区，查询网站信息更新快，遇到问题解决及时，可以在线发货，全国大部分城市提供上门取货服务；缺点在于运费较高，要计算产品包装后的体积和重量，对托运物品的限制比较严格。

3. 国内快递的国际化服务模式

国内快递主要指EMS、顺丰和“四通一达”。在跨境物流方面，“四通一达”中申通和圆通布局较早，但也是近期才发力拓展。美国申通在2014年3月上线，圆通也是2014年4月才与CJ大韩通运合作。顺丰的国际化业务则要成熟些，已经开通了美国、澳大利亚、韩国、日本、新加坡、马来西亚、泰国、越南等国家的快递服务，发往亚洲国家的快件一般2～3天可以送达。在国内快递中，EMS的国际化业务是最完善的。依托邮政渠道，EMS可以直达全球60多个国家，费用相对四大快递巨头要低。此外，中国境内的出关能力很强，到达亚洲国家是2～3天，到欧美则要5～7天左右。

国内快递的国际化服务模式的优点在于速度较快，费用低于四大国际快递巨头，EMS在中国境内的出关能力强；缺点是由于并非专注跨境物流业务，缺乏国际物流运作经验，对市场的把控能力不强，覆盖的海外市场比较有限。

4. 专线物流模式

专线物流一般是通过航空包舱方式将货物运输到国外，再通过合作公司进行目的国的派送。专线物流的优势在于其能够集中大批量到某一特定国家或地区的货物，通过规模效应降低成本。因此，其价格一般比商业快递低。在时效上，专线物流稍慢于商业快递，但比邮政包裹快很多。市面上最普遍的物流专线是美国专线、欧洲专线、澳洲专线、俄罗斯专线等。也有不少物流公司推出了中东专线、南美专线、南非专线等。目前提供专线物流的公司很多，专线物流往往会推出特定的产品，如“俄邮包”“澳邮包”；有的物流公司则在形式上大胆创新，如中外运空运发展股份有限公司在其旗下子公司中外运电子商务有限公司的官网上推出了中国城市到国外城市的专线物流团购业务。

专线物流模式的优点在于价格比商业快递低，速度快于邮政小包，丢包率也比较低，清关较快。如果跨境电商只做某地市场，清关方面也有一定要求的话，专线物流是不错的选择。缺点是在国内的揽收范围相对有限，覆盖地区有待扩大，而且一些专线物流企业所能控制的物流区域相对有限，通常只能负责国内部分，国外部分则由地方的邮政公司负责，这样就容易出现由于双方工作交接不畅而导致的运送延误。专线物流一般不受理退货事件。

5. 海外仓模式

海外仓指为卖家在销售目的地进行货物仓储、分拣、包装和派送的一站式控制与管理服务。确切来说，海外仓储应该包括头程运输、仓储管理和本地配送三个部分。头程运输，即中国商家通过海运、空运、陆运或联运将商品运送至海外仓库；仓储管理，即中国商家通过物流信息系统，远程操作海外仓储货物，实时管理库存；本地配送，即海外仓储中心根据订单信息，通过当地邮政或快递将商品配送给客户。

海外仓模式的优点在于运输成本低、效率高；简化了物流业务流程，将原本复杂的流程简化为分拣和投递两个环节，大大减少了包裹的破损和丢失率；解决了小包成本高昂、配送周期漫长的问题；除了能降低物流成本，还有灵活可靠的退换货方案，海外客户的购买信心高；大大扩大了跨境零售出口商品的范围，不再局限于快消品、小件商品等，可以使买家消费更多海外商品品类。缺点是具有一定的成本劣势，也就是其运费的高低主要取决于储备仓的建设成本，这其中还需要储备仓人为管理与维护等的费用支出，而且在订购的前期很难对商品库存量做出准确的预测，对库存的控制很难有效掌握。

以上五大运作模式基本涵盖了当前跨境电商物流的运作模式。但也有一些“另类”。例如，比利时邮政虽然属于邮政包裹模式，但其定位于高质量卖家，提供的产品服务远比其他邮政产品优质；针对俄罗斯市场，黑龙江俄速通物流有限公司在哈尔滨推出“边境仓”，具有类似海外仓的功能，但比在俄海外仓的运作成本低。

二、跨境电商物流运作的痛点

当前环境下的物流运作体系仍然存在问题，具体表现如下。

1. 跨境物流成本高，政策支持不充分

由于涉及跨境贸易和跨境物流，物流的产业链和环节更长，包括国内物流、国内海关、国际运输、国外海关、国外物流等多个环节，尤其是海关和商检，操作难度和风险更高，无形中增加了我国跨境电商的物流成本。在出口跨境电商中，物流的关键在于目的国海关，经常出现海关扣货查验的情况，处理的结果有三种，分别是直接没收、货件退回发件地、要求补充文件资料再放行。从国内政策角度看，跨境电商物流风险主要体现在海关政策不确定方面。从国外政策角度看，许多国家的海关政策变化频繁，我国跨境电商往往面临产品质检及产品版权保护问题。虽然国家在积极建立跨境电商基础信息标准和接口的规范准则，现阶段有一小部分地区实现了海关、出入境检验检疫、税务、外汇管理等部门与电子商务企业、物流配套企业之间的标准化信息流通，但与发达国家相比，我国的物流政策支持尤为不足，这在某种程度上阻碍了跨境电商企业和物流企业

的快速发展。

2. 跨境基础设施不完善，物流运输配送周期长

由于跨境电商涉及跨境的仓储、配送、运输、报关、核税等一系列问题，为了使运输过程损耗尽可能减少，且速度更快、成本更低，需要建立合理高效的物流体系，需要更先进和完备的物流设施。而跨境贸易自身的特点使物流的产业链和环节更长，加上清关和商检的周期，导致我国跨境电商物流周期要远远长于国内电商物流。在跨境物流上，运输与配送时间问题突出，短则半个月、一个月，长则数个月，遇到购物旺季，如圣诞节，再加上清关和商检的时间，物流时间会更久，导致许多跨境电商止步于物流配送。跨境物流的运输时间长、手续多、成本高，违背了跨境电商物流快捷和便利的特点，严重制约了跨境电商的进一步发展。

3. 跨境物流信息化不足，难以实现退换货物流

跨境物流采用较多的邮政小包模式，存在物流信息无法及时跟踪的情况。在包裹运输的过程中，货物所处的环节、所在地点、是否入舱等都是顾客无法及时得知的。这种“不透明”的跨境物流主要是由于交易双方的信息不对称造成的，这就使顾客对于跨境电商的满意度和忠诚度不高。跨境物流涉及多个国家，物流运输也分为国内和国外。由于国家与国家之间的信息化发展水平并不相同，导致物流信息系统之间的衔接产生问题，而跨境物流环节多、涉及面广，整个物流链条的各节点都会产生退换货物流。电子商务自身的特点导致退换货比例高、物流周期长、质量问题、货品丢失、海关和商检风险、配送地址错误等一系列问题，从而导致了退换货物流的产生。尤其在欧美发达国家，当地“无理由”退货的消费习惯和文化，使我国跨境电商的退换货率呈现持续增长趋势，而退换货很难有一个顺畅的通道返回国内，各种相关成本的增加，甚至退换货导致的费用严重超出货品的价值，使跨境电商无法接受，从而出现难以退换货的现象。

4. 跨境贸易风险大，缺乏专业的第三方物流服务

跨境电商涉及跨国交易，无法回避当地的政治、知识产权、区域习惯、政策变化等风险因素。这些因素对我国跨境电商物流都会产生影响。而且跨境电商贸易涉及汇率兑换问题。当一国货币贬值或升值时，汇率就会发生变化，从而间接导致跨境电商利润的缩减。现阶段我国第三方物流企业数量较多，但是大型、专业化程度较高的第三方物流企业较少。大多数物流企业提供的是国内物流服务。对于国际快递服务，主要采用普通快递的形式，没有专门为跨境电商提供全方位的专业物流服务。能为跨境电商提供国际快递服务的只有UPS、FedEx、DHL、EMS、顺丰速运公司等。专业化的第三方物流服务十分必要，有利于推动我国跨境电商更好地发展，并在国际市场竞争中处于有利地位。

三、跨境电商物流的运作策略

跨境电商物流的运作策略可以归纳为以下几点。

1. 合理选择运作模式

跨境电商物流有5种运作模式，分别是邮政小包、国际快递、国内快递的国际化服务、专线物流和海外仓。这些模式各有利弊，跨境电商在选择合适的模式时要结合物品的种类、

进出口国家的关税政策、顾客对购买商品的要求、运输安全等多个方面进行综合考虑，以达到降低物流成本的目的。首先，对跨境电商而言，选择何种模式应根据所售产品的特点而定。例如，大件产品（如家具）就不适合走邮政包裹渠道，而更适合海外仓模式。其次，在淡旺季要灵活使用不同模式。例如，在淡季时使用中邮小包降低物流成本，在旺季或大型促销活动时期采用中国香港邮政或新加坡邮政甚至比利时邮政来保证时效性。最后，售前要明确向买家列明不同模式的特点，向买家提供多样化的物流选择，让买家根据实际需求来选择模式。

2. 完善通关政策

跨境物流需要通过两道海关关卡：出口国海关和目的国海关。跨境电商物流在通关时较多采用传统的报关方式，由于报关手续和检验检疫等手续的烦琐，导致难以提高跨境电商物流的时效。在这种情况下，我国需要完善海关的相关政策，提高跨境电商物流的效率。首先，海关总署应构建电商企业通关服务平台，实现海关电子口岸平台与国内外电商平台和物流公司系统的直接对接，使跨境电商物流可以全程跟踪。其次，与其他国家合作，共同建设和完善跨境电商物流的检验检疫和通关模式、商品的标准及相应的管理制度。

3. 构建信息平台

就当前跨境电商物流的发展而言，建立跨境物流信息平台，解决跨境物流中的信息不对称问题显得极为迫切。随着“互联网+”时代的到来，跨境物流也应与时俱进。伴随着大数据、物联网、智能物流等相关技术的成熟，可以对物流资源信息进行整合，引进先进物流信息技术，搭建一个比较全面的跨境物流信息平台，以达到对物流全程的管理和资源的整合的目的。我国通过政府主导，协调跨境电商企业、国际物流公司、海关等相关各方，共同构建跨境物流信息平台。

4. 加快海外设仓

将海外仓作为当前跨境电商物流发展的主要策略，主要有以下几个优点。首先，海外仓将商品大批量运至目标市场国家，形成规模经济，使物流成本大幅降低。其次，海外仓将跨境物流转变为国内物流，使跨境电商的交易周期得以大大缩短，商品可以快速、安全地送达消费者，使消费者的满意度和忠诚度得以提高。再次，海外仓可以有效地处理消费者的退货问题。海外仓的建设使退换货可以在国内迅速完成，避免了新一轮的跨境物流，在节省成本的同时也让消费者在购买产品时更加放心。最后，海外仓有利于应对因购物旺季而导致的物流短板，使跨境电商的竞争力得以提高。值得注意的是，海外仓虽有众多优势，但其建设成本往往较高，对于部分没有足够经济实力的企业，不应盲目建设海外仓，可以采取使用第三方海外仓的方式。除此之外，也可以与其他企业合作建立海外联盟仓，以分担风险、降低成本。

本章小结

本章主要介绍了跨境电商及物流的相关知识。

跨境电商，又称跨境贸易电子商务，是指不同国别或地区间的交易双方通过互联网及其相关信息平台实现交易，线下开展物流进出口业务操作的电子商务应用模式。跨境电商具有多边性、网络化，直接性、效率化，小批量、高频度，数字化、监管难的特点。

伴随着我国跨境电商市场的发展和各项政策的出台，我国跨境电商呈现出繁荣景象。现阶段，我国跨境电商物流主要有 5 种模式：邮政小包模式、国际快递模式、国内快递的国际化服务模式、专线物流模式和海外仓模式。

当前我国物流运作体系的痛点有：跨境物流成本高，政策支持不充分；跨境基础设施不完善，物流运输配送周期长；跨境物流信息化不足，难以实现退换货物流；跨境贸易风险大，缺乏专业的第三方物流服务。对此，我国跨境电商物流的运作策略应注意以下几点：合理选择模式；完善通关政策；构建信息平台；加快海外设仓。

案例讨论

环球易购的跨境电商之道

自 2007 年成立以来，深圳市环球易购电子商务有限公司（以下简称环球易购）始终专注于跨境外贸 B2C 电子商务，销售涵盖服装、3C 电子产品和玩具等多个品类约 25 万种产品，在中国、美国、日本、欧洲设有仓库，业务遍布全世界 200 多个国家，成为中国最大的跨境 B2C 电子商务公司之一。

环球易购的核心业务为以下几个模块。一是海淘 O2O 业务，这一进口电商项目由公司旗下“五洲会”等品牌经营运作，有网络电商和线下体验店两种运作模式。二是 B2B 综合跨境电商服务业务，通过提供交易平台支撑交易过程和为上游产品供应商提供金融服务业务等，搭建环球易购自己的跨境出口电商 B2B 综合服务平台。业务流程是供应商将货物放到环球易购的仓库，由环球易购统一销售给分销商，分销商再通过零售渠道销售给境外消费者。三是自营垂直 B2C 电商销售业务，作为环球易购的传统业务，这一出口电商项目通过自建专业品类垂直电子商务销售平台和在 eBay、亚马逊等第三方平台进行线上 B2C 销售，直接面对海外终端消费者，以网上零售的方式将产品销售给终端客户，其盈利来源主要是产品销售收入。环球易购的业务运作优势在于通过数据驱动型精准运营策略，利用数据挖掘、用户行为分析和兴趣定位，从产品广告素材制作、网络媒体流量监控、在线广告投放和流量导入几个方面进行大数据分析和精准营销推广，在投放效果和流量最大化方面保持平衡。四是国际仓储经营业务，作为环球易购国际化战略的重要举措，国际仓储业务通过跨国仓储的开发和管理，逐步加强自身仓储的智能化管理水平，牵引仓储建设配套的运输体系的现代信息化程度，全面疏通与开放各个运输节点，提高配送效率，提供全程查询功能，通过运输速度效应、运输跟踪服务及售后处理服务等来完善客户的消费体验，提升服务满意度。该业务由公司总部信息化部门主导，重在通过信息化手段整合世界仓储资源，同时通过租赁等方式投资海外、国内保税区及公司自身业务核心区域，设立跨境海外仓、国内保税仓及仓储物流园。

环球易购的业务收入一直保持高速增长，主要原因在于环球易购在运营模式、平台体系和资本运作等多个方面的自主创新。环球易购凭借其跨境电商运营经验，借助网络技术、大数据技术、专业化电商平台体系和国际贸易规则等，打造了基于“B2B+B2C”“进口+出口”“平台+自营”“运营+服务”等领域战略布局的立体、多元的跨境电商综合生态圈，实现了制造商和消费者之间的最佳连接和互动。

通过简化业务经营模式，环球易购主要采用买断式自营方式运营，直接对接产业链上游制造商和下游海外终端消费者，以网上零售的方式将产品销售给终端消费者，将传统贸易中复杂的“制造商—批发商—分销商—消费者”模式转变为简单的“制造商—环球易购—消费者”模式，其盈利来源主要是产品销售收入。

通过自建专业品类垂直电子商务销售平台，环球易购搭建了包括 eBay、亚马逊等第三方平台和多个自建专业平台的多品类、多语种的多维度综合电商平台体系。目前，环球易购在线产品 SKU 数量超过 25 万个，其中以服装类平台 sammydress.com 和 3C 电子产品类平台 everbuying.com 为代表。基于自己的综合电商平台体系，环球易购对服装、电子商品实现了高中低端、零售、小额批发和大宗批发全覆盖，销售范围覆盖全球 200 多个国家和地区，注册用户超过 3 000 万人，有购买行为的用户规模超 1 000 万人。

环球易购积极转变资本运作，致力于打造跨境电商生态圈经济。依托母公司跨境通的资本支持，环球易购通过收购钱海帕托逊、广州百伦、通拓、跨境易、易极云商、金虎信息等不同环节的跨境电商企业，实现了进口与出口相结合，增加了跨境电商的销售规模，提高了业内影响力，同时补充、完善了跨境电商的盈利手段，打造了立体、多元的跨境电商综合生态圈。

思考问题

1. 跨境电商有哪些业务模式？
2. 跨境电商国际物流需求可能存在怎样的变化趋势？
3. 环球易购在海外市场面临的挑战有哪些？

课后练习

一、名词解释

1. 进口跨境电商
2. 出口跨境电商
3. 跨境 B2B
4. 跨境 B2C
5. E 贸易跨境

二、简答题

1. 与传统外贸相比，跨境电商有哪些特征？
2. 跨境电商物流有哪些运作模式？它们的特征分别是什么？

3. 我国促进跨境电商发展的政策主要有哪些？

4. 简述跨境电商企业业务流程。

5. 我国跨境电商的发展趋势是什么？

任务实训

实训内容：

1. 参观跨境电商企业，了解其相关业务流程和操作过程。

2. 参观跨境物流企业，了解跨境物流相关业务，了解跨境物流过程中的基本活动，增加感性认识。

实训目的：

1. 了解跨境电商企业相关操作。

2. 掌握跨境电商企业业务流程，了解我国跨境电商的发展现状。

实训要求：

1. 了解跨境电商企业的基本业务，理解跨境电商与跨境物流的关系。

2. 熟悉跨境物流的基本业务流程。

3. 完成一份了解跨境电商或跨境物流基本活动的实训报告。

实训操作与规范：

1. 有组织地到跨境物流企业或跨境电商企业进行参观活动。

2. 听从有关人员安排。

3. 注意安全。

4. 分小组讨论我国跨境电商的发展，熟悉目前我国跨境物流的发展状况。

参 考 文 献

[1] 张良卫. 国际物流学[M]. 北京：机械工业出版社，2019.

[2] 陈言国. 国际物流实务[M]. 北京：清华大学出版社，2020.

[3] 孙韬. 跨境电商与国际物流[M]. 北京：电子工业出版社，2020.

[4] 黄新祥，宋娟娟，陈雅萍. 国际物流[M]. 北京：清华大学出版社，2020.

[5] 杨长春，顾永才. 国际物流[M]. 北京：首都经济贸易大学出版社，2020.

[6] 道格拉斯·朗，刘凯，张晓东. 国际物流：全球供应链管理[M]. 北京：电子工业出版社，2006.

[7] 皮埃尔 A D. 国际物流：国际贸易中的运作管理（第 4 版 影印版）[M]. 北京：清华大学出版社，2014.

[8] 赖瑾瑜，姚大伟. 国际物流实务[M]. 北京：中国商务出版社，2006.

[9] 张良卫. 国际物流[M]. 北京：高等教育出版社，2011.

[10] 朱强. 运输管理实务[M]. 北京：中国物资出版社，2006.

[11] 温耀庆. 进出口通关实务[M]. 北京：中国物资出版社，2005.

[12] 蒋长兵. 现代物流管理案例集[M]. 北京：中国物资出版社，2005.

[13] 唐渊. 国际物流学[M]. 北京：中国物资出版社，2004.

[14] 泰勒 D. 全球物流与供应链管理案例[M]. 胡克，程亮，译. 北京：中信出版社，2003.

[15] 桂寿平. 国际物流与案例[M]. 广州：华南理工大学出版社，2003.

[16] 黎孝先. 国际贸易实务[M]. 北京：中国人民大学出版社，2000.

[17] 张良卫. 进出口贸易实务[M]. 北京：中国人民大学出版社，2013.

[18] 王智强，罗来仪，金东闻. 新编国际货运代理实务[M]. 北京：对外经济贸易大学出版社，2005.

[19] 顾丽亚. 国际货运代理与报关实务[M]. 北京：电子工业出版社，2004.

[20] 杨丽华，董楠楠，蓝振峰. 国际货运代理新编教程[M]. 北京：中国科学技术出版社，2006.

[21] 孟于群. 国际海上货物运输法律与实务[M]. 北京：中国商务出版社，2007.

[22] 张良卫. 物流保险：实践. 服务. 管理[M]. 北京：中国物资出版社，2012.

[23] 牛鱼龙. 世界物流经典案例[M]. 深圳：海天出版社，2003.

[24] 陈洋. 国际物流实务[M]. 北京：高等教育出版社，2003.

[25] 陈代芬. 国际物流与报关实务[M]. 北京：人民交通出版社，2001.

[26] 丁立言. 国际物流学[M]. 北京：清华大学出版社，2000.

反侵权盗版声明